Höpfl

Kohlhammer

Die Herausgeber und die Herausgeberin

Prof. Dr. Frank Hellmich lehrt und forscht im Arbeitsbereich Grundschulpädagogik an der Universität Paderborn. Zu seinen Arbeitsschwerpunkten zählen gegenwärtig Bedingungen des inklusiven Unterrichts in der Grundschule, Lehren und Lernen im Grundschulalter sowie die Aus-, Fort- und Weiterbildung (angehender) Grundschullehrerinnen und -lehrer. Im Verlag Kohlhammer sind von ihm bereits verschiedene Publikationen erschienen – beispielsweise eine »Einführung in den Anfangsunterricht« sowie ein Herausgeberband mit dem Titel »Selbstkonzepte im Grundschulalter«.

Gamze Görel ist als Wissenschaftliche Mitarbeiterin im Arbeitsbereich Grundschulpädagogik an der Universität Paderborn beschäftigt. Im Rahmen ihrer Dissertation thematisiert sie die Qualität inklusiven Unterrichts aus der Sicht von Grundschullehrerinnen und -lehrern im Zusammenhang mit deren persönlichen Ressourcen.

Marwin Felix Löper ist Wissenschaftlicher Mitarbeiter im Arbeitsbereich Grundschulpädagogik an der Universität Paderborn. Im Rahmen seines Promotionsvorhabens beschäftigt er sich mit der sozialen Partizipation von Kindern mit Förderbedarf im inklusiven Unterricht der Grundschule.

Frank Hellmich, Gamze Görel,
Marwin Felix Löper (Hrsg.)

Inklusive Schul- und Unterrichtsentwicklung

Vom Anspruch zur erfolgreichen
Umsetzung

Verlag W. Kohlhammer

1. Auflage 2018

Alle Rechte vorbehalten
© W. Kohlhammer GmbH, Stuttgart
Gesamtherstellung: W. Kohlhammer GmbH, Stuttgart

Print:
ISBN 978-3-17-032719-1

E-Book-Formate:
pdf: ISBN 978-3-17-032720-7
epub: ISBN 978-3-17-032721-4
mobi: ISBN 978-3-17-032722-1

Inhaltsverzeichnis

III Lernen in der inklusiven Schule

IV Möglichkeiten der Qualifizierung von angehenden Lehrkräften für den inklusiven Unterricht

Vorwort

Die inklusive Schul- und Unterrichtsentwicklung gilt gegenwärtig als eine wichtige Aufgabe und als eine der großen Herausforderungen im Bildungswesen der Bundesrepublik Deutschland. Nach der Ratifizierung der UN- Behindertenrechtskonvention durch die Bundesrepublik Deutschland sowie dem Beschluss des Sekretariats der Ständigen Konferenz der Kultusminister in der Bundesrepublik Deutschland (2011) zur »Inklusive[n] Bildung von Kindern und Jugendlichen mit Behinderungen in Schulen« stellen sich auf allen Ebenen des Bildungswesens Fragen nach der geeigneten Gestaltung des ›Gemeinsamen Lernens‹ von Kindern, Jugendlichen und jungen Erwachsenen. Um ein inklusives Bildungswesen in der Bundesrepublik Deutschland in einer erfolgreichen und vielversprechenden Weise etablieren zu können, sind neben dem Ausbau des Schulwesens in Hinblick auf die Belange der einzelnen Individuen – selbstverständlich und ohne Zweifel – sowohl Entwicklungs- als auch (grundlagenorientierte) Forschungsarbeiten vonnöten, um Bedingungen, Voraussetzungen und Möglichkeiten des Gemeinsamen Lernens in einer fundierten Weise auszuloten. Gegenwärtig ist noch immer viel zu wenig über die Bedingungen des Gemeinsamen Lernens in inklusiven Schulen, an dem Schülerinnen und Schüler mit sehr unterschiedlichen Lernvoraussetzungen teilnehmen, sowie die Gestaltung inklusiver Schulen bekannt. Der vorliegende Herausgeberband setzt an dieser Stelle an und gibt einen Überblick über gegenwärtige Entwicklungsprojekte zur Realisierung und Etablierung eines inklusiven Bildungssystems, ebenso wie einen Einblick in aktuelle empirische Ergebnisse zur inklusiven Schul- und Unterrichtsentwicklung.

Der Herausgeberband ist vor diesem Hintergrund in vier thematische Schwerpunkte untergliedert: Im ersten Teil werden Gelingensbedingungen der inklusiven Schul- und Unterrichtsentwicklung aus verschiedenen Perspektiven und unter der Berücksichtigung verschiedener theoretischer Ansätze ›unter die Lupe‹ genommen. *Ulrich Heimlich* präsentiert in seinem Beitrag auf der Grundlage von Überlegungen zu inklusiver Bildung eine Qualitätsskala zur inklusiven Schulentwicklung (›QU!S‹). Auf diese Weise leistet er einen Beitrag zu Qualitätskriterien für die inklusive Schulentwicklungsforschung. Ergebnisse zu der Evaluation der Qualitätsskala zur inklusiven Schulentwicklung werden von *Ulrich Heimlich* im zweiten Teil seines Beitrags dargestellt. *Désirée Laubenstein* und *Christian Lindmeier* berichten über die groß angelegte Studie ›GeSchwind‹ in Rheinland-Pfalz (»Gelingensbedingungen des gemeinsamen Unterrichts an Schwerpunktschulen in Rheinland-Pfalz«). Im Rahmen der Studie werden inklusiv ausgerichtete Schulen und deren Entwicklung seit 2011 empirisch evaluiert. Die Autorin und der Autor verdeutlichen auf der Grundlage der von ihnen vorgelegten empirischen Ergebnisse Möglichkeiten der Gestaltung der inklusiven Schule und des inklusiv angelegten Unterrichts. In diesem Zusammenhang ist auch der Beitrag von *Tatjana Leidig* und *Thomas Hennemann* zu verorten. Die Autorin und der Autor stellen in ihrem Beitrag ein Konzept zur Unterstützung von Grundschulen auf dem Weg zu einem inklusiven System vor und legen ihr Augenmerk dabei auf die Konzeption einer prozessbegleitenden Fortbildung für Lehrkräfte im Kontext herausfordernder Lehr-Lernsituationen. *Karolina Urton*, *Moritz Börnert-Ringleb* und *Jürgen Wilbert* erörtern – den ersten Teil des Herausgeberbandes abschließend – Möglichkeiten der Gestaltung eines inklusiven Schulklimas als Schulentwicklungsaufgabe. Auf der Grundlage eines theoretischen Rahmenmodells des inklusiven Schulklimas werden von der Autorin und den beiden Autoren einerseits empirische Implikationen und andererseits praktische Schlussfolgerungen in Hinblick auf die Entwicklung und Gestaltung eines inklusiven Schulklimas formuliert und zur Diskussion gestellt.

Im zweiten Teil des Herausgeberbandes werden Einstellungen von Kindern, Eltern sowie Lehrerinnen und Lehrern zum inklusiven Unterricht als zentrale Bedingungsgrößen für das Gelingen von Inklusion in Schule und Unterricht thematisiert. *Susanne Schwab* gibt in ihrem Beitrag auf der Basis empirischer Ergebnisse aus einer Langzeitstudie eine Bestandsaufnahme zur sozialen Partizipation von Schülerinnen und Schülern im inklusiven Unterricht. Auf diese Weise verweist *Susanne Schwab* auf sowohl förderliche als auch hinderliche Bedingungen für die soziale Teilhabe aller Schülerinnen und Schüler im inklusiven Unterricht. *Annette Lohbeck* berichtet im Anschluss daran über Ergebnisse aus einer empirischen Studie. Hierbei geht sie der Frage nach, ob die Einstellungen von Eltern zur Inklusion an Schulen in einem Zusammenhang mit den verschiedenen Formen von sonderpädagogischen Förderbedarfen stehen. Die von *Annette Lohbeck* ermittelten Ergebnisse aus dieser Studie geben Hinweise darauf, dass die an der Studie beteiligten Eltern – insbesondere mit dem Blick auf die soziale Teilhabe aller Kinder – der Inklusion in Schule und Unterricht gegenüber positiv eingestellt sind. In Hinblick auf den Gemeinsamen Unterricht von Kindern mit und ohne Förderbedarf wird deutlich, dass sie die Förderung von Kindern mit einem Förderbedarf in der körperlich-motorischen Entwicklung befürworten. Eher negativ getönte Einstellungen haben sie gegenüber der Teilhabe von Kindern mit Förderbedarfen in den Bereichen ›geistige Entwicklung‹, ›Lernen‹ und ›sozial-emotionale Entwicklung‹. In dem darauffolgenden Beitrag von *Petra Hecht* wird ein Erklärungsmodell zu den Bereitschaften und Absichten von Lehrerinnen und Lehrern zur inklusiven Bildung dargeboten. Anhand dieses Erklärungsmodells strebt *Petra Hecht* ein besseres Verständnis der Bereitschaften und Absichten von Lehrerinnen und Lehrern an, auf deren Grundlage sie Forschungsperspektiven ableitet und praxisrelevante Schlussfolgerungen in den Blick nimmt. *Frank Hellmich*, *Margarita Knickenberg* und *Gamze Görel* berichten über Ergebnisse aus einer qualitativen Interviewstudie. Die Autorinnen und der Autor haben im Rahmen ihrer Untersuchung Auffassungen von inklusiver Bildung und Einstellungen zur Inklusion bei Grundschullehrkräften in den Blick genommen. Die Befunde verdeutlichen, dass die in der Studie befragten Lehrerinnen und Lehrer über sehr unterschiedliche Auffassungen verfügen, die einerseits an dem gegenwärtigen bildungspolitischen

Inklusionsverständnis orientiert sind, andererseits hingegen noch immer an Vorstellungen über den Gemeinsamen Unterricht, an dem Kinder mit einem und ohne einen sonderpädagogischen Förderbedarf beteiligt sind, anknüpfen. Die Einstellungen der Grundschullehrkräfte zur Inklusion sind im Allgemeinen moderat positiv getönt. Die an der Interviewstudie beteiligten Lehrerinnen und Lehrer erklären, dass sie gegenüber dem inklusiven Unterricht noch positiver eingestellt wären, wenn sächliche und personelle Ressourcen bereitgestellt würden und sie Möglichkeiten zur Teilnahme an Fort- und Weiterbildungen offeriert bekämen.

Der dritte Teil des Herausgeberbandes enthält zwei Beiträge zu Möglichkeiten des Lernens in der inklusiven Schule. *Thorsten Henke*, *Stefanie Bosse* und *Nadine Spörer* thematisieren in ihrem Beitrag die Binnendifferenzierung im inklusiven Unterricht und vergleichen dabei im Rahmen einer empirischen Studie Daten, die aus der Perspektive von Schülerinnen und Schülern sowie aus derjenigen von externen Beobachterinnen und Beobachtern gewonnen worden sind. Im Detail wurden inklusiv beschulte Kinder sowie externe Beobachterinnen und Beobachter gebeten, die Binnendifferenzierung in den Unterrichtsfächern Deutsch und Mathematik zu beurteilen. Die Befunde aus der Studie der beiden Autorinnen und des Autors geben Hinweise darauf, dass die externen Beobachterinnen und Beobachter weniger Binnendifferenzierung wahrnehmen als die an dem Unterricht beteiligten Schülerinnen und Schüler. *Jana Jungjohann* und *Markus Gebhardt* referieren in ihrem Beitrag darüber, wie die Lernverlaufsdiagnostik, die Förderplanung und die Wochenarbeit verschränkt im inklusiven Anfangsunterricht ›Lesen‹ aufeinander bezogen werden können. Die Autorin und der Autor skizzieren zunächst Stufen des basalen Leseerwerbs und schildern Beeinträchtigungen in der Leseentwicklung bei Kindern im Anfangsunterricht der Grundschule, bevor sie auf Möglichkeiten der formativen Lernverlaufsdiagnostik eingehen. Als ein Beispiel hierfür präsentieren sie die Onlineplattform ›LeVuMi‹ (**Le**rn-**V**erla**u**fs-**M**on**i**toring). Auf der Grundlage der Lernverlaufsdaten, die mit dem Programm ›LeVuMi‹ gewonnen werden, gelingt – so *Jana Jungjohann* und *Markus Gebhardt* – die Ableitung von konkreten Förderangeboten für den Leseunterricht zu Beginn der Grundschulzeit.

Im vierten Teil dieses Buchs werden Möglichkeiten der Qualifizierung angehender Lehrerinnen und Lehrer für den inklusiven Unterricht in den Blick genommen. Das Autorinnen- und Autorenteam *Eva Blumberg*, *Constanze Niederhaus*, *Bernd Schnittker*, *Sophia Schwind*, *Amra Havkic* und *Julia Settinieri* geben in ihrem Beitrag – ausgehend von einem erweiterten Verständnis des Inklusionsbegriffs – einen Überblick über ein Entwicklungsprojekt zur Befähigung von angehenden Lehrerinnen und Lehrern in der ersten und zweiten Ausbildungsphase für die ›Durchgängige Sprachförderung‹ im naturwissenschaftlichen Sachunterricht. Die Autorinnen und der Autor stellen das zugrundeliegende Konzept sowie erste empirische Ergebnisse aus einer Evaluationsstudie vor. *Frank Hellmich* und *Fabian Hoya* berichten in einem den Herausgeberband abschließenden Kapitel über ein Forschungsprojekt zum kooperativen Lernen von Studentinnen und Studenten des Lehramts an Grund- und Förderschulen als Vorbereitung auf das ›Team-Teaching‹ im inklusiven Unterricht der Grundschule. Die beiden Autoren geben in ihrem Beitrag auf diese Weise einen Einblick in Möglichkeiten der Qualifizierung von

Studierenden in Hinblick auf das multiprofessionelle Arbeiten im inklusiven Unterricht der Grundschule.

Paderborn, im Februar 2018
Frank Hellmich, Gamze Görel & Marwin Felix Löper

Literatur

Sekretariat der Ständigen Konferenz der Kultusminister der Länder in der Bundesrepublik Deutschland (2011). *Inklusive Bildung von Kindern und Jugendlichen mit Behinderungen in Schulen* (Beschluss der Kultusministerkonferenz vom 20.10.2011). Verfügbar über: https://www.kmk.org/fileadmin/Dateien/veroeffentlichungen_beschluesse/2011/2011_¬ 10_20-Inklusive-Bildung.pdf (Datum des Zugriffs: 23.10.2017).

I Gelingensbedingungen der inklusiven Schul- und Unterrichtsentwicklung

Inklusion und Qualität in Schulen – die Qualitätsskala zur inklusiven Schulentwicklung (QU!S)

Ulrich Heimlich

Vorbemerkung

Mit Inkrafttreten der »UN-Konvention über die Rechte von Menschen mit Behinderungen« im Jahre 2009 tritt das deutsche Schulsystem in ein neues Entwicklungsstadium ein (vgl. Vereinte Nationen, 2010). Vorrang hat nunmehr die Gestaltung eines inklusiven Bildungssystems auf allen Ebenen, wie es in Artikel 24 der UN-Konvention gefordert wird. Die Konvention fungiert nach der Ratifizierung im Range eines Bundesgesetzes. Insofern ergibt sich eine rechtliche Verpflichtung in Deutschland, die Ziele der Konvention politisch umzusetzen. Diese Verpflichtung gilt ebenso für die Bundesländer. In der föderalistischen Struktur Deutschlands hat zwar die Kulturhoheit der Bundesländer nach wie vor einen hohen Stellenwert bei der Gestaltung der Bildungspolitik, zugleich macht die UN-Konvention aber auch deutlich, dass sich die Bildungspolitik zunehmend globalisiert und international vernetzt (vgl. Ellger-Rüttgardt, 2008). Der Blick über die Grenzen – beispielsweise in die europäischen Nachbarländer – wird in Zukunft wohl zum festen Bestandteil in der Weiterentwicklung der eigenen Konzepte und Strukturen zählen müssen (vgl. Biewer, 2009; Bürli, Strasser & Stein, 2009).

Das gilt umso mehr, als Deutschland nach 1945 mit dem Aufbau eines differenzierten »Sonderschulsystems« einen eigenständigen Weg im Vergleich zu anderen europäischen Staaten beschritten hat. Dies ist zugleich die Ausgangssituation für die inklusive Weiterentwicklung der sonderpädagogischen Förderung. Die Entwicklung inklusiver Schulen ist zu einer globalen Bewegung angewachsen. Viele praktische Schulbeispiele – auch aus armen Regionen der Erde – zeigen, dass inklusive Schulen entwickelt werden können und nicht an geringen Mitteln scheitern müssen (vgl. die umfangreiche Projektdokumentation bei Rieser, 2008). Zugleich wird beim genaueren Blick in diese inklusiven Schulprojekte gezeigt, dass auch die Arbeit in inklusiven Schulen nicht ohne sonderpädagogische Förderung im Sinne von »special needs education« auskommt. Inklusive Bildung ist deshalb kein Plädoyer für die Abschaffung der Sonderpädagogik, sondern vielmehr eine Aufforderung, sich zu modernisieren und sich an einem pädagogischen Reformprozess von gesamtgesellschaftlichen Ausmaßen zu beteiligen. Wer sich auf neue Wege begibt, tut gut daran, sich seiner Ziele bewusst zu werden und sich gleichzeitig zu versichern, welche Wege eingeschlagen werden können. Nur so kann etwas über die jeweils nächsten Schritte gesagt werden. Inklusive Bildung (1.), inklusiver Unterricht (2.) und inklusive Schulentwicklung (3.) sind die zentralen Elemente auf dem Weg zur Entwicklung einer inklusiven Schule.

1 Inklusive Bildung

Auf der Konferenz von Salamanca im Jahre 1994 wurde der Begriff der Inklusion in die internationale schulpädagogische Diskussion eingeführt (vgl. Österreichische UNESCO-Kommission, 1996). In der deutschen Fassung wurde der neue Begriff »inclusion« noch mit »Integration« übersetzt. Dies hat bis heute im bundesdeutschen Sprachraum zu dem Missverständnis beigetragen, dass von einer Gleichsetzung zwischen Inklusion und Integration auszugehen sei. Auch mit Inkrafttreten der UN-Konvention über die Rechte von Menschen mit Behinderungen (UN-Behindertenrechtskonvention) konnte dieses Missverständnis im Jahre 2009 noch nicht ausgeräumt werden. Die ratifizierte Fassung ist allerdings die englische, in der es heißt: »inclusive education system at all levels« (United Nations, 2010). Insofern ist es im gegenwärtigen Diskurs über inklusive Bildung und angesichts der begrifflichen Verunsicherung angezeigt, die Vorstellung eines inklusiven Bildungssystems, wie sie sich gegenwärtig vor dem Hintergrund des internationalen Entwicklungsstands abzeichnet, genau zu bestimmen (Booth & Ainscow, 2002; Rieser, 2008; Rustemier & Booth, 2005).

Im Ergebnis lässt sich zunächst festhalten, dass Inklusion nicht nur als Übersetzung von Integration gelten kann. Der Begriff geht auch weit über eine optimierte Form der Integration im Sinne von Qualitätssteigerung hinaus. Inklusion meint vielmehr eine substantielle Weiterentwicklung der Integration. Inklusive Bildungseinrichtungen verzichten von vornherein auf jegliche Formen von Aussonderung. Alle Kinder und Jugendlichen eines Stadtteils, Wohngebiets oder Quartiers sind willkommen. Die Unterschiedlichkeit ihrer Lernbedürfnisse, Interessen und Fähigkeiten wird als Ausgangsbedingung jeglichen Bildungsangebots angesehen. Heterogenität wird damit – zumindest konzeptionell – nicht als Belastung aufgefasst, sondern vielmehr als Bereicherung und Chance für die Gestaltung eines Bildungsangebots, das sich an alle Kinder und Jugendlichen richtet. Damit einher geht die Öffnung von Bildungseinrichtungen hin zu ihrem Stadtteil und dem aktiven wechselseitigen Austausch zwischen Schulen und ihrem Umfeld. Inklusive Bildung enthält somit auch die Dimension der Einbeziehung gesellschaftlicher Probleme der Teilhabe. Ebenso wie eine demokratische Gesellschaft demokratische Schulen benötigt, wie es John Dewey in »Demokratie und Erziehung« im Jahre 1916 beschrieben hat (vgl. Dewey, 1916/1993), ist eine inklusive Gesellschaft auf eine inklusive Schule angewiesen. Das bedeutet aber auch, dass Schulen allenfalls einen Beitrag zu einer inklusiven Gesellschaft leisten, nicht jedoch für den gesellschaftlichen Inklusionsprozess gänzlich allein verantwortlich gemacht werden können.

Aber was ist nun mit dem *Konzept der Inklusion* gemeint? Inklusion im Sinne der ursprünglichen lateinischen Wortbedeutung von »Einschluss bzw. Enthaltensein« umfasst mehr als ein schulisches Verständnis von Integration. Inklusion zielt auf eine umfassende gesellschaftliche Teilhabe in möglichst weitgehender Selbstbestimmung. Dies entspricht einer stark normativ geprägten Vorstellung von Inklusion, wie sie in der schul- und sonderpädagogischen Debatte derzeit vorherrscht (vgl. Bürli, Strasser & Stein, 2009; Schnell & Sander, 2004). Ein Blick in das soziologische Begriffsverständnis von Inklusion lehrt jedoch, dass sich die gesellschaftlichen Inklusionsmuster in modernen westlichen Industriegesellschaften in den letzten 150 Jahren nachhaltig verschoben haben. Während gesellschaftliche Inklusion ursprünglich über feste Bindungen im sozialen Nahraum über Familien- und Verwandtschaftsbeziehungen sowie innerhalb der Nachbarschaft organisiert wurde, reißt die Gesellschaft der Zweiten Moderne (vgl. Beck, 1986) ihre Mitglieder immer stärker aus gewachsenen sozialen Strukturen heraus. Soziale Beziehungen und Identitäten (vgl. Keupp et al., 1999) müssen selbst gesucht und konstruiert werden. Es ist unschwer vorstellbar, dass Menschen mit Behinderungen oder sozialen Benachteiligungen rasch aus diesem selbst zu organisierenden Inklusionsprozess herausfallen und an den Rand der Gesellschaft gedrängt werden. Westliche Industriegesellschaften haben eindeutige Tendenzen zur Exklusion. Die BRD leistet sich als eines der reichsten Länder der Erde bei Kindern und Jugendlichen eine Armutsquote, die bei ca. 16 % liegt – mit steigender Tendenz (vgl. Heimlich, 2008). Inklusion und Exklusion sind von daher in modernen Gesellschaften unauflöslich miteinander verknüpfte Prozesse (vgl. Luhmann, 2002; Nassehi, 1997). Der schul- und sonderpädagogische Blick auf die Inklusion sollte dieses Spannungsverhältnis also mit einbeziehen (vgl. Lee, 2010; Speck, 2010). Inklusion im pädagogischen Sinne weist somit weit über das Bildungssystem hinaus in die Gesellschaft.

> Inklusion im pädagogische Sinne zielt vor diesem Hintergrund auf die Schaffung netzwerkartiger Strukturen in Schule und Gesellschaft ab, die zur Unterstützung der selbstbestimmten sozialen Teilhabe aller Menschen in allen gesellschaftlichen Bereichen beitragen und Tendenzen zum Ausschluss bestimmter Gruppen aus der Gesellschaft aktiv entgegentreten.

Das *Konzept der Integration* konnte in der Vergangenheit nur einsetzen, wenn Kindern und Jugendlichen ein sonderpädagogischer Förderbedarf attestiert wurde. Der Vorteil dieses Systems ist sicher die klare Individuumszentrierung. Zum Nachteil gereichte der Integrationspraxis das Festhalten an einer weitgehend defizitorientierten Diagnostik. Noch immer steht in der Praxis der sonderpädagogischen Diagnostik die Zuweisung zum Förderort im Vordergrund und nicht die Entwicklung von individuellen Fördermaßnahmen. Dadurch wurde in integrativen Bildungsangeboten auch der Abgrenzung von zwei Gruppen Vorschub geleistet und das Etikettierungs-Ressourcen-Dilemma (vgl. Füssel & Kretschmann, 1993) letztlich nicht überwunden. Personelle, räumliche und sächliche Ausstattung konnten integrative Bildungsangebote nur erreichen, wenn sie eine möglichst große Zahl von Kindern und Jugendlichen mit dem Etikett »sonderpädagogischer Förderbedarf« behafteten. Die Integration blieb deshalb auch häufig auf einer institutionellen Ebene des bloßen Beieinanderseins stehen, ohne zu intensiven sozialen Austauschprozessen zu gelangen. In der Konsequenz hieß das, dass auch die heil- und sonderpädagogische Fachkompetenz nur den Kindern und Jugendlichen zugutekommen konnte, die einen gutachterlich festgestellten Förderbedarf vorweisen konnten.

Mit der Entwicklung integrativer Bildungsangebote ist es also durchaus gelungen, die speziellen Förderangebote der Heil- und Sonderpädagogik in die allgemeinen Schulen zu verlagern. Ihr Charakter als spezielle Förderung für ›Behinderte‹ ist dabei jedoch prinzipiell nie verändert worden. Das System der integrativen Bildung mit heil- und sonderpädagogischer Unterstützung ist somit in der BRD an seine Grenzen gestoßen, was sich nicht zuletzt in den lange Jahre stagnierenden Anteilen der Kinder und Jugendlichen mit sonderpädagogischem Förderbedarf in allgemeinen Schulen zeigt (vgl. Daten der KMK; vgl. http://www.kmk.org).

In einer kurzen Formel zusammengefasst können Integration und Inklusion folgendermaßen unterschieden werden: In integrativen Bildungssystemen werden Kinder und Jugendliche mit sonderpädagogischem Förderbedarf an die allgemeinen Schulen angepasst, in inklusiven Bildungssystemen werden die allgemeinen Schulen hingegen an den Bedürfnissen, Interessen und Fähigkeiten aller Kinder und Jugendlichen orientiert (vgl. Wilhelm, Eggertsdóttir & Marinósson, 2006).

2 Inklusiver Unterricht als Qualitätsentwicklung

Fragen wir nach dem inklusiven Unterricht in Schulen, so steht die Unterrichtsqualität im Mittelpunkt (vgl. Heimlich & Kahlert, 2014). Auch in der deutschen Diskussion zu den Ergebnissen der PISA-Studien macht sich die Erkenntnis breit, dass strukturelle Veränderungen im Bildungs- und Erziehungssystem keineswegs ausreichen werden, um wieder Anschluss an internationale Spitzenleistungen zu erlangen. Die Hattie-Studie hat in der Darstellung von über 800 Meta-Analysen zur Unterrichtsforschung überdies deutlich gemacht, dass der größte Einfluss in Bezug auf den Lernerfolg von der Lehrerpersönlichkeit ausgeht (vgl. Hattie, 2009).

Ein Blick in die Unterrichtsforschung zeigt uns, dass auch die empirische Bildungsforschung kaum in der Lage ist, eine exakte Antwort auf die Frage nach der Unterrichtsqualität zu geben (vgl. Ditton & Krecker, 1995; Ditton, 2000). Komplexe Unterrichtssituationen – zumal mit hohem Anteil von sozialen Prozessen und selbsttätigem Lernen – sind forschungsmethodisch nicht einfach zu erschließen. Das mussten auch die verantwortlichen Leiter der Münchener SCHOLASTIK-Studie (vgl. Helmke & Weinert, 1997) erfahren, als sie versuchten, die Kriterien für solche Schulklassen herauszuarbeiten, die in der Leistungsförderung besonders erfolgreich waren. Sie verglichen die schulleistungsmäßig erfolgreichen Schulklassen in einer eigenen Studie erneut und versuchten, die Faktoren zu ermitteln, die für diesen Erfolg verantwortlich sind. Dabei wurden die Klassenführung, die Motivierungsqualität, die Strukturiertheit des Lehrervortrags, die Klarheit der Lehrerfragen, die individuelle fachliche Unterstützung bzw. Förderorientierung, die Variabilität der Unterrichtsmethoden und das soziale Klima (vgl. Helmke & Weinert, 1997) über alle untersuchten Klassen hinweg genannt. Aber nur die Klarheit der Lehrerfragen bzw. der Aufgabenstellungen konnte als gemeinsamer signifikanter Indikator identifiziert werden, der für alle erfolgreichen Klassen in gleicher Weise bedeutsam war. Im Übrigen stimmten die untersuchten, nachweislich leistungsmäßig erfolgreichen Schulklassen in den genannten Faktoren kaum überein. Dies zeigen ebenfalls die Kriterien für guten Unterricht, wie sie aus der empirischen Unterrichtsforschung abgeleitet worden sind (vgl. Helmke, 2004; Meyer, 2004).

Auch die in jüngster Zeit so favorisierten reformpädagogischen Unterrichtsmodelle verbuchen dabei nicht nur Erfolge. Es ist bereits seit längerer Zeit bekannt, dass sich gerade bei Schülerinnen und Schülern mit gravierenden Lernschwierigkeiten (vgl. Heimlich, 2016) strukturierte und direkt instruierende Unterrichtsmethoden als äußerst erfolgreich erweisen (vgl. Einsiedler, 1986; Heimlich & Wember, 2016; Kasper, 1994; Reinmann-Rothmeier & Mandl, 2001; Wember, 2001). Es gibt also durchaus vielfältige Gründe in der Unterrichtsforschung für eine »Renaissance des Frontalunterrichts« (vgl. Gudjons, 2003) – wenn er denn ›handwerklich‹ gut gemacht ist. Nachteile hat die direkte Instruktion allerdings immer dann, wenn es darum geht, erworbenes Wissen anzuwenden, auf andere Situationen zu übertragen und zum Problemlösen zu verwenden. Hier sind Lehr-Lernsituationen von Vorteil, die den Schülerinnen und Schülern Raum für eigene Entdeckungen lassen, sie ermuntern, selbst auf die Suche zu gehen, sie mit Problemen konfrontieren, ohne dass die Lösung bereits festliegt, und die sie letztlich zum forschenden Lernen ermuntern. Wir haben in der jüngsten Vergangenheit gelernt, diese neuen Lernformen mit der konstruktivistischen Erkenntnistheorie in Verbindung zu bringen. Lernen ist demnach eben nicht nur die Fähigkeit, fertige Wissensbestandteile zu reproduzieren, sondern ebenso die Fähigkeit, neue Wissensbestandteile zu konstruieren (vgl. Benkmann, 1998). Das dürfte denn auch der vorläufige Konsens in der Diskussion über guten Unterricht sein: Die Wahrheit liegt wie so häufig in der Mitte – in diesem Fall in der Mitte zwischen Instruktion und Konstruktion. Ein guter Unterricht benötigt beides: sowohl eine methodisch gut vorbereitete Lehrerinstruktion wie auch optimal gestaltete Lernumgebungen für die vielfältigen Konstruktionen der Schülerinnen und Schüler (vgl. Reinmann-Rothmeier & Mandl, 2001).

Wo aber ist ein solcher Unterricht zu finden? Ein guter Unterricht ist beispielsweise nach vorliegenden Erfahrungen ein inklusiver Unterricht, in dem sich alle – ausgehend von der gewollten und bewusst begrüßten Heterogenität der Schülerinnen und Schüler – an gemeinsamen Lernerfahrungen beteiligen und alle etwas zu diesen gemeinsamen Lernerfahrungen beitragen können (vgl. Heimlich, 2003). Erst wenn wir dieses Problem der Heterogenität in unseren Schulklassen bewusst angehen, werden wir in der Lage sein, einen wirklich guten Unterricht zu gestalten (vgl. Graumann, 2002; Lersch, 2001; Lumer, 2001; Walter, 2004).

Was wissen wir über diesen inklusiven Unterricht? Das ist nicht nur eine Frage nach den Effekten. Es dürfte hinreichend bekannt sein, dass der inklusive Unterricht keine Nachteile für die beteiligten Schülerinnen und Schüler bringt. Die Effekte des gemeinsamen Unterrichts sind hinlänglich untersucht (vgl. Bless, 1995; Haeberlin, Bless, Moser & Klaghofer, 1991). Aus dem Blickfeld gerät bei der Frage nach dem inklusiven Unterricht noch viel zu häufig das Problem der Treatment-Seite, die Frage nach dem Konzept, nach den entscheidenden Merkmalen des Unterrichts. Wenn der inklusive Unterricht als Konzept auf empirischer Basis gekennzeichnet werden sollte, so kann auf dem Hintergrund zentraler Studien der Integrations- bzw. Inklusionsforschung im deutschsprachigen Raum gesagt werden, dass es sich um einen Unterricht handelt,

- in dem ein hohes Maß an Selbsttätigkeit für alle Schülerinnen und Schüler realisiert wird,
- der sowohl mehr Lehrer- als auch mehr Schülerhilfe ermöglicht,
- der von den Grundelementen des offenen Unterrichts wie Freiarbeit, Spiel, Morgenkreis, Projekte oder Wochenplan geprägt ist,
- der aber ebenso strukturiert-lehrerzentrierte Elemente enthält wie Klassenunterricht oder Regeln und Rituale und
- in dem das kooperative Lernen in heterogenen Lerngruppen gezielt gefördert wird (vgl. Heimlich 2007).

Es ist unmittelbar evident, dass ein solcher Unterricht allen Schülerinnen und Schülern zugutekommt. Vor diesem Hintergrund kann auch ein Vorschlag zur Definition von Unterrichtsqualität aus sonderpädagogischer Sicht nur die Aufgabe der Inklusion mit einbeziehen:

> Von Unterrichtsqualität kann erst dann gesprochen werden, wenn solche Lehr-Lernsituationen gestaltet werden, an denen alle teilhaben und zu denen alle beitragen können.

Gleichzeitig wird dabei deutlich, dass die Debatte über Unterrichtsqualität hochgradig normativ aufgeladen ist. Über pädagogische Qualität insgesamt nachzudenken, bedeutet stets, Kriterien für eine gute Qualität zu entwickeln. Und im heil- und sonderpädagogischen Bereich ist Qualität nicht ohne gesellschaftliche Teilhabe von Kindern, Jugendlichen und Erwachsenen mit besonderen Bedürfnissen zu haben (vgl. Beck, 2001; Speck, 1999). Deshalb hängen auch Unterrichtsqualität und inklusiver Unterricht so eng miteinander zusammen (vgl. Heimlich & Kahlert, 2014).

3 Inklusive Schulentwicklung als Qualitätsentwicklung

Modelle der Qualitätsentwicklung in Schule und Unterricht tragen in einem ersten Schritt zu einem Bewusstwerdungsprozess bei. Lassen wir uns auf die Fragen der Qualität unserer eigenen Arbeit in Schule und Unterricht ein, so wird uns zunächst einmal bewusst, was wir als gute Qualität der eigenen Arbeit ansehen. Modelle der Qualitätsentwicklung haben also stets etwas mit Bestandsaufnahmen der vorhandenen Qualität in Schule und Unterricht zu tun (vgl. Helmke, 2004).

Pädagogische Schulentwicklung ist als dialogischer Ansatz der Qualitätsentwicklung zu bezeichnen (vgl. Horster & Rolff, 2001). Der entscheidende Aspekt liegt hier darin, dass alle Beteiligten gemeinsam ein Konzept von pädagogischer Qualität entwickeln. Qualitätsentwicklung in Schule und Unterricht läuft selbstgesteuert auf der Ebene der einzelnen Schule – oder sie bleibt nahezu wirkungslos (vgl. Fend, 1998). Deshalb hat sich in der Schulpraxis ein Konzept pädagogischer Schulentwicklung durchgesetzt, das seinen Ausgang von einer Veränderung des Unterrichts nimmt und zunehmend weitere Bereiche einer Schule mit einbezieht (vgl. Horster & Rolff, 2001; Klippert, 2000). Auch bezogen auf die Entwicklung inklusiver Schulen stehen die Veränderung des Unterrichts und die Einbeziehung aller Schülerinnen und Schüler am Anfang. Vor dem Hintergrund der nunmehr fast vierzigjährigen Erfahrung mit integrativem Unterricht in unterschiedlichen Schulformen ist jedoch die Erfahrung vielfach dokumentiert, dass diese Veränderung des Unterrichts durch eine veränderte Kultur der Zusammenarbeit in der Schule abgesichert werden sollte (vgl. Lienhard-Tuggener, Joller-Graf & Mettauer Szaday, 2011; Metzger & Weigl, 2010; Mittendrin e. V., 2012; Thoma & Rehle, 2009). Dabei kommt über kurz oder lang die Schule als System in den Blick (vgl. Fend, 1998; Wiater, 2012). Dies wird besonders dann sichtbar, wenn wir uns auch im Bereich der Schul- und Unterrichtsforschung auf die Entwicklung einzelner Schulen einlassen.

In der wissenschaftlichen Begleitung von integrativen Schulen wie beispielsweise der Integrierten Gesamtschule in Halle an der Saale (vgl. Heimlich & Jacobs, 2001) ist deutlich geworden, dass die Realisierung des integrativen Unterrichts in einer Jahrgangsstufe stets Auswirkungen auf die Schule als System hat. Veränderungen können nicht nur bei den Schülerinnen und Schülern oder im Unterricht festgestellt werden, sondern ebenso bei der Zusammenarbeit im Team, bei der Gestaltung des Schullebens und der Schulkultur und letztlich ebenfalls in der externen Kooperation. Auch für die Entwicklung von Unterrichtsqualität hat sich gezeigt, dass diese am ehesten über solche ökologischen Mehrebenenmodelle realisierbar ist (vgl. Bronfenbrenner, 1989; Sander, 1999; ▶ Abb. 1).

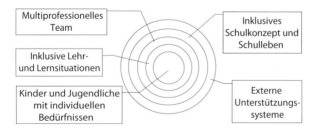

Abb. 1: Inklusive Schulentwicklung als ökologisches Mehrebenenmodell

Abbildung 1 zeigt noch einmal mit Nachdruck, von wie vielen Einzelfaktoren die Unterrichtsqualität beeinflusst wird. Erst im Zusammenwirken dieser Ebenen können wir die Weiterentwicklung der Unterrichtsqualität erreichen. Sonderpädagoginnen und -pädagogen haben in diesem Zusammenhang die Aufgabe, ihre Fachkompetenz auf diesen Ebenen mit einzubringen.

Die Entwicklung der inklusiven Schulen erfordert Veränderungen auf mehreren Ebenen der Schule als System, die ausgehend von Kindern und Jugendlichen mit individuellen Bedürfnissen und der Gestaltung eines inklusiven Unterrichts die Intensivierung der Teamarbeit innerhalb der Schule bis hin zur gemeinsamen Gestaltung von Schulleben und Schulkonzept und darüber hinaus die Erweiterung der Zusammenarbeit mit externen Unterstützungssystemen beinhalten.

Für die praktische Umsetzung in inklusiven Schulen bietet sich neben dem »Index für Inklusion« (vgl. Booth & Ainscow, 2002; Hinz, 2002; Sander, 2004) ebenfalls der Leitfaden »Profilbildung inklusive Schule« an, der an alle Schulen in Bayern verteilt worden ist und ebenfalls auf dem ökologischen Mehrebenenmodell der inklusiven Schulentwicklung basiert (vgl. Fischer, Heimlich, Kahlert & Lelgemann, 2013). Im »Begleitforschungsprojekt inklusive Schulentwicklung (B!S)«, das in Bayern in der Zeit von 2013 bis 2016 durchgeführt worden ist (vgl. Heimlich, Kahlert, Lelgemann & Fischer, 2016), konnte in einer Teilstudie eine »Qualitätsskala zur inklusiven Schulentwicklung (QU!S)« (vgl. Heimlich, Ostertag, Wilfert de Icaza & Gebhardt, 2017) entwickelt und erprobt werden. Zu den fünf Ebenen des Mehrebenenmodells der inklusiven Schulentwicklung sind hier jeweils fünf Qualitätsstandards formuliert worden, denen wiederum fünf Ausprägungsgrade zugeordnet werden. Im Rahmen der Hauptuntersuchung zur QU!S-Studie konnten insgesamt 62 Grund- und Mittelschulen mit dem Profil ›Inklusion‹ in Bayern besucht werden. Neben der Hospitation zweier Unterrichtsstunden liegen der Einschätzung der Qualität von inklusiven Schulen ein Interview mit der Klassenleitung und der sonderpädagogischen Lehrkraft sowie ein Interview mit der Schulleitung zugrunde.

Bezüglich der technischen Qualität der QU!S zeigt sich im Bereich der Konkordanz (*interrater-agreement*) eine sehr gute Reliabilität. Die Übereinstimmung beträgt durchweg über 90 %. Der Kappa-Koeffizient für die Übereinstimmung bei zwei Beurteilerinnen bzw. Beurteilern liegt bei $\kappa_{QU!S} = 0,9356$. Die Überprüfung der Ergebnisse auf das Vorliegen einer Guttman-Skala ergeben einen Reproduktionskoeffizient $REP_{QU!S} = 0,9725$. Dies zeigt, dass bei der Hauptuntersuchung davon ausgegangen werden kann, dass die QU!S Skalogramm-Qualität hat. Das ist die höchste Form von Skalenqualität, die mit einer Rating-Skala erreicht werden kann. Damit konnte bestätigt werden, dass die Beurteilerinnen und Beurteiler von dem zugrundeliegenden Mehrebenenmodell sowie den Qualitätsstandards und Ausprägungsgraden auch theoretisch überzeugt sind und dies als gemeinsame Modellvorstellung akzeptiert haben. Das ist sicher ebenso ein Ergebnis aus dem intensiven QU!S-Training im Vorfeld der Hauptuntersuchung und den vorausgegangenen Erfahrungen mit den Schulen im Rahmen des Pretests. Im Einzelnen haben die Schulen mit dem Profil ›Inklusion‹ auf den fünf Ebenen der inklusiven Schulentwicklung die folgenden Durchschnittswerte erreicht (▶ Tab. 1).

Tab. 1: Inklusive Qualität in Schulen mit dem Profil Inklusion in Bayern (*N* = 62)

	M	*M%*	*SD*	*Min*	*Max*
Qualitätsebene 1	3,9	78,8	0,9	1,4	5,0
Qualitätsebene 2	4,2	83,0	0,7	1,4	5,0
Qualitätsebene 3	3,9	78,4	0,5	2,8	5,0
Qualitätsebene 4	4,2	84,0	0,7	2,2	5,0
Qualitätsebene 5	3,6	72,2	0,7	2,2	5,0

Anmerkungen: (1) *Min* = 0, *Max* = 5; (2) Qualitätsebene 1 (Kinder und Jugendliche mit individuellen Bedürfnissen), Qualitätsebene 2 (inklusiver Unterricht), Qualitätsebene 3 (interdisziplinäre Teamkooperation), Qualitätsebene 4 (Schulkonzept und Schulleben), Qualitätsebene 5 (Vernetzung mit dem Umfeld); (3) *M* = arithmetisches Mittel, *M* % = erreichter Mittelwert in Prozent, *SD* = Standardabweichung, *Min* = kleinster Wert, *Max* = größter Wert; (4) die Daten beziehen sich nur auf Grund- und Mittelschulen mit dem Profil ›Inklusion‹

Schulen mit dem Profil ›Inklusion‹ erreichen in Bayern auf der Basis der 125 Items der QU!S bereits nach kurzer Entwicklungszeit eine gute Qualität. Die Mittelwerte über alle Schulen hinweg liegen auf vier Ebenen deutlich über 75 % (Kinder mit individuellen Bedürfnissen, inklusiver Unterricht, interdisziplinäre Teamkooperation, Schulkonzept und Schulleben) und auf einer Ebene nahezu bei diesem Wert (Vernetzung mit dem Umfeld). Somit erreichen die Schulen mit dem Profil ›Inklusion‹ im Durchschnitt etwa drei Viertel der 125 Items der QU!S. Die Streuung der Werte liegt hier in einem tolerierbaren Bereich und unterschreitet die Werte des Pretests, was auf eine eher homogene Entwicklung der inklusiven Qualität im Vergleich der Schulen mit dem Profil ›Inklusion‹ hinweist. In der Hauptuntersuchung wird von einigen Schulen mit dem Profil ›Inklusion‹ in einzelnen Items sogar der Maximalwert 5 erreicht. Auch die Unterschreitung der Mindestqualität (Wert = 0) findet nahezu nicht mehr statt, wie die Mindestwerte ab 1,4 aufwärts zeigen.

Dabei ist zu bedenken, dass mit der QU!S eine strenge Qualitätsprüfung vorgenommen wird. Es gehen nur die Werte in die Auswertung mit ein, bei denen die beiden Beurteilenden übereinstimmen. Weichen die Einschätzungen voneinander ab, so wurde dieses Item als nicht vorhanden gewertet. Außerdem können unter dem Anspruch einer Guttman-Skala nur die Werte berücksichtigt werden, die kontinuierlich von eins bis fünf ansteigen. Fehler im Sinne der Guttman-Skala führen dazu, dass nur die Werte bis zum fehlenden Wert berücksichtigt werden können. Insofern zeigen die Ergebnisse der QU!S, dass die Schulen mit dem Profil ›Inklusion‹ ihre pädagogische Qualität in sehr positiver Weise entwickelt haben.

Die Schulen selbst erhalten über diese Gesamtauswertung hinaus ihr individuelles Profil in Form eines QU!S-Mosaiks. Hier sind ausnahmslos alle erreichten Items gekennzeichnet und graphisch aufbereitet. Außerdem haben bis zum Ende des Schuljahres 2014/2015 alle Schulen der Hauptuntersuchung ein Poster mit ihren eigenen Ergebnissen in graphischer Form und ein Geheft mit den ausformulierten erreichten Qualitätsstandards erhalten. Die Schulen können diese Rückmeldung auch als Grundlage für die weitere inklusive Schulentwicklungsarbeit verwenden. Rückmeldungen aus den Schulen mit dem Profil ›Inklusion‹ zeigen, dass sowohl Schulleitungen als auch Lehrerkollegien diese Form des Feedbacks als konstruktive Anregung aufgegriffen haben und anhand der Ergebnisse der QU!S nun die weitere Schulentwicklungsarbeit gestalten wollen.

Im Ergebnis konnte mit der QU!S also gezeigt werden, dass die inklusiven Schulen, die teilweise erst seit einem Schuljahr die inklusive Arbeit aufgenommen haben, ca. drei Viertel der Items der QU!S erfüllten (zu den Ergebnissen der QU!S-Studie im Einzelnen: vgl. Heimlich, Ostertag & Wilfert de Icaza, 2016). Auch wenn sich diese Untersuchungsergebnisse noch auf eine vergleichsweise kleine Stichprobe beziehen und die Untersuchungsgruppe nur aus inklusiven Schulen in Bayern besteht, so gibt die QU!S-Studie doch Anlass zu der Feststellung, dass inklusive Schulen ihre Qualität weiterentwickeln.

Ausblick

In Finnland und Schweden gibt es landesweit nur noch wenige Förderschulen. Kinder und Jugendliche mit sonderpädagogischem Förderbedarf befinden sich überwiegend in der allgemeinen Schule. Gleichwohl existiert die Sonderpädagogik als erziehungswissenschaftliche Teildisziplin wie auch die sonderpädagogischen Studienangebote zur Qualifizierung des sonderpädagogischen Fachpersonals. Insofern sollte die Inklusionsdebatte auch in Deutschland Anlass für eine selbstbewusste Weiterentwicklung der Sonderpädagogik in der allgemeinen Schule sein. Allerdings ist die Sonderpädagogik auch keineswegs allein verantwortlich für die Inklusionsentwicklung. Allgemeine Schulen entwickeln sich zu inklusiven Schulen weiter. Letztlich müssen auch die beteiligten erziehungswissenschaftlichen Teildisziplinen der Schulpädagogik und der Sonderpädagogik in einen neuerlichen Dialog eintreten, um in gemeinsamen Lehrerbildungsprojekten und in gemeinsamen Forschungsprojekten die Grundlagen für ein inklusives Bildungssystem auf allen Ebenen sowohl von der Qualifizierung als auch von der Unterrichts- und Schulkonzeption her zu schaffen. Für diesen Dialog gilt ebenfalls die Erkenntnis von Martin Buber (1878–1965): »Alles wirkliche Leben ist Begegnung« (Buber, 1923/1997, S. 18).

Literatur

Beck, I. (2001). Qualitätsentwicklung und Qualitätsbeurteilung. In G. Antor & U. Bleidick (Hrsg.), *Handlexikon der Behindertenpädagogik. Schlüsselbegriffe aus Theorie und Praxis* (S. 341–344). Stuttgart: Kohlhammer.

Beck, U. (1986). *Risikogesellschaft. Auf dem Weg in eine andere Moderne.* Frankfurt am Main: Suhrkamp.

Benkmann, R. (1998). *Entwicklungspädagogik und Kooperation. Sozial-konstruktivistische Perspektiven der Förderung von Kindern mit gravierenden Lernschwierigkeiten in der allgemeinen Schule.* Weinheim: Deutscher Studienverlag.

Biewer, G. (2009). *Grundlagen der Heilpädagogik und Inklusiven Pädagogik.* Bad Heilbrunn: Klinkhardt.

Bless, G. (1995). *Zur Wirksamkeit von Integration. Forschungsüberblick, praktische Umsetzung einer integrativen Schulform, Untersuchungen zum Lernfortschritt.* Bern: Haupt.

Booth, T. & Ainscow, M. (2002). *Index for inclusion. Developing learning and participation in schools.* Bristol: Center for Studies in Inclusive Education.

Bronfenbrenner, U. (1989). *Die Ökologie der menschlichen Entwicklung. Natürliche und geplante Experimente.* Frankfurt am Main: Fischer.

Buber, M. (1923/1997). *Ich und Du* (13. Aufl.). Gerlingen: Bleicher.

Bürli, A., Strasser, U. & Stein, A.-D. (Hrsg.) (2009). *Integration/Inklusion aus internationaler Sicht.* Bad Heilbrunn: Klinkhardt.

Dewey, J. (1916/1993). *Demokratie und Erziehung. Eine Einleitung in die philosophische Pädagogik.* Weinheim & Basel: Beltz

Ditton, H. (2000). Qualitätskontrolle und Qualitätssicherung in Schule und Unterricht. *Zeitschrift für Pädagogik, 41. Beiheft,* 73–92.

Ditton, H. & Krecker, L. (1995). Qualität von Schule und Unterricht. Empirische Befunde zu Fragestellungen und Aufgaben der Forschung. *Zeitschrift für Pädagogik, 41*(4), 507–529.

Einsiedler, W. (1986). Unterricht, schülerorientierter. In D. Lenzen (Hrsg.), *Enzyklopädie Erziehungswissenschaft* (Bd. 3, S. 628–632). Stuttgart: Klett-Cotta.

Ellger-Rüttgardt, S. (2008). Nationale Bildungspolitik und Globalisierung. Die Herausforderungen der UN-Konvention über die Rechte von Menschen mit Behinderungen. Pädagogik wird international. *Zeitschrift für Heilpädagogik, 59*(12), 442–450.

Fend, H. (1998). *Qualität im Bildungswesen. Schulforschung zu Systembedingungen, Schulprofilen und Lehrerleistung.* Weinheim & München: Juventa.

Fischer, E., Heimlich, U., Kahlert, J. & Lelgemann, R. (Hrsg.) (2013). *Leitfaden Profilbildung inklusive Schule.* Verfügbar über: www.km.bayern.de (Datum des Zugriffs: 09.10.2017).

Füssel, H.-P. & Kretschmann, R. (1993). *Gemeinsamer Unterricht für behinderte und nichtbehinderte Kinder.* Witterschlick/Bonn: Wehle.

Graumann, O. (2002). *Gemeinsamer Unterricht in heterogenen Gruppen. Von lernbehindert bis hochbegabt.* Bad Heilbrunn: Klinkhardt.

Gudjons, H. (2003). *Frontalunterricht – neu entdeckt. Integration in offenen Unterrichtsformen.* Bad Heilbrunn: Klinkhardt.

Haeberlin, U., Bless, G., Moser, U. & Klaghofer, R. (1991). *Die Integration von Lernbehinderten. Versuche, Theorien, Forschungen, Enttäuschungen, Hoffnungen* (2. Aufl.). Bern & Stuttgart: Haupt.

Hattie, J. (2009). *Visible learning. A synthesis of over 800 meta-analyses relating to achievement.* London & New York: Routledge.

Heimlich, U. (2003). *Integrative Pädagogik. Eine Einführung.* Stuttgart: Kohlhammer.

Heimlich, U. (2007). Ansätze zu einer Didaktik des Gemeinsamen Unterrichts. In J. Walter & F. B. Wember (Hrsg.), *Handbuch Förderschwerpunkt Lernen* (S. 357–375). Göttingen: Hogrefe.

Heimlich, U. (2008). Die »Schule der Armut« – Armut und soziale Benachteiligung als Herausforderung an die Lernbehindertenpädagogik. *Vierteljahreszeitschrift für Heilpädagogik und ihre Nachbargebiete, 77*(1), 11–22.

Heimlich, U. (2016). *Pädagogik bei Lernschwierigkeiten. Sonderpädagogische Förderung im Förderschwerpunkt Lernen* (2. Aufl.). Bad Heilbrunn: Klinkhardt.

Heimlich, U. & Jacobs, S. (Hrsg.) (2001). *Integrative Schulentwicklung im Sekundarbereich. Das Beispiel der IGS Halle/Saale.* Bad Heilbrunn: Klinkhardt.

Heimlich, U. & Kahlert, J. (Hrsg.) (2014). *Inklusion in Schule und Unterricht. Wege zur Bildung für alle* (2. Aufl.). Stuttgart: Kohlhammer.

23

Heimlich, U., Kahlert, J., Lelgemann, R. & Fischer, E. (Hrsg.) (2016). *Inklusives Schulsystem. Analysen, Befunde, Empfehlungen zum bayerischen Weg*. Bad Heilbrunn: Klinkhardt.

Heimlich, U., Ostertag, C. & Wilfert de Icaza, K. (2016). Qualität inklusiver Schulentwicklung. In U. Heimlich, J. Kahlert, R. Lelgemann & E. Fischer (Hrsg.), *Qualität inklusiver Schulentwicklung* (S. 87–106). Bad Heilbrunn: Klinkhardt.

Heimlich, U., Ostertag, C., Wilfert de Icaza, K. & Gebhardt, M. (2017), *Qualitätsskala zur inklusiven Schulentwicklung (QU!S)*. Bad Heilbrunn: Klinkhardt.

Heimlich, U. & Wember, F. B. (Hrsg.) (2016). *Didaktik des Unterrichts im Förderschwerpunkt Lernen. Ein Handbuch für Studium und Praxis* (3. Aufl.). Stuttgart: Klinkhardt.

Helmke, A. (2004). *Unterrichtsqualität. Erfassen, Bewerten, Verbessern* (2. Aufl.). Seelze: Kallmeyer.

Helmke, A. & Weinert, F. E. (Hrsg.) (1997). *Entwicklung im Grundschulalter*. Weinheim: Beltz/PVU.

Hinz, A. (2002). Von der Integration zur Inklusion – terminologisches Spiel oder konzeptionelle Weiterentwicklung? *Zeitschrift für Heilpädagogik, 53*(9), 354–361.

Horster, L. & Rolff, H.-G. (2001). *Unterrichtsentwicklung. Grundlagen, Praxis, Steuerungsprozesse*. Weinheim & Basel: Beltz.

Kasper, H. (1994). Offene Unterrichtsformen in der englischen Primarstufe. In G. Reiß & G. Eberle (Hrsg.), *Offener Unterricht – Freie Arbeit mit lernschwachen Schülerinnen und Schülern* (S. 93–114). Weinheim: Deutscher Studienverlag.

Keupp, H., Ahbe, T., Gmür, W., Höfer, R., Mitzscherlich, B., Kraus, W. & Sraus, F. (1999). *Identitätskonstruktionen. Das Patchwork der Identitäten in der Spätmoderne*. Reinbek bei Hamburg: Rowohlt.

Klippert, H. (2000). *Pädagogische Schulentwicklung. Planungs- und Arbeitshilfen zur Förderung einer neuen Lernkultur*. Weinheim & Basel: Beltz.

Lee, J.-H. (2010). *Inklusion. Eine kritische Auseinandersetzung mit dem Konzept von Andreas Hinz*. Oberhausen: Athena.

Lersch, R. (2001). *Gemeinsamer Unterricht – Schulische Integration Behinderter*. Neuwied: Luchterhand.

Lienhard-Tuggener, P., Joller-Graf, K. & Mettauer Szaday, B. (2011). *Rezeptbuch schulische Integration. Auf dem Weg zu einer inklusiven Schule*. Bern: Haupt.

Luhmann, N. (2002). *Das Erziehungssystem der Gesellschaft*. Frankfurt am Main: Suhrkamp.

Lumer, B. (Hrsg.) (2001). *Integration behinderter Kinder. Erfahrungen, Reflexionen, Anregungen*. Berlin: Cornelsen Scriptor.

Metzger, K. & Weigl, E. (Hrsg.) (2010). *Inklusion – eine Schule für alle. Modelle, Positionen, Erfahrungen*. Berlin: Cornelsen Scriptor.

Meyer, H. (2004). *Was ist guter Unterricht?* Berlin: Cornelsen Scriptor.

Mittendrin e. V. (Hrsg.) (2012). *Eine Schule für alle. Inklusion umsetzen in der Sekundarstufe*. Mülheim an der Ruhr: Verlag an der Ruhr.

Nassehi, A. (1997). Inklusion, Exklusion – Integration, Desintegration. Die Theorie funktionaler Differenzierung und die Desintegrationsthese. In W. Heitmeyer (Hrsg.), *Was hält die Gesellschaft zusammen?* (S. 113–148). Frankfurt am Main: Suhrkamp.

Österreichische UNESCO-Kommission (Hrsg.) (1996). *Pädagogik für besondere Bedürfnisse. Die Salamanca-Erklärung und der Aktionsrahmen zur Pädagogik für besondere Bedürfnisse*. Wien.

Reinmann-Rothmeier, G. & Mandl, H. (2001). Unterrichten und Lernumgebungen gestalten. In A. Krapp & B. Weidenmann (Hrsg.), *Pädagogische Psychologie* (4. Aufl., S. 601–646). München: Beltz/PVU.

Rieser, R. (2008). *Implementing inclusive education. A commonwealth guide to implementing article 24 of the UN convention on the rights of people with disabilities*. London: Commonwealth Secretariat.

Rustemier, S. & Booth, T. (2005). *Learning about the index in use. A study of the use of the index for inclusion in schools and LEAs in England*. Bristol: CSIE.

Sander, A. (1999). Ökosystemische Ebenen integrativer Schulentwicklung – ein organisatorisches Entwicklungsmodell. In U. Heimlich (Hrsg.), *Sonderpädagogische Fördersysteme – auf dem Weg zur Integration* (S. 33–44). Stuttgart: Kohlhammer.

Sander, A. (2004). Inklusive Pädagogik verwirklichen – Zur Begründung des Themas. In I. Schnell & A. Sander (Hrsg.), *Inklusive Pädagogik* (S. 11–22). Bad Heilbrunn: Klinkhardt.

Schnell, I. & Sander, A. (Hrsg.) (2004). *Inklusive Pädagogik*. Bad Heilbrunn: Klinkhardt.

Speck, O. (1999). *Die Ökonomisierung sozialer Qualität. Zur Qualitätsdiskussion in Behindertenhilfe und Sozialer Arbeit*. München & Basel: Reinhardt.

Speck, O. (2010). *Schulische Inklusion aus heilpädagogischer Sicht. Rhetorik und Realität*. München & Basel: Reinhardt.

Thoma, P. & Rehle, C. (2009). *Inklusive Schule. Leben und Lernen mittendrin*. Bad Heilbrunn: Klinkhardt.

United Nations (2010). *Convention on the rights of persons with disabilities*. Verfügbar über: http://www.institut-fuer-menschenrechte.de/de/menschenrechtsinstrumente/vereinte-na¬tionen/menschenrechtsabkommen/behindertenrechtskonvention-crpd.html#c1911 (Datum des Zugriffs: 21.12.2010).

Vereinte Nationen (2010). *Übereinkommen über die Rechte von Menschen mit Behinderungen* (zwischen Deutschland, Liechtenstein, Österreich und der Schweiz abgestimmte Übersetzung). Verfügbar über: http://www.institut-fuer-menschenrechte.de/de/men¬schenrechtsinstrumente/vereinte-nationen/menschenrechtsabkommen/behindertenrechts¬konvention-crpd.html#c1911 (Datum des Zugriffs: 21.12.2010).

Walter, P. (2004). *Schulische Integration Behinderter. Eine Einführung in die Bedingungen, Aufgaben und Perspektiven*. Wiesbaden: VS.

Wember, F. B. (2001). Adaptiver Unterricht. *Sonderpädagogik, 31*(3), 161–181.

Wiater, W. (2012). *Theorie der Schule. Prüfungswissen – Basiswissen Schulpädagogik* (5. Aufl.). Donauwörth: Auer.

Wilhelm, M., Eggertsdóttir, R. & Marinósson, G. L. (Hrsg.) (2006). *Inklusive Schulentwicklung. Planungs- und Arbeitshilfen zur neuen Schulkultur*. Weinheim & Basel: Beltz.

Inklusion an Schwerpunktschulen in Rheinland-Pfalz

Désirée Laubenstein & Christian Lindmeier

Vorbemerkung

Rheinland-Pfalz hat mit der Einführung seiner Schwerpunktschulen[1] im Schuljahr 2001/2002 eine Organisationsform für die Etablierung einer gemeinsamen Unterrichtung von Schülerinnen und Schülern mit und ohne sonderpädagogischen Förderbedarf geschaffen, die über die in den 1980er Jahren vereinzelten Modellversuche und Einzelintegrationsmaßnahmen hinausging und die heute mit 289 Schwerpunktschulen fast flächendeckend im ganzen Bundesland einen Rahmen für die Umsetzung der UN-Behindertenrechtskonvention bildet. Im Folgenden werden zentrale Ergebnisse des Forschungsprojekts ›GeSchwind‹ (»Gelingensbedingungen des gemeinsamen Unterrichts an Schwerpunktschulen in Rheinland-Pfalz«) dargestellt, das die Situation der Schwerpunktschulen und deren inklusive Schulentwicklung seit 2011 dokumentiert und evaluiert.

1 Die Ausgangssituation in Rheinland-Pfalz zu Beginn der Einführung der Schwerpunktschulen

Rheinland-Pfalz verfügte, wie auch andere Bundesländer, bereits in den 1980er Jahren über Modellversuche zur schulischen Integration von Schülerinnen und Schülern mit sonderpädagogischem Förderbedarf, vorwiegend in der Form von Einzelintegration, teilweise auch als Schulversuche mit Integrations- und Kooperationsklassen (vgl. vertiefend Laubenstein, Lindmeier, Guthöhrlein & Scheer, 2015,

---

1 Der Name ›Schwerpunktschule‹ ist in der Kommunikation mit anderen Bundesländern insofern verwirrend, als Rheinland-Pfalz hiermit allgemeine Schulen definiert, die Schülerinnen und Schüler mit ganz unterschiedlichen sonderpädagogischen Förderbedarfen unterrichten. Nordrhein-Westfalen dagegen verpflichtet allgemeine Schulen (neben Förderschulen), Schülerinnen und Schüler mit dem sonderpädagogischem Förderbedarf ›Sprache‹, ›Lernen‹ und ›sozial-emotionale Entwicklung‹ grundsätzlich zu unterrichten. Den Namen ›Schwerpunktschule‹ verwendet Nordrhein-Westfalen nur für diejenigen Schulen, die explizit Schülerinnen und Schüler mit mindestens einem weiteren Förderschwerpunkt an ihrer Schule aufnehmen (vgl. Ministerium für Schule und Weiterbildung Nordrhein-Westfalen, 2014; 9. Schulrechtsänderungsgesetz, § 20).

S. 13 ff.). Mit der bildungspolitischen Verankerung der gemeinsamen Unterrichtung von Schülerinnen und Schülern mit und ohne sonderpädagogischen Förderbedarf an allgemeinen Schulen des Primar- und Sekundarbereichs I durch die Einrichtung von 30 Schwerpunktschulen[2], die mit Unterstützung der Aufsichts- und Dienstleistungsdirektion vom damaligen Ministerium für Bildung, Frauen und Jugend (MBFJ) im Schuljahr 2001/2002 ernannt wurden, stellte dieses den Schulen ein dreiseitiges Papier mit dem Titel »Schwerpunktschulen – 20 Fragen – 20 Antworten« zur Verfügung. Dieses wurde 2010 vom Ministerium für Bildung, Wissenschaft, Jugend und Kultur (MBWJK) zum »Kompendium Schwerpunktschule« ausgeweitet, 2012 ergänzt und dient den Schulen bis heute als Orientierungsgrundlage für ihren erweiterten pädagogischen Bildungsauftrag. Das Kompendium umfasst Fragen aus der Praxis für die Praxis an Schwerpunktschulen und beinhaltet die Themenbereiche »Konzept« (K), »Organisationsstrukturen« (OR), »Unterrichtsentwicklung« (UE), »Gutachten« (G), »Übergang Grundschule-weiterführende Schule« (Ü) und »Schulabschlüsse« (SCHA). Rheinland-Pfalz verfügt damit seit mehr als 15 Jahren über Erfahrungen im Kontext inklusiver Schulentwicklung – primär fokussiert auf vom Ministerium beauftragte Schulen, womit der Ressourcenvorbehalt entfällt. Bereits 2010 legte die damalige Landesregierung in Rheinland-Pfalz als erstes Bundesland einen Aktionsplan zur Umsetzung der UN-Behindertenrechtskonvention vor (vgl. Ministerium für Arbeit, Soziales, Gesundheit, Familie und Frauen, 2010), verankerte hierin eine unabhängige wissenschaftliche Evaluation über die Situation an Schwerpunktschulen durch die Universität Koblenz-Landau (Campus Landau) und kam damit dem Vorschlag von im Vorfeld erfolgten Gesprächen nach, Gelingensbedingungen des gemeinsamen Unterrichts an Schwerpunktschulen systematisch zu erheben.

2 Das Forschungsprojekt ›GeSchwind‹

Das Forschungsprojekt zur Evaluation der Gelingensbedingungen der gemeinsamen Unterrichtung an Schwerpunktschulen in Rheinland-Pfalz war zunächst auf drei Jahre (2011–2014) angelegt. Erhoben werden sollten Grunddaten hinsichtlich der Zufriedenheit der beteiligten Akteure, d.h. der Aufsichts- und Dienstleistungsdirektion, des Pädagogischen Landesinstituts und der Beraterinnen und Berater für Integration (später Inklusion), der Schwerpunktschulen mit ihren Schulleitungen, ihren Lehrkräften und ihren Schülerinnen und Schülern. Leitende Fragestellung war hierbei: Unter welchen Bedingungen kann Inklusion als schulisches Qualitätsziel an Schwerpunktschulen realisiert werden? Der Forschungsprozess gestaltete sich spiralförmig unter den entsprechenden Fragestellungen (▶ Abb. 1).

---

2 Die Organisationsform ›Schwerpunktschule‹ wurde jedoch erst mit der Schulgesetznovelle 2014 rechtlich verankert.

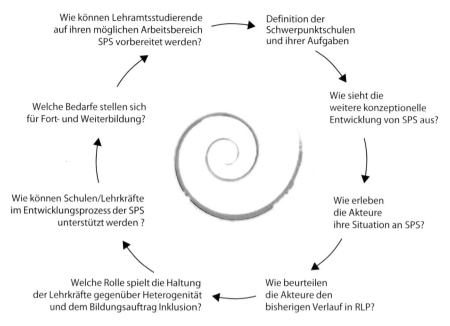

Abb. 1: Forschungsspirale; Anmerkungen: SPS = Schwerpunktschulen, RLP = Rheinland-
Pfalz

Schnell wurde deutlich, dass eine umfassende Evaluation unter unterschiedlichen
Forschungsperspektiven zwar notwendig, aber in diesem Umfang für das For-
schungsteam nicht realisierbar war. So konzentrierte sich das Forschungsprojekt
selbst auf die Perspektiven der Aufsichts- und Dienstleistungsdirektion, des Pädagogischen Landesinstituts, der Beraterinnen und Berater für Inklusion und der
Lehr- und Fachkräfte an den Schwerpunktschulen. Die Perspektive der Schülerinnen und Schüler wird im Dissertationsvorhaben von Kirsten Guthöhrlein mit dem
Arbeitstitel »Kinder-Sichten – Leben und Lernen an Schwerpunktschulen in Rheinland-Pfalz« (Seutter-Guthöhrlein, 2015), die der Schulleitung im Dissertationsvorhaben von David Scheer mit dem Arbeitstitel »Subjektives Berufsverständnis von
Schulleitung und die Rekontextualisierung schulischer Inklusion: Empirische Un-
tersuchung zum Schulleitungshandeln im Kontext der Gestaltung schulischer In-
klusion an rheinland-pfälzischen Schwerpunktschulen« (vgl. Scheer, Laubenstein &
Lindmeier, 2014; Scheer, 2017; Scheer & Laubenstein, 2018; Scheer, Lindmeier &
Laubenstein, 2017) zentral evaluiert und analysiert. Die Perspektive der Eltern wurde
in einer ersten Annäherung durch eine Masterarbeit von Janina Antonietta Korell,
Heike Kratz, Gabriele Lüer und Anne-Kathrin Theisinger unter dem Titel »Die
Schwerpunktschule in Rheinland-Pfalz aus Sicht der (Pflege-)Eltern. Eine qualitative
Untersuchung auf Grundlage von Gruppendiskussion« 2013 erhoben.

Das Forschungsdesign umfasste damit sowohl quantitative Zugänge durch
Statistiken und Fragebögen als auch qualitative durch Experteninterviews, Gruppendiskussionen, Einzelinterviews (Dissertation Scheer) und Fallportraits (Disser-

tation Guthöhrlein), sodass von einem Mixed-Methods-Design gesprochen werden kann.

Die erste Erhebungsphase fand in Form von 17 Experteninterviews mit dem Pädagogischen Landesinstitut und den Beraterinnen und Beratern für Inklusion im Zeitrahmen von Mai bis Juni 2012 statt. Hierbei ging es primär um eine kritische Auseinandersetzung mit gegenwärtigen und zukünftigen Fragen der Schulentwicklung in Rheinland-Pfalz. Die Auswertung erfolgte mittels der Qualitativen Inhaltsanalyse in Anlehnung an Meuser und Nagel (2002) und Gläser und Laudel (2009), orientiert an einem regelgeleiteten Vorgehen der Kategorienbildung aus dem transkribierten Textmaterial (vgl. Mayring, 2010) und unterstützt durch das Softwareprogramm ›MAXQDA‹ zur computerunterstützen Datenauswertung.

Die zweite Erhebungsphase von Oktober bis Dezember 2012 realisierte sich über eine flächendeckende Onlinebefragung von 210 Schwerpunktschulen[3], an der sich 148 (70,5 %) beteiligten. Der umfassende Onlinefragebogen wurde von 119 (56,7 %) Schwerpunktschulen komplett beendet. Die Fragen zu der Schulgröße, dem Ernennungsjahr und dem Prozess der Ernennung, den Vorbereitungs- und Unterstützungsangeboten, der Team- und Unterrichtsentwicklung, der Leistungsbewertung, der Schülerschaft, den Zukunftsperspektiven und dem Bildungsauftrag ›Inklusion‹ umfassten geschlossene Fragen mit vierstufigen Likert-Skalen (von sehr hilfreich bis nicht hilfreich), geschlossene Fragen mit vorgegebenen Antwortoptionen, offene Fragen sowie Fragen, in denen mit einem Schieberegler prozentuale Angaben gemacht werden konnten. Die Auswertung dieser Erhebungsphase erfolgte über Grafiken und inhaltsanalytisch bezüglich der offenen Fragen. Eine zentrale Fragestellung war hierbei die subjektive Einschätzung der Schulen, an welcher Stelle sie sich selbst auf dem Weg zu einer inklusiven Schule befinden. Hierbei ergab sich folgendes Bild: Fünf Schulen schätzen sich selbst mit 90 % Inklusivität an ihrer Schule ein, zehn Schulen mit 80 %, 20 Schulen mit 70 %, 21 Schulen mit 60 %, 16 Schulen mit 50 %, acht Schulen mit 40 %, 16 Schulen mit 30 %, elf Schulen mit 20 %, drei Schulen mit 10 % und zehn Schulen beantworteten diese Frage nicht. Durch die Frage nach der selbst eingeschätzten Inklusivität konnte das gesamte Datenmaterial gesplittet werden, sodass vier Kategorien mit einer Inklusivität von zehn bis 20 %, 30 bis 50 %, 60 bis 70 % und 80 bis 100 %[4] entstanden, die später vor allem kontrastierende Einblicke in das Datenmaterial ermöglichten.

Die dritte Erhebungsphase fand von Juni bis Dezember 2013 in Form von Gruppendiskussionen mit Lehrkräften (Regel- und Förderschullehrkräften) und begleitenden Fachkräften (pädagogische Fachkräfte und Integrationshelferinnen und -helfer) an unterschiedlichen Schwerpunktschulen in Rheinland-Pfalz statt. Es wurden 27 Gruppendiskussionen geführt. Grundlage für die Auswahl der Schulen war ein qualitatives Sampling von Realgruppen, d. h., es erfolgte eine bewusste, repräsentative Fallauswahl nach Schulart (Grundschulen, Schulen der Sekundarstufe I, Realschulen Plus und Integrierte Gesamtschulen), nach Schulregion (Neu-

---

3 Zu diesem Zeitpunkt waren in Rheinland-Pfalz 229 Schwerpunktschulen ernannt, wobei einige aufgrund technischer Schwierigkeiten nicht erreicht werden konnten.
4 Da sich keine Schwerpunktschule als 100 % inklusiv einschätzte, wurde die letzte Kategorie im Bereich 80 bis 90 % eingeordnet.

stadt/Weinstraße, Trier und Koblenz) und nach den unterschiedlichen Ernennungsjahren, um so die Heterogenität des Forschungsfeldes abbilden zu können. Der primäre Stimulus war hierbei eine Erzählaufforderung am Anfang mit der Frage: »Welche Erfahrungen haben Sie mit dem gemeinsamen Unterricht von Schülerinnen und Schülern mit und ohne Behinderung gemacht?«, um an aktuelle lebensweltliche Erfahrungen der Diskussionsteilnehmerinnen und -teilnehmer anzuknüpfen und auf der Grundlage umfassender Erfahrungen eine Selbstläufigkeit der Diskussion zu erzeugen, in der die Forscherin bzw. der Forscher aus dem Mittelpunkt verschwindet. Die Auswertung erfolgte hierbei mittels der Dokumentarischen Methode (vgl. Bohnsack, 2007) mithilfe eines Stichwortregisters, der paraphrasierenden Interpretation, der reflektierenden Interpretation und der Typenbildung.

Wenn man bedenkt, dass die Schwerpunktschulen zu Beginn des Forschungsprojekts ›GeSchwind‹ 2011 bereits seit zehn Jahren existierten, wird deutlich, wie dringend eine unabhängige Evaluation über deren Situation mit Herausforderungen, aber auch Chancen war, die bis dahin nicht bekannt waren.

3 Ausgewählte Ergebnisse unter der Perspektive ›Herausforderung Inklusion‹

In dem dreijährigen Forschungsprozess konnte durch die unterschiedlichen Forschungsphasen und Erhebungsverfahren umfangreiches Datenmaterial gewonnen werden, das einen vertiefenden Einblick in die Situation der Schwerpunktschulen und ihren inklusiven Schulentwicklungsprozess ermöglichte. Aus diesem lassen sich umfassende Herausforderungen und Chancen im Kontext von Inklusion extrahieren, wobei nachfolgend einige wesentliche genannt werden sollen.

3.1 Konzeptionelle Orientierung

Die Einführung der Schwerpunktschulen ermöglichte zwar eine gemeinsame Unterrichtung von Schülerinnen und Schülern mit und ohne sonderpädagogischen Förderbedarf, die Landesregierung und das Ministerium selbst legten aber kein Rahmenkonzept für eine inklusive Schulentwicklung vor. Die ernannten Schwerpunktschulen sollten vielmehr – entsprechend der um die Jahrtausendwende vorherrschenden Auffassung in der Schulentwicklungstheorie – ein schuleigenes Konzept zu ihrer Umsetzung entwickeln. Dieses Vorgehen beinhaltet sowohl Chancen als auch Risiken. Als Chance kann sicherlich hervorgehoben werden, dass die Schulen, die bereits Ideen oder Visionen zur Realisierung einer gemeinsamen Unterrichtung entwickelt hatten, diese nun auch umsetzen konnten. Die Evaluation der Schwerpunktschulen durch das Projekt ›GeSchwind‹ zeigte jedoch, dass die meisten Schulen eine Orientierung in Richtung inklusiver Schulentwicklung benötigten, um mit ihrer Arbeit beginnen zu können. So lautete eine Onlinefrage, ob es an den Schulen durch die Ernennung zur Schwerpunktschule konzeptionelle Veränderungen gab. Gerade durch das Splitten des Datenmaterials konnte herausgestellt werden, dass Schulen mit einer selbst eingeschätzten Inklusivität von zehn bis 20 % ihre konzeptionellen Veränderungen nur zu annähernd 50 % wahrnahmen. Schulen mit einer Inklusivität von 80 bis 90 % sind solche Veränderungen hingegen zu fast 100 % sehr wohl bewusst. Es ist gerade diese konzeptionelle Veränderung, die grundlegend den erweiterten pädagogischen Auftrag, d. h. den Bildungsauftrag ›Inklusion‹, der Schwerpunktschulen betrifft. Besonders bei den Experteninterviews in der ersten Erhebungsphase – aber auch in der Onlinebefragung und in den Gruppendiskussionen – wurde deutlich, dass zwischen und innerhalb von Schulverwaltung, Beratungssystem und Schwerpunktschulen divergierende Meinungen darüber bestehen, was eine Schwerpunktschule ist und ob es sich hierbei um eine inklusive Schule handelt. Dies hat durchaus Auswirkungen auf Schulentwicklungsprozesse und auf die schulische Praxis, da Schwerpunktschulen in ihrem Entwicklungsprozess von ganz unterschiedlichen Systemen unterstützt und begleitet werden. Herrschen bei den Beratungssystemen für die Schulen Divergenzen oder sogar Kontroversen über das Verständnis von Inklusion vor, müssen die Schulen die damit verbundenen unterschiedlichen Anforderungen in ihr eigenes System integrieren, das selbst wiederum nicht frei von kontroversen Diskussionen über die Umsetzung des Bildungsauftrags ›Inklusion‹ ist. Damit herrschen wenig Orientierung gebende Strukturen vor, die für die einen Schulen mit klaren Zielvorstellungen Chancen der eigenen Umsetzungsmöglichkeiten bieten, für andere jedoch eine stete Herausforderung bleiben, den unterschiedlichen Anforderungen gerecht zu werden. Schwerpunktschulen, die klare konzeptionelle Vorstellungen für ihren Weg der inklusiven Schulentwicklung besitzen, fühlen sich ihrer Aufgabe gewachsen und erleben diese trotz Herausforderungen als Bereicherung. Diese präzisieren sich in den Fragen: »Was wollen wir?«, »Wo wollen wir hin?« und »Wie erreichen wir das?«. Hieran verdeutlicht sich die zentrale Stellung des »Prinzips der kleinen Schritte«, die als bewältigbar erlebt werden.

Zur Unterstützung des Schulentwicklungsprozesses hat das Ministerium mit der Einführung der Schwerpunktschulen auch Beraterinnen und Berater für Inklusion zur Verfügung gestellt, die vom Pädagogischen Landesinstitut ausgebildet und koordiniert werden und die Schulen bei der Umsetzung ihres erweiterten pädagogischen Auftrags begleiten sollen. Hierbei stellte sich jedoch in der Onlinebefragung und in den Gruppendiskussionen heraus, dass teilweise keine passgenaue Unterstützung erreicht wurde und die Schulen das Angebot der Beraterinnen und Berater demnach eher skeptisch für die Entwicklung ihrer ganz eigenen Schule einschätzten.

3.2 Team

Wie sich die Klassenteams vor Ort entwickeln, liegt nach Ansicht der Expertinnen und Experten der Aufsichts- und Dienstleistungsdirektion nicht im Einflussbereich der Schulaufsicht. Die Teamentwicklung aus Sicht der Lehrkräfte wird in den Gruppendiskussionen folgendermaßen beurteilt:

> »Und das ist so das Problem, was viele Lehrer haben, sich da auf diese Teamarbeit einzulassen. Weil sie dann denken, sie geben was von ihrer Arbeit ab und lassen sich da, dürfen nicht mehr selber entscheiden. Das ist, glaube ich, das Hauptproblem, dass jeder sich als Lehrer selber festlegen konnte. Ablauf ist so und so. Und jetzt kommt noch eine zweite und eine dritte Person rein. Und jetzt muss ich mich mit denen abstimmen. Aber was ist denn, wenn ich das gar nicht so will?« (Interviewtranskript, Auszug)

Besonders das Fachlehrerprinzip erschwert die Arbeit im Team in den Schulen des Sekundarbereichs I, wenn Lehrkräfte die Schülerinnen und Schüler in einem sehr begrenzten zeitlichen Umfang unterrichten. Für die Förderschullehrkräfte erfordert das Fachlehrerprinzip dagegen unzählige Absprachen, die zeitlich kaum mehr zu koordinieren sind. Hinsichtlich der Auswertung des Faktors ›Team‹ und seiner Entwicklung kann als wesentlicher Befund herausgestellt werden, dass Kolleginnen und Kollegen, die sich als Team erleben, ihre gegenseitige Expertise wertschätzen. Der Schulleitung kommt hierbei die wesentliche Aufgabe zu, Zeiten zum kollegialen Austausch zur Verfügung zu stellen und die Entwicklung einer kooperativen Berufskultur zu unterstützen. Zum Zeitpunkt unserer Erhebung zeigte sich allerdings, dass gerade dem Faktor ›Team‹ eine Beliebigkeit anhaftete, d. h., die Zusammenarbeit zwischen einzelnen Lehr- und Fachkräften funktionierte oder funktionierte eben nicht, sodass sich daraus für einen inklusiven Schulentwicklungsprozess die Herausforderung ergibt, diese Beliebigkeit in eine strukturelle Verlässlichkeit zu überführen.

3.3 Unterricht

Die Expertinnen und Experten beschreiben in den Interviews ihre Idealvorstellung von Unterricht in Schwerpunktschulen mehrheitlich so, dass alle Schülerinnen und Schüler »am gleichen Lerngegenstand auf unterschiedlichem Niveau arbeiten, in der gemeinsamen Gruppe. Das ist eigentlich das, was wir uns am meisten wünschen« (Interviewtranskript, Auszug). Die Lehrkräfte dagegen sehen ihre zentrale Aufgabe bei der gemeinsamen Unterrichtung von Schülerinnen und Schülern mit und ohne sonderpädagogischen Förderbedarf in der Differenzierung. Hieran angeknüpft ist die wesentliche Herausforderung der Inklusion, Wochenpläne auf sehr unterschiedlichen Niveaus vorbereiten zu müssen.

In der Onlinebefragung stellte sich zum Thema Unterrichtsentwicklung die Frage, inwiefern sich der Unterricht konzeptionell mit der Ernennung zur Schwerpunktschule verändert hat (▶ Abb. 2).

Insgesamt wird deutlich, dass individualisierte, differenzierte Arbeitsmaterialien und Aufgabenstellungen sowie schülerorientierte Bearbeitungszeiten bereits am Anfang der Schwerpunktschulentwicklung eine entscheidende Bedeutung bei der Unterrichtskonzeption einer Schwerpunktschule haben. Beschriebene Formen des offenen Unterrichts (wie beispielsweise Freiarbeit, Projektunterricht, Entdeckendes/Forschendes/Selbstbestimmtes Lernen, Wochenplan- und Werkstattunterricht) und die Einführung des Helferprinzips zeichnen sich als Gelingensbedingungen des

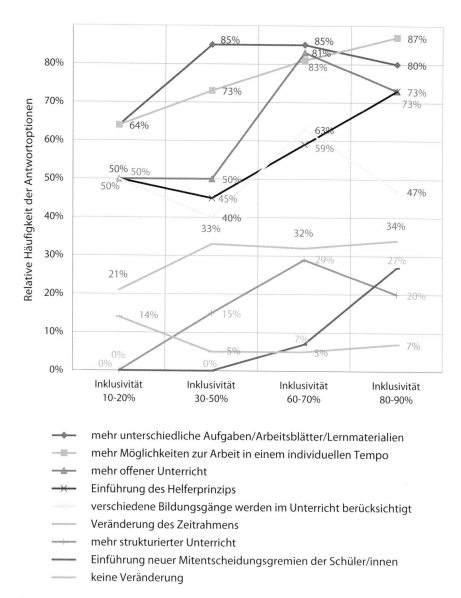

Abb. 2: Unterrichtsentwicklung an Schwerpunktschulen

gemeinsamen Unterrichts an Schwerpunktschulen auf dem Weg zu einer inklusiven Schule ab und steigen mit zunehmender selbst eingeschätzter Inklusivität an. Interessant ist, dass sich einige Steigungen mit einer Inklusivität von 80 bis 90 % wieder leicht relativieren (z. B. mehr unterschiedliche Aufgaben, mehr offener Unterricht, Berücksichtigung verschiedener Bildungsgänge im Unterricht, mehr strukturierter Unterricht), was die Interpretation nahelegt, dass die Schwerpunktschulen in ihrer praktischen Erfahrung der Unterrichtsdurchführung lernen, unterschiedliche Arbeitsmaterialien oder offene Unterrichtsangebote nicht für ausreichend zu halten, um allen Schülerinnen und Schülern gerecht werden zu können. Die Bildungsgänge der einzelnen Schülerinnen und Schüler werden dabei von den Lehrkräften nicht mehr primär in den Blick genommen. Der Fokus richtet sich vermehrt auf bestehende individuelle Unterstützungsbedarfe, die sich jedoch nicht allein auf der Grundlage von spezifischen Bildungsgängen abbilden lassen.

Insgesamt kann bezüglich der Punkte ›Team‹ und ›Unterricht‹ festgehalten werden, dass Schwerpunktschulen sich in der Umsetzung ihrer Methodik und Didaktik beim gemeinsamen Unterricht verändern und oftmals für sich passende Methoden finden, um allen Schülerinnen und Schülern gerecht werden zu können. Dies verlangt eine Individualisierung und Differenzierung, die jedoch eine große Herausforderung für Lehrkräfte darstellt. Das Team bietet die Grundlage eines gegenseitigen Kompetenzgewinns und -zuwachses, der für alle Beteiligten Sicherheit und Selbstvertrauen schafft.

3.4 (Personelle) Ressourcen

Die Realisierung eines inklusiven Schulentwicklungsprozesses, der Team- und Unterrichtsentwicklung im Sinne der Individualisierung und Differenzierung und damit die Einbeziehung aller Schülerinnen und Schüler im Sinne eines unterstützenden Lernens ermöglicht, hängt eng mit der Frage der – meist personellen – Ressourcen zusammen, deren Verteilung durch Schulverwaltung und Ministerium von vielen Schulen nicht als transparent erlebt wird (Laubenstein et al., 2015, S. 20 ff.). Oftmals wird hierbei der Wunsch nach einer durchgängigen Doppelbesetzung von Lehrkräften (Regel- und Förderschullehrkräfte als Team) geäußert, die so im Finanzierungsmodell der inklusiv arbeitenden Klassen an Schwerpunktschulen jedoch von Anfang an nicht vorgesehen war und sich als Relikt aus den Integrationsklassenmodellen der Modellversuchsphase erweist, da es bei der Schwerpunktschule von Anfang an um »Schulentwicklung im Systemzusammenhang« (Rolff, 2013, S. 19) ging. Gleichzeitig zeigt sich in den einzelnen Erhebungsphasen, dass mit Zunahme von Ressourcen nicht notwendigerweise eine Form der gleichberechtigten Teamkooperation gewährleistet ist, zumal dann nicht, wenn die sonderpädagogische Unterstützung einzelner Schülerinnen und Schüler lediglich als Zusatzleistungen verstanden wird (vgl. Reiser, 1998).

3.5 Schülerinnen und Schüler mit sonderpädagogischem Förderbedarf

Eine Frage der Onlineerhebung zielte auf die Herausforderung der Schülerschaft ab, die an Schwerpunktschulen anzutreffen sind, und fragte danach, welche Schülergruppe mit welchem sonderpädagogischen Förderbedarf oder welcher Behinderung (wenn man Schülerinnen und Schüler mit Autismus-Spektrum-Störung in diese Gruppe aufnimmt) den Lehrkräften Probleme bereitet. Hierzu erhielten wir folgende Angaben: Neun der befragten Schulen gaben an, es würden keine Probleme bestehen. Bei zwei Schulen erwiesen sich Schülerinnen und Schüler mit dem Förderschwerpunkt ›motorische Entwicklung‹ als Herausforderung, bei drei ›Hören‹, bei sechs ›schwere und mehrfache Behinderungen‹, bei acht ›Sprache‹, bei 17 ›Lernen‹, bei 29 ›ganzheitliche Entwicklung‹, bei 43 ›Autismus‹, und 65 Schulen gaben an, Probleme bei der gemeinsamen Unterrichtung von Schülerinnen und Schülern mit ›emotionalem und sozialem Förderbedarf‹ zu sehen. In dieses Ergebnis spielen sicherlich auch Erfahrungswerte der Schulen selbst mit ein, die zu berücksichtigen sind, da beispielsweise Schülerinnen und Schüler mit schweren und mehrfachen Behinderungen kaum an Schwerpunktschulen anzutreffen sind, sodass die Schulen hier nicht auf erlebte Herausforderungen zurückgreifen können. Der Förderschwerpunkt ›Sehen‹ wurde in dieser Antwort gar nicht angegeben, da blinde oder sehbeeinträchtige Schülerinnen und Schüler separat beschult werden.

Unschwer zu erkennen ist jedoch, dass Schülerinnen und Schüler mit sonderpädagogischem Förderbedarf in ihrer sozialen und emotionalen Entwicklung die größten Herausforderungen für Lehrkräfte darstellten, was, wenn man sich weitere Publikationen (z.B. Preuss-Lausitz, 2005) ansieht, kein Erstaunen hervorruft. Andererseits kann an diesem Ergebnis abgelesen werden, dass auch die gemeinsame Unterrichtung von Schülerinnen und Schülern mit Autismus-Spektrum-Störung nach Ansicht der Lehrkräfte als erschwert erlebt wird und das, obwohl ein Netzwerk von Autismusberaterinnen und -beratern im Bundesland zur Verfügung steht, bei denen sich Schulen Unterstützung und Rat einholen können.

Als bedenkenswert kann auch gelten, dass Schülerinnen und Schüler mit sonderpädagogischem Förderbedarf im Bereich ›Lernen‹ durchaus als Herausforderung von den Lehrkräften wahrgenommen werden. Dies steht zumindest im Widerspruch zu der seit einiger Zeit zu beobachtenden Tendenz, gerade diese Schülerschaft in allgemeine Schulen zu integrieren und Schulen mit dem Förderschwerpunkt ›Lernen‹ zu schließen – mit der Begründung, Kinder und Jugendliche mit Lernschwierigkeiten ließen sich relativ problemlos in das allgemeine Schulsystem integrieren. Zusammenfassend stellte eine Lehrkraft fest: »Wir können auch nicht alle Kinder nehmen, sonst schaffen wir das auch nicht mehr richtig. Sonst überfordern wir uns auch und auch die anderen Kinder, die schon bei uns sind. Und da immer so das richtige Maß zu finden« (Interviewtranskript, Auszug). Diese Aussage kann nicht als Indiz dafür gedeutet werden, dass Schülerinnen und Schüler mit einem spezifischen sonderpädagogischen Förderbedarf, der von Lehrkräften als Herausforderung erlebt wird, grundsätzlich fehlplatziert sind, wenn sie Schwerpunktschulen besuchen, wohl aber, dass Schulen mannigfaltige fachliche Unterstützung von ganz unterschiedlichen Professionen benötigen, um nicht das Gefühl zu haben, mit der Herausforderung ›Inklusion‹ überfordert zu sein. Dies betrifft zentral Schülerinnen und Schüler mit emotional-sozialem Förderbedarf.

3.6   Chancen

Im Zusammenhang mit den Herausforderungen, die eine inklusive Schulentwicklung unzweifelhaft mit sich bringt, interessierte uns auch, ob sich die positiven Erwartungen, die die Schwerpunktschulen im Vorfeld ihrer Ernennungen hatten, erfüllten.

Nur ein kleiner Teil, aber immerhin 15 Schulen gaben an, dass sie das Gefühl haben, die inklusive Schule zu verwirklichen. Ein Großteil der Schulen bejahte dagegen die Frage, allen Schülerinnen und Schülern besser gerecht werden zu können (51 Schulen). Vor allem hoben die Schwerpunktschulen heraus, dass sie eine Möglichkeit gefunden hätten, den gemeinsamen Unterricht für Schülerinnen und Schüler mit sonderpädagogischem Förderbedarf und anderen Kindern durchzuführen (81 Schulen), was wiederum die Aussage unter Punkt 3.3 bestätigt, dass sich Schulen in ihrer Entwicklung zur Schwerpunktschule methodisch und didaktisch verändern, um allen Kindern gerecht werden zu können. Besonders hervorzuheben ist auch, dass Schwerpunktschulen selbst aussagen, dass sie durch die notwendige Teamarbeit Kompetenzgewinn (86 Schulen) und zu einem großen Teil auch Entlastung in ihrer Unterrichtsvorbereitung erleben (54 Schulen), was wiederum mit der zentralen Aussage in Punkt 3.2 korreliert, dass aus einer Beliebigkeit der Teamkooperation eine strukturelle Verlässlichkeit entwickelt werden muss. All diese Erwartungen wurden im Vorfeld der Ernennung zur Schwerpunktschule eher skeptisch beurteilt, sodass eine positive Erfüllung der Erwartungen hervorgehoben werden kann.

4 Schultypen

Mit Hilfe der Dokumentarischen Methode wurden die Gruppendiskussionen mit den Lehr- und Fachkräften ausgewertet, an deren Ende die Typenbildung stand. Hierbei konnten folgende Schultypen identifiziert werden: die Idealisten, die Realisten, die Handwerker und die Skeptiker, die nachfolgend in ihren wesentlichen Strukturen kurz skizziert werden sollen.

4.1 Die Idealisten

Die inhaltliche Analyse zeigt bei den Idealisten ganz deutlich veränderte Haltungen der in der Schule Tätigen, die sich in einer umfassenden Wertschätzung und der Akzeptanz aller Schülerinnen und Schüler, aber auch unter den pädagogischen Kräften selbst manifestieren. Schule wird als Lern- und Lebensraum für alle Beteiligten erlebt. Die Teilnehmenden zeigen ein zutiefst humanistisches Menschenbild und eine Haltung von Zufriedenheit und Dankbarkeit, diesen Schulentwicklungsprozess erleben, aber auch selbst gestalten zu können. Die Haltung bildet die Basis für eine hohe Arbeitszufriedenheit, trotz bestehender Herausforderungen und unter Umständen bestehenden Belastungen der alltäglichen pädagogischen Arbeit. Die Perspektive fokussiert sich bei den Idealisten auf die Bedarfe des Kindes, nicht auf die Bedarfe des Systems.

4.2 Die Realisten

In diesen Schulen wird sich um einen gemeinsamen Austausch sowie um die Schaffung einer gemeinsamen Kultur bemüht – allerdings bestehen noch unterschiedliche Systeme, d. h. Regelschulsystem und Förderschulsystem, nebeneinander, die zwar miteinander kooperieren, aber noch kein Gesamtkollegium bilden. Dieser Typus lässt sich auch als ›Die sich selbst Hemmenden‹ beschreiben, da ihre Grundhaltung eher von Skepsis und Zweifel geprägt ist, was für ein zögerliches Handeln steht. Heterogenität wird hier als große Chance, aber auch als große Belastung gesehen und vor allem empfunden. Das Nichterreichen einer Wunschvorstellung oder einer Vision überdeckt bei diesem Typ den Blick auf das Mögliche und schon Erreichte. Durch den Blick auf das Nichtmachbare werden hier potenzielle Möglichkeiten verschenkt.

4.3   Die Handwerker

Die Akteure der Schwerpunktschulen beherrschen ihr Handwerk, separieren sich aber noch in ihrem Spezialistentum. Sie können aber auch noch nicht darüber hinaus agieren, weil sie weniger mit der Frage der Etablierung einer inklusiven Schulkultur, als vielmehr stark mit ›handwerklichen Aufgaben‹, wie z. B. der Etablierung von Teamstrukturen, Teamzeiten, Unterrichtsorganisation oder Rollenfestlegungen beschäftigt sind. Gerade die Handwerker sind die Gruppe, die sich stark an schulische Verordnungen und ministerielle Erlasse halten, damit aber auch ihre eigene Flexibilität einbüßen. Denn insgesamt zählen die Wünsche und Anforderungen vonseiten Anderer immer mehr als die eigenen Bedürfnisse der Schule. Ein gewisser ›Egoismus‹ und ›Selbstbezug‹ würde diesen Schwerpunktschulen und den darin Agierenden sehr guttun, allerdings müssten sie dann zunächst ihre Suche nach Sicherheit und Struktur ein wenig loslassen.

4.4   Die Skeptiker

Die Perspektive von Grenzen dominiert bei den Skeptikern, die sowohl auf personelle, räumliche und materielle Gegebenheiten fokussiert sind, aber auch auf die Person der Schülerin/des Schülers projiziert werden, ohne zu reflektieren, in welcher Weise die Grenzen in den ›eigenen Köpfen‹ verankert sind.

Gerade bei den Skeptikern zeigt sich eine Kumulation negativer Komponenten, die in eine Abwärtsspirale münden kann. Aufgrund nicht vorhandener Strukturen sind die Organisationsformen (Konzept, Team, Unterricht) im schulischen Alltag nicht abgesichert. So muss viel Energie auf die Suche nach Organisation, Absprachen und Orientierung verwendet werden, die für die Durchführung dann nicht mehr zur Verfügung steht und ein Gefühl der Überforderung, der Hilflosigkeit und der Resignation hinterlässt, das durch die als schwierig empfundenen Rahmenbedingungen (personelle, sächliche, räumliche Ressourcen) zur Ablehnung des Systems führen kann. Selbst wenn Veränderungen als Möglichkeit erscheinen, werden diese mit einem ›ABER‹ als Unmöglichkeit gekennzeichnet.

Das bestehende System wird als ›Feind‹ personifiziert und bleibt in seiner Beschreibung gleichzeitig nebulös und zu mächtig, was die eigene Ohnmacht unterstreicht. Veränderungen werden hier aber auch gleichzeitig als Störvariablen definiert, was den Prozess der Unterstützung von außen erschwert. Vor allem müssen diese Schulen mit ihren Problemen und Unterstützungsbedarfen das Gefühl haben, gesehen zu werden, wenn sich die Skepsis nicht in Ablehnung transformieren soll. Die derzeitigen Prozesse werden ausschließlich als ›top down‹ benannt.

Die Verteilung der einzelnen Typen repräsentiert sich dabei an folgender prozentualen Verteilung (▶ Tab. 1).

Tab. 1: Prozentuale Abbildung der Schultypen

	Idealisten	Realisten	Handwerker	Skeptiker
Primarbereich	62 %	19 %	13 %	6 %
Sekundarbereich I	33 %	17 %	25 %	25 %

Anhand dieser Verteilung verdeutlicht sich, dass es besonders Schwerpunktschulen im Sekundarbereich I schwerfällt, ihren erweiterten Bildungsauftrag der gemeinsamen Unterrichtung von Schülerinnen und Schülern mit und ohne sonderpädagogischen Förderbedarf umzusetzen bzw. diese Schulen auf fachliche Unterstützung angewiesen sind, um Ideen und Visionen der Realisierung zu entwickeln.

5 Fazit

Ausgehend von der forschungsleitenden Fragestellung, unter welchen Bedingungen Inklusion als schulisches Qualitätsziel an Schwerpunktschulen realisiert werden kann, und unter der Berücksichtigung der unter Punkt 2 aufgezeigten, sich als spiralförmig gestaltenden spezifischen Fragestellungen, können auf der Grundlage der Forschungsergebnisse des Projekts ›GeSchwind‹ folgende Gelingensfaktoren für eine gemeinsame Unterrichtung an Schwerpunktschulen in Rheinland-Pfalz hervorgehoben werden (▶ Abb. 3).

Durch die gesetzliche Verankerung der Schwerpunktschule im Schulgesetz 2014 wurde der Herausforderung ›Inklusion‹ auch landespolitisch deutlich Rechnung getragen. Auf diese Weise kam es zu einer korrespondierenden Verankerung der Begriffe »inklusiver Unterricht« und »Schwerpunktschule« (vgl. Ministerium der Justiz Rheinland-Pfalz, 2014, § 14a), die nun auch nach außen deutlich sichtbar wird. Unter der Perspektive einer konzeptionellen Weiterentwicklung zur inklusiven Schule zeigt sich, dass den Faktoren ›Team‹ und ›Unterricht‹ wesentliche Bedeutungen zukommen. Hier müssen verlässliche Strukturen geschaffen werden, die sowohl zeitliche, personelle als auch konzeptionelle Rahmenbedingungen bereitstellen. Der Schulleitung kommt hierbei eine zentrale Rolle zu. Die Herausforderung ›Inklusion‹ wird von den beteiligten Akteurinnen und Akteuren dann als bewältigbar erlebt, wenn sich klare Ziele und die damit verbundenen Schritte explizieren lassen und nicht als Damoklesschwert über der Schule schweben.

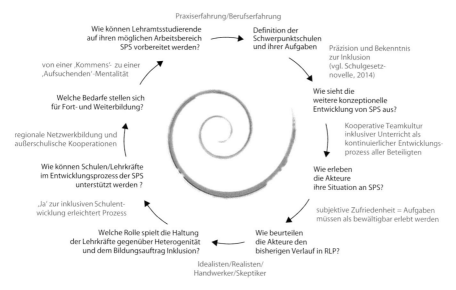

Praxiserfahrung/Berufserfahrung

Wie können Lehramtsstudierende auf ihren möglichen Arbeitsbereich SPS vorbereitet werden?

Definition der Schwerpunktschulen und ihrer Aufgaben

Präzision und Bekenntnis zur Inklusion (vgl. Schulgesetz- novelle, 2014)

von einer ‚Kommens'- zu einer ‚Aufsuchenden'-Mentalität

Welche Bedarfe stellen sich für Fort- und Weiterbildung?

Wie sieht die weitere konzeptionelle Entwicklung von SPS aus?

regionale Netzwerkbildung und außerschulische Kooperationen

Kooperative Teamkultur inklusiver Unterricht als kontinuierlicher Entwicklungs- prozess aller Beteiligten

Wie können Schulen/Lehrkräfte im Entwicklungsprozess der SPS unterstützt werden ?

Wie erleben die Akteure ihre Situation an SPS?

‚Ja' zur inklusiven Schulent- wicklung erleichtert Prozess

subjektive Zufriedenheit = Aufgaben müssen als bewältigbar erlebt werden

Welche Rolle spielt die Haltung der Lehrkräfte gegenüber Heterogenität und dem Bildungsauftrag Inklusion?

Wie beurteilen die Akteure den bisherigen Verlauf in RLP?

Idealisten/Realisten/ Handwerker/Skeptiker

Abb. 3: Forschungsspirale der inklusiven Schulentwicklung; Anmerkungen: SPS = Schwer-punktschulen, RLP = Rheinland-Pfalz

Durch den Aufbau verlässlicher Strukturen und gezielter Unterstützungssysteme könnten so auch die Skeptikerinnen und Skeptiker eine Zufriedenheit mit ihrem neuen erweiterten pädagogischen Auftrag entwickeln. Eine positive Haltung erleichtert diesen Prozess, allerdings zeigen unsere Ergebnisse, dass es sich hierbei um eine notwendige, aber nicht hinreichende Bedingung handelt, inklusive Schulentwicklungsprozesse voranzubringen. Als Aufgabe bleibt nach wie vor, regionale Netzwerkstrukturen zu bilden und bestehende Strukturen mit außerschulischen Beratungs- und Erziehungshilfesystemen zu festigen, um Schulen bzw. die in ihnen Tätigen bei der Umsetzung ihres inklusiven Schulentwicklungsprozesses systematisch und passgenau zu unterstützen.

Hier würde sich eine ›aufsuchende‹ Mentalität des Beratungssystems (Pädagogisches Landesinstitut, Beraterinnen und Berater für Inklusion) unserer Ansicht nach als hilfreicher erweisen als die bestehende ›Kommens‹-Mentalität, die von Schulen erfordert, ihre Herausforderungen zunächst selbst sehen und auch benennen zu können. Letztlich – und das gilt dann auch für den Bereich der Lehramtsausbildung – verändern sich Einstellungen und Haltungen durch Erfahrungen in der beruflichen Praxis besonders dann, wenn eine eigene Wirkmächtigkeit im Prozess der Gestaltung inklusiver Strukturen erlebt wird.

Weitere Bedarfe, Entwicklungen und Forschungsdesiderate sollen abschließend kurz benannt werden:

- Die Weiterentwicklung der Aufgaben der Förderschullehrkräfte liegt im internationalen Trend und realisiert sich über eine veränderte Rollendefinition als Beraterinnen und Berater im allgemeinen Schulsystem.

- Die inklusive Schulentwicklung wird in Rheinland-Pfalz zukünftig durch den Ausbau von Förder- und Beratungszentren ergänzt. Ziel ist hierbei auch der notwendige Auf- und Ausbau von regionalen Netzwerken zur gegenseitigen Unterstützung. Hier steht eine umfassende Evaluation aus.
- Bereits im Forschungsprojekt ›GeSchwind‹ konnten sogenannte »Leuchtturmschulen« identifiziert werden, die in ihrem inklusiven Schulentwicklungsprozess weit fortgeschritten sind und anderen Schwerpunktschulen oder Schulen, die als Schwerpunktschulen ernannt werden, als Mediatoren unterstützend zur Seite stehen könnten. ›Best Practice‹-Beispiele werden – auch auf der Grundlage der Ergebnisse der Schwerpunktschulen im Sekundarbereich I – durch das nachfolgende Forschungsprojekt ›GeSchwind-Sek I‹ (»Gelingensbedingungen der inklusiven Schulentwicklung an Schwerpunktschulen des Sekundarbereichs I in Rheinland-Pfalz«) seit 2014 untersucht.

Literatur

Bohnsack, R. (2007). *Rekonstruktive Sozialforschung. Einführung in qualitative Methoden.* Opladen: Leske & Budrich.

Gläser, J. & Laudel, G. (2009). *Experteninterviews und qualitative Inhaltsanalyse. Als Instrumente rekonstruierender Untersuchungen* (3. Aufl.). Wiesbaden: VS.

Guthöhrlein, K. (2015). Kinder-Sichten – Leben und Lernen in Schwerpunktschulen aus der Akteursperspektive der Schülerinnen und Schüler. In D. Blömer, M. Lichtblau, A. Jüttner, K. Koch, M. Krüger & R. Werning (Hrsg.), *Perspektiven auf inklusive Bildung. Gemeinsam anders lehren und lernen* (S. 285–290). Wiesbaden: Springer.

Korell, J., Kratz, H., Lüer, G. & Theisinger, A. (2013). *Die Schwerpunktschule in Rheinland-Pfalz aus Sicht der (Pflege-)Eltern. Eine qualitative Untersuchung auf Grundlage von Gruppendiskussion.* Universität Koblenz-Landau: unveröffentlichte Masterarbeit.

Laubenstein, D., Lindmeier, C., Guthöhrlein, K. & Scheer, D. (2015). *Auf dem Weg zur schulischen Inklusion. Empirische Befunde zum gemeinsamen Unterricht an rheinland-pfälzischen Schwerpunktschulen.* Bad Heilbrunn: Klinkhardt.

Mayring, P. (2010). *Qualitative Inhaltsanalyse. Grundlagen und Techniken* (11. Aufl.). Weinheim: Beltz.

Meuser, M. & Nagel, U. (2002). ExpertInneninterviews – vielfach erprobt, wenig bedacht. Ein Beitrag zur qualitativen Methodendiskussion. In A. Bogner, B. Litt & W. Menz (Hrsg.), *Das Experteninterview. Theorie, Methode, Anwendung* (S. 441–471). Opladen: Westdeutscher Verlag.

Ministerium für Arbeit, Soziales, Gesundheit, Familie und Frauen (MASGFF) (2010). *Aktionsplan der Landesregierung. Umsetzung der UN-Konvention über die Rechte von Menschen mit Behinderungen.* Verfügbar über: https://mifkjf.rlp.de/fileadmin/mifkjf/¬ Kinder/Aktionsplan_der_Landesregierung.pdf (Datum des Zugriffs: 02.07.2017).

Ministerium für Bildung, Wissenschaft, Jugend und Kultur (MBWJK) (2010). *Kompendium Schwerpunktschulen. Fragen, Antworten und Fallbeispiele aus der Praxis für die Praxis.* Verfügbar über: https://sonderpaedagogik.bildung-rp.de/archiv-inklusion/schwerpunkt¬ schulen/kompendium.html (Datum des Zugriffs: 13.06.2017).

Ministerium der Justiz Rheinland-Pfalz (2014). *Schulgesetz Rheinland-Pfalz (SchulG) in der Fassung vom 30.03.2004.* Verfügbar über: http://landesrecht.rlp.de/jportal/portal/t/1onr/¬ page/bsrlpprod.psml;jsessionid=4CEC67BE1D1C5AC977DEEF8938CE4CCF.jp16?¬ pid=Dokumentanzeige&showdoccase=1&js_peid=Trefferliste&documentnumber=1¬

&numberofresults=1&fromdoctodoc=yes&doc.id=jlrSchulGRP2004rahmen&doc.¬ part=X&doc.price=0.0#jlr-SchulGRP2004rahmen (Datum des Zugriffs: 13.06.2017).

Ministerium für Schule und Weiterbildung Nordrhein-Westfalen (2014). *Schulrechtsänderungsgesetz.* Verfügbar über: https://www.schulministerium.nrw.de/docs/Schulsystem/In¬ klusion/Rechtliches/Synoptische-Darstellung-des-Schulgesetzes.pdf (Datum des Zugriffs: 08.06.2017).

Preuss-Lausitz, U. (Hrsg.) (2005). *Verhaltensauffällige Kinder integrieren.* Weinheim: Beltz.

Reiser, H. (1998). Sonderpädagogik als Service-Leistung? Perspektiven der sonderpädagogischen Berufsrolle. Zur Professionalisierung der Hilfsschul- bzw. Sonderschullehrer. *Zeitschrift für Heilpädagogik, 49*(2), 46–54.

Rolff, H.-G. (2013). *Schulentwicklung kompakt. Modelle, Instrumente, Perspektiven* (2. Aufl.). Weinheim: Beltz.

Scheer, D. (2017). Schulentwicklung im Spannungsfeld von Inklusion und Leistungsgesellschaft: Die Rolle von Schulleitung. In A. Textor, S. Grüter, I. Schiermeyer-Eichl & B. Streese (Hrsg.), *Leistung inklusive? Inklusion in der Leistungsgesellschaft. Bd. II: Unterricht, Leistungsbewertung und Schulentwicklung* (S. 216–223). Bad Heilbrunn: Klinkhardt.

Scheer, D. & Laubenstein, D. (2018). *Schulische Inklusion entwickeln.* Stuttgart: Kohlhammer.

Scheer, D., Laubenstein, D. & Lindmeier, C. (2014). Die Rolle von Schulleitung in der Entwicklung des inklusiven Unterrichts in Rheinland-Pfalz. Vorstellung eines Forschungsdesigns im Rahmen der Schulbegleitforschung. *Zeitschrift für Heilpädagogik, 65*(4), 147–155.

Scheer, D., Lindmeier, C. & Laubenstein, D. (2017). Führung als Reframing. Das Modell von Bolman und Deal als Ansatz für schulische Führung im Kontext von Inklusion. *Sonderpädagogische Förderung heute, 62*(2), 138–151.

Unterstützung von Grundschulen auf dem Weg zum inklusiven System – Konzeption einer prozessbegleitenden Fortbildung für Lehrkräfte im Kontext herausfordernder Lehr-Lernsituationen

Tatjana Leidig & Thomas Hennemann

> »Therefore, in order for evidence-based practices to be optimally effective, they need to be delivered within a context of positive and empowering teacher-student relationships.«
> (Hornby, 2014, S. 63)

1   Einleitung

Auf dem für alle Beteiligten herausfordernden Weg zum inklusiven Schulsystem (Ainscow, 2005) verändern sich die Anforderungen an die Lehrkräfte und damit deren Professionalitätsprofil grundlegend (Melzer & Hillenbrand, 2015). Die Qualifizierung des pädagogischen Personals ist einerseits eine zentrale Gelingensbedingung des Inklusionsprozesses (Avramidis & Norwich, 2002; de Boer, Pijl & Minnaert, 2011; Leko & Roberts, 2014), andererseits sind die in Deutschland weit verbreiteten, qualitativ sehr unterschiedlichen Kurzzeitangebote kaum geeignet, Lehrkräfte adäquat fortzubilden (Amrhein, 2015; Kurniawati, de Boer, Minnaert & Mangunsong, 2014; Leidig et al., 2016). Es stellt sich die Frage, wie »gute« Fortbildungen im Kontext von Inklusion gestaltet werden sollten (Amrhein, 2015), wie Lehrkräfte für die Arbeit mit den als besonders herausfordernd erachteten Schülerinnen und Schülern mit sozial-emotionalen Förderbedarfen (Avramidis & Norwich, 2002; de Boer et al., 2011) qualifiziert werden können und welchen Beitrag der Rückgriff auf »wirksame« Maßnahmen für die Gestaltung einer inklusiven Bildung leisten kann (Hennemann, Ricking & Huber, 2015; Hillenbrand, 2015).

Die in diesem Beitrag vorgestellte Fortbildung für Grundschulen auf dem Weg zum inklusiven System verfolgt das Ziel, die Handlungskompetenzen der Lehrkräfte systematisch aufzubauen und das damit eng verknüpfte Erleben der eigenen Wirksamkeit bei der Gestaltung herausfordernder Lehr-Lernsituationen zu verbessern. Die Maßnahme zeichnet sich durch eine langfristig angelegte Prozessbegleitung und Beratung aus. Sowohl in der methodisch-didaktischen Konzeption als auch in der Auswahl der konkreten Inhalte greift die Konzeption auf Ergebnisse aus der Wirksamkeitsforschung zurück, um die Chance erfolgreicher Veränderungs- und Entwicklungsprozesse auf Schüler-, Lehrkraft- und Schulebene zu erhöhen (Hillenbrand, 2015; Lipowsky, 2014). Im Sinne der expliziten Berücksichtigung der normativen Dimension pädagogischen Handelns, die Biesta (2011) nachdrücklich einfordert, ist die Reflexion der evidenzbasierten Maßnahmen vor dem Hintergrund der konkreten, komplexen pädagogischen Handlungssituation, des Erziehungs- und Bildungsverständnisses, der jeweiligen Erziehungs-, Bildungs- und Förderziele und des Menschenbildes unabdingbar (Hillenbrand, 2015; Kuhl & Hecht, 2014) und findet demnach durchgängige Berücksichtigung in der Fortbildungskonzeption.

2 Grundlagen der Fortbildungskonzeption

Die Konzeption basiert auf der systematischen Analyse der Gelingensbedingungen inklusiver Bildungsprozesse und des Forschungsstandes zur Wirksamkeit von Fortbildungen für Lehrkräfte unter besonderer Berücksichtigung der vorliegenden Studien im Kontext von Inklusion. Explizit fokussiert werden dabei Faktoren, die die erfolgreiche inklusive Beschulung von Schülerinnen und Schülern mit sozial-emotionalem Förderbedarf unterstützen.

2.1 Gelingensbedingungen inklusiver Bildung

Auch wenn die vorliegenden empirischen nationalen wie auch internationalen Befunde zur inklusiven Beschulung von Schülerinnen und Schülern mit und ohne Förderbedarf zum Teil divergent sind (Lindsay, 2007), lassen sich einige bedeutsame Gelingensbedingungen identifizieren:

1. *Positive Einstellungen zur Inklusion und unterstützendes Schulklima*
   Die Entwicklung einer inklusiven Schulkultur auf der Basis eines von allen getragenen Leitbildes ist ein wichtiges Merkmal gelingender inklusiver Schulen (Hoppey & McLeskey, 2014). Forschungsbefunde zeigen, dass die Einstellungen zur Inklusion in direktem Zusammenhang mit der Wirksamkeit von inklusivem Unterricht stehen (Huber, 2011; Jordan, Glenn & McGhie-Richmond, 2010; Lindsay, 2007; Stanovich & Jordan, 1998). Gerade die positive Haltung gegenüber Schülerinnen und Schülern mit sozial-emotionalem Förderbedarf ist eine wichtige Voraussetzung für deren gelingende inklusive Beschulung (Hennemann et al., 2015; Kosko & Wilkins, 2009); sie hängt spezifisch davon ab, ob die Lehrkräfte über geeignete Handlungsstrategien zum Umgang mit Verhaltensproblemen verfügen (Forlin & Cooper, 2013). Die individuelle Einstellung der einzelnen Lehrkraft wird bedeutend durch die Einstellung der Kolleginnen und Kollegen bzw. durch die Zugehörigkeit zu einem Kollegium beeinflusst, sodass dem jeweiligen Schulklima, maßgeblich gelenkt durch die Schulleitung (Billingsley & McLeskey, 2014), bei der Umsetzung von Inklusion eine wichtige Rolle zukommt (Urton, Wilbert & Hennemann, 2014, 2015). Zwischen einem unterstützenden Schulklima und dem Zutrauen in die eigene Handlungsfähig-

keit im Kontext von Verhaltensproblemen scheint im inklusiven Kontext eine positive Wechselwirkung zu bestehen (Hosford & O'Sullivan, 2016).

2. *Hohes Wirksamkeitserleben*

Eine hohe Lehrerselbstwirksamkeit steht in engem Zusammenhang mit qualitativ hochwertigem Unterricht, dem Aufbau positiver Schüler-Lehrer-Beziehungen, dem erfolgreichen Umgang mit herausfordernden Verhaltensweisen sowie der Berufszufriedenheit, der Leistungsfähigkeit und dem Engagement von Lehrkräften (Zee & Koomen, 2016). Um sich selbst als handlungsfähig und kompetent zu erleben, benötigen Lehrkräfte vor allem Erfolge in der Bewältigung herausfordernder Situationen – und zwar auch vor dem Hintergrund ggf. widriger Umstände (Schwarzer & Warner, 2014). Die Entwicklung von Selbstwirksamkeitsüberzeugungen ist damit hochrelevant hinsichtlich der Umsetzung von Inklusion (Avramidis, Bayliss & Burden, 2000; Kosko & Wilkins, 2009; Leko & Roberts, 2014; Lübke, Meyer & Christiansen, 2016).

Nationale und internationale Studien kommen zu dem Ergebnis, dass Selbstwirksamkeitsüberzeugungen mit Einstellungen zur Inklusion in einem positiven Zusammenhang stehen bzw. als Prädiktor für positive Einstellungen sowie die Bereitschaft zur Auseinandersetzung mit Inklusionsthemen einzuschätzen sind (Brady & Woolfson, 2008; Sermier Dessemontet, Benoit & Bless, 2011; Hecht, Niedermair & Feyerer, 2016; Hellmich & Görel, 2014; Heyl & Seifried, 2014; Savolainen, Engelbrecht, Nel & Malinen, 2012; Sharma, Loreman & Forlin, 2011; Soodak, Podell & Lehman, 1998). Sie werden unter anderem durch eigene Erfolgserfahrungen (Malinen et al., 2013), selbst erlebten positiven Umgang mit Schülerinnen und Schülern mit Behinderungen (Barr & Brachhitta, 2012; Chao, Sze, Chow, Forlin & Ho, 2016; de Boer et al., 2011; Malinen et al., 2013) und Maßnahmen der Lehrerbildung (Avramidis & Norwich, 2002; de Boer et al., 2011; Forlin, Loreman & Sharma, 2014) beeinflusst. Lehrkräfte mit hoher Selbstwirksamkeitserwartung gehen adäquater mit Fehlverhalten um (Tsouloupas, Carson, Matthews, Grawitch & Barber, 2010) und nutzen in der Arbeit mit Schülerinnen und Schülern mit herausfordernden Verhaltensweisen im inklusiven Kontext in höherem Ausmaß unterstützende Strategien wie Lob und positive Verstärkung (Almog & Shechtman, 2007).

3. *Zusammenarbeit und Kooperation*

Kooperation und Teamarbeit gelten als bedeutsame Faktoren für eine gelingende Inklusion (Causton & Theoharis, 2014; Ryndak, Lehr, Ward & DeBevoise, 2014; Werning & Baumert, 2013), stellen jedoch eine große Herausforderung für die pädagogischen Fachkräfte dar (Scruggs, Mastropieri & McDuffie, 2007). So kommt Bondorf (2013) in der Auswertung des Forschungsstandes in Deutschland zu dem Schluss, dass Kooperation unter Lehrkräften zwar grundsätzlich begrüßt, jedoch praktisch noch sehr unzureichend umgesetzt wird.

Neben den Besonderheiten der Organisationsstruktur von Schule sowie den tradierten Formen schulischer Arbeit ist die rechtliche Ebene in den Blick zu nehmen: In den Schulgesetzen ist Kooperation von Lehrkräften bislang nur marginal verankert und muss in der Regel schulintern konkretisiert und auf freiwilliger Basis vereinbart werden (Adolf, 2016). Als Herausforderungen im inklusiven Kontext werden im deutschen Sprachraum mangelnde zeitliche und räumliche Ressourcen, fehlende Abstimmungsprozesse über gemeinsame Ziele und Aufgabenverteilungen sowie die Schwierigkeit der Vereinbarkeit von Teamarbeit und autonomem Handeln angeführt (Beck & Maykus, 2016; Gebhardt et al., 2014). Die als wirksam geltenden, interdisziplinär angelegten Problemlöseteams (Huber, 2015) sind in Deutschland bislang kaum etabliert.

4. *Unterrichtsqualität, Fachexpertise und Förderung*

Reicher (2010) identifiziert auf der Basis der Analyse des Forschungsstandes sozial-emotionales Lernen als Kernaspekt gelingender Inklusionsprozesse, realisiert durch spezifische Programme zur Förderung sozial-emotionaler Kompetenzen, zur systematischen Förderung im Fachunterricht sowie zum Classroom Management. Letzteres reduziert die Wahrscheinlichkeit des Auftretens massiver aggressiver Störungen um mehr als die Hälfte (Wilson, Lipsey & Derzon, 2003) und gilt neben einer hohen Fachexpertise der Lehrkräfte in den Bereichen Diagnostik, Lern- und Entwicklungsstörungen (Ätiologie, Diagnostik, Prävention und Intervention), Veränderbarkeit von Lern- und Entwicklungsbarrieren sowie didaktisch-methodische Gestaltung von inklusiven Lernarrangements einschließlich kooperativer Lernformen (Hornby, 2014; Jordan et al., 2010; Leko & Roberts, 2014) als wichtige Gelingensbedingung inklusiver Bildung (Hennemann et al., 2015), die eng mit dem eigenen Wirksamkeitserleben im Umgang mit herausforderndem Verhalten verbunden ist (Chao et al., 2016).

Da die bislang vorliegenden Studien darauf hinweisen, dass Schülerinnen und Schüler mit Lern- und Verhaltensproblemen vielfach eine geringere soziale Akzeptanz ihrer Peers erfahren (Krull, Wilbert & Hennemann, 2014; Stein & Ellinger, 2015) und sich insbesondere letztere zudem auch selbst in der Lerngruppe schlechter akzeptiert fühlen (Zurbriggen & Venetz, 2016), ist die gezielte Unterstützung der Bildung von Gemeinschaft, der Etablierung eines Klimas der Akzeptanz und eine gezielte Förderung akademischen und sozial-emotionalen Lernerfolgs von besonderer Bedeutung (Soodak & McCarthy, 2006).

2.2 Wirksamkeit von Fortbildungsangeboten für Lehrkräfte

Auch wenn die Untersuchung der Wirkungsweise und Wirksamkeit von Fortbildungen vor dem Hintergrund des komplexen Wirkungsgeflechts und der zahlreichen Störvariablen generell als schwierige Aufgabe anzusehen ist (King, 2014; Lipowsky, 2014), lassen sich auf der Basis der Überblicksdarstellungen von Colquitt, LePine und Noe (2000), Timperley und Kollegen (2007), der Forschergruppe um Yoon (2007) sowie im deutschsprachigen Raum Lipowsky (2014) Empfehlungen für Merkmale und Komponenten wirksamer Fortbildungen ableiten, die auch für den inklusiven Kontext handlungsleitend sind (Leko & Roberts, 2014): (1) Die mindestens ein halbes Jahr, möglichst ein bis zwei Schuljahre dauernden Angebote zeichnen sich durch (2) eine Verschränkung von Input-, Erprobungs- und Reflexionsphasen mit Feedback und Coaching aus und (3) machen die Wirkung eigenen Handelns erfahrbar. Es findet (4) eine Konzentration auf inhaltliche

Schwerpunkte (Tiefe statt Breite) unter Einbezug von Ergebnissen aus der Unterrichtsforschung statt, idealerweise (5) angebunden an Universitäten.

Die vorliegenden Studien aus dem inklusiven Kontext weisen auf einen deutlichen Zusammenhang zwischen der Auseinandersetzung mit sonderpädagogischen Inhalten und der Einstellungsänderung sowie Wirksamkeitserwartung der Lehrkräfte der allgemeinen Schule hin (Forlin et al., 2014; Kosko & Wilkins, 2009). Auf der Basis ihrer Evaluationsstudie folgern Chao et al. (2016), dass durch geeignete Fortbildungen neben Wissen und Zufriedenheit auch die Lehrerselbstwirksamkeit hinsichtlich des inklusiven Unterrichtens, vor allem bezüglich effektiven Classroom Managements, signifikant gesteigert werden kann. Hinsichtlich der kontrovers diskutierten Frage, ob Einstellungsänderungen in Veränderungen des unterrichtlichen Handelns münden oder ob von einem gegenläufigen Zusammenhang auszugehen ist, kommen Leko und Roberts (2014) zu dem Schluss, dass erstere dem Wirksamkeitserleben durch verändertes unterrichtliches Handeln zu folgen scheinen, wenn die inklusive Entwicklung von außen angestoßen wurde. Da die Entwicklung hin zur inklusiven Schule in Deutschland vor allem auch durch schulgesetzliche Änderungen verbindlich gemacht wurde, ist dies bei der Konzeption von Fortbildungen explizit zu berücksichtigen, um die Möglichkeit der Mitbestimmung durch die Lehrkräfte sowie das Erleben von Autonomie als förderliche Faktoren in Schulentwicklungsprozessen (Schellenbach-Zell & Gräsel, 2010) zu unterstützen. Darüber hinaus ist auch die Unterstützung von Kooperation als Gelingensfaktor inklusiver Schulentwicklungsprozesse systematisch in der Fortbildungsplanung zu bedenken (McLeskey, Waldron, Spooner & Algozzine, 2014).

Die nationalen und internationalen Forschungsbefunde zu Einstellung und Haltung im Kontext von Inklusion verdeutlichen, dass Schülerinnen und Schüler mit herausforderndem Verhalten als sehr belastend wahrgenommen werden (Avramidis & Norwich, 2002; de Boer et al., 2011) und Lehrkräfte der Schülerschaft und deren inklusiver Beschulung häufig negativ gegenüberstehen (Dumke & Eberl, 2002; Lübke et al., 2016; Monsen, Ewing & Kwoka, 2014; Sermier Dessemontet et al., 2011). Lehrerbefragungen bestätigen die Relevanz von Fortbildungen zur Erweiterung der Handlungskompetenzen von Lehrkräften im Kontext herausfordernder Verhaltensweisen und dem damit intendierten Wirksamkeitserleben (Avramidis, Bayliss & Burden, 2000; Gable, Tonelsen, Sheth, Wilson & Park, 2012; MacFarlane & Woolfson, 2013).

In einem systematischen Review zur Wirksamkeit von Fortbildungen im Kontext der inklusiven Beschulung von Schülerinnen und Schülern mit Förderbedarf in der sozial-emotionalen Entwicklung zeigen Leidig und Kollegen (2016) auf der Basis von 15 einbezogenen Studien, dass die als effektiv einzustufenden Maßnahmen mehrere der oben genannten Merkmale erfolgreicher Fortbildungen berücksichtigen. Durch Angebote, die sich auf die schulische Situation beziehen und in denen – kombiniert mit Grundlagenwissen zu den jeweiligen Schwerpunkten – konkrete, direkt umsetzbare evidenzbasierte Handlungsstrategien zum Umgang mit herausfordernden Verhaltensweisen vermittelt werden, fühlen sich Lehrkräfte der allgemeinen Schule handlungsfähiger. Dies bezieht sich auf Strategien zur Etablierung sicherer, wertschätzender Lernumgebungen (Classroom Management), zur gezielten Förderung sozial-emotionaler Kompetenzen in Bildungs- und Erziehungsangeboten und zur Reduktion von (Unterrichts-)Störungen. Wird die Umsetzung im Alltag durch fortbildungsdidaktisch integrierte Beratungs-, Coaching- und/oder Feedbackangebote begleitet, verbessert dies die Umsetzungsqualität und erhöht die Wahrscheinlichkeit von Verhaltensänderungen auf Schülerebene, der Verbesserung der Lehrerselbstwirksamkeit sowie der positiveren Bewertung der jeweiligen Handlungsstrategien. Insbesondere aus den Ergebnissen kontrollierter Einzelfallstudien schlussfolgern die Autorinnen und Autoren, dass die Wirksamkeit durch die Realisierung fallbezogenen Arbeitens unter Berücksichtigung datengestützter Rückmeldeprozesse positiv beeinflusst werden kann (Leidig et al., 2016).

2.3 Konsequenzen aus dem Forschungsstand

Aus dem skizzierten Forschungsstand lassen sich folgende Konsequenzen für die Konzeption einer Fortbildung unter besonderer Berücksichtigung der Inklusion von Schülerinnen und Schülern mit herausfordernden Verhaltensweisen ableiten:

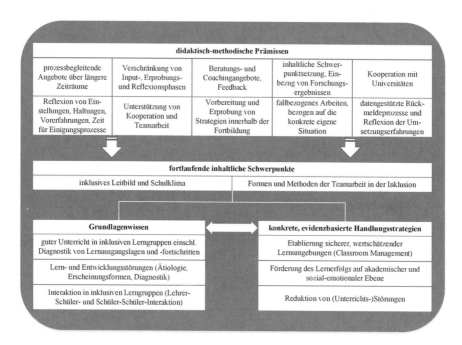

Abb. 1: Prämissen der didaktisch-methodischen und inhaltlichen Gestaltung von Fortbildungsangeboten im inklusiven Kontext auf der Basis des Forschungsstandes

3 Eckpfeiler der evidenzbasierten Konzeption »Unterstützung von Grundschulen auf dem Weg zu einem inklusiven System – Didaktik und Methodik in herausfordernden Lehr-Lernsituationen«

3.1 Grundverständnis und Ziele

Im Sinne des *Professional Developments* versteht sich die auf der Basis des skizzierten Forschungsstandes entwickelte prozessbezogene Fortbildung zur Unterstützung von Grundschulen auf dem Weg zum inklusiven System als »a set of coordinated, comprehensive, and intensive activities designed to enhance educators' knowledge, beliefs, skills, and practices for the purpose of improving student outcomes« (Leko & Roberts, 2014, S. 43). Aus dem Anspruch der Berücksichtigung der konkreten schulischen Situation vor Ort ergibt sich die Konsequenz der Entwicklung eines Kerncurriculums, das schulspezifisch anpassbar ist. Die erforderlichen Modifikationen auf inhaltlicher, methodischer und struktureller Ebene werden im Sinne der Prozessbegleitung mit den Projektpartnerinnen und -partnern dialogisch auf der Basis der formativen Evaluation der Maßnahme vereinbart.

Zentrale Ziele sind die Erweiterung der Handlungskompetenzen der Lehrkräfte und damit einhergehend die Steigerung des Selbstwirksamkeitserlebens in herausfordernden Lehr-Lernsituationen. Auf der Basis der Auseinandersetzung mit wissenschaftlichen Erkenntnissen und Forschungsergebnissen zu evidenzbasierten Maßnahmen im Kontext der inklusiven Entwicklung unter Berücksichtigung normativer Aspekte erproben die Lehrkräfte die in den Fortbildungsmodulen erarbeiteten Strategien im Alltag und reflektieren deren Eignung vor dem Hintergrund eines inklusiven Leitbildes sowie ihrer eigenen pädagogischen Haltung. Damit berücksichtigt die Konzeption explizit und durchgängig die Werte- und Leitbilddiskussion des jeweiligen Kollegiums und setzt gleichzeitig an der von Hillenbrand (2015) sowie Krizan und Vossen (2016) bemängelten defizitären Nutzung wissenschaftlich fundierter und empirisch überprüfter Maßnahmen im schulischen Alltag an. Die Lernvoraussetzungen und -fortschritte der Schülerinnen und Schüler sowie Aspekte des konkreten inklusiven Schulklimas werden in der Prozessbegleitung regelmäßig erhoben und fortlaufend als Basis für die Erarbeitung alltagstauglicher pädagogischer und didaktisch-methodischer Maßnahmen für die Schule genutzt. Diese Form der formativen Evaluation und des Feedbacks unterstützt nach Scheerens (2014) die Weiterentwicklung der schulischen Arbeit und eignet sich insbesondere zur Beratung im Team. Innerhalb der Gesamtmaßnahme spielt die Förderung von Kooperation als Basis der Etablierung eines inklusiven Schulklimas (Ainscow, 2016; Urton, Börnert, Krull, Wilbert & Hennemann, 2018) eine wichtige Rolle. Kooperation wird zum einen explizit zum Thema der Fortbildung gemacht, zum anderen erfordern die eingesetzten Methoden sowie die

Auseinandersetzung mit den inhaltlichen Schwerpunkten eine enge Zusammenarbeit der pädagogischen Fachkräfte.

3.2   Einbettung in ein schulweites Rahmenkonzept

In Anlehnung an das Modell des *School-Wide Positive Behavior Supports (SWPBS)* (Sugai, Simonsen, Bradshaw, Horner & Lewis, 2014) greift die Konzeption auf einen mehrstufigen, international bewährten Ansatz zum positiven Umgang mit herausforderndem Verhalten zurück (Mitchell, 2014). SWPBS fokussiert ausdrücklich den Erziehungsauftrag der Schule auf der Basis eines gemeinsam getragenen Leitbildes und vereinbarter Schulregeln (Lewis, Mitchell, Trussel & Newcomer, 2015). Um die Schülerinnen und Schüler bei der Entwicklung sozialemotionaler Kompetenzen, Urteilsfähigkeit und Handlungskompetenz in allen gesellschaftlichen Bereichen zu unterstützen, priorisiert SWPBS die Gestaltung einer lernförderlichen Umgebung auf sozial-emotionaler und akademischer Ebene durch den Ausbau proaktiver Strategien zum Umgang mit herausforderndem Verhalten auf Schul-, Klassen- und Individualebene (Sugai & Simonsen, 2015). Reaktive Ansätze zum Umgang mit Verhaltensproblemen, die vielfach mit negativen Auswirkungen auf Beziehungsgestaltung, Klima, Einstellungen der Lehrkräfte sowie mit einer Zunahme von Problemverhalten korrespondieren, treten damit in den Hintergrund (Mitchell & Bradshaw, 2013). Lehrkräfte benötigen Strategien, um negative ›Aufschaukelungsprozesse‹ in der Interaktion mit Schülerinnen und Schülern mit herausforderndem Verhalten sowie der Kinder untereinander zu vermeiden und stattdessen konstruktive, positive Interaktionen zu unterstützen, um so die Möglichkeiten zu erhöhen, prosoziales Verhalten zu zeigen und unangemessenes Verhalten zu verringern (Conroy, Alter & Sutherland, 2014). Der dreistufige Ansatz des SWPBS beinhaltet im Team abgestimmte, evidenzbasierte Strategien mit unterschiedlicher Intensität, die mit hoher Umsetzungstreue implementiert werden sollen (Horner, Sugai & Anderson, 2010; Lewis et al., 2015; Sugai et al., 2014; ▸ Abb. 2).

Die Fortbildungskonzeption passt die genannten Elemente auf den kulturellen Kontext und die konkrete schulische Situation vor Ort an. Auf der Basis des SWPBS werden pädagogische Maßnahmen auf allen Ebenen berücksichtigt (Conroy et al., 2014; Hartke & Vrban, 2015; Hennemann, Hövel, Casale, Hagen & Fitting-Dahlmann, 2015; Mitchell, 2014; Reicher, 2010), wobei der Schwerpunkt auf den Stufen 1 und 2 liegt. Neben Maßnahmen im Kontext der Förderung der sozialemotionalen Entwicklung werden explizit Strategien zur Verbesserung des Lern- und Arbeitsverhaltens einbezogen, da Lehrkräfte, die Schülerinnen und Schülern mehr Möglichkeiten geben, im akademischen Bereich erfolgreich zu sein, auch die Wahrscheinlichkeit des Erfolgs im Verhaltensbereich erhöhen (Conroy et al., 2014).

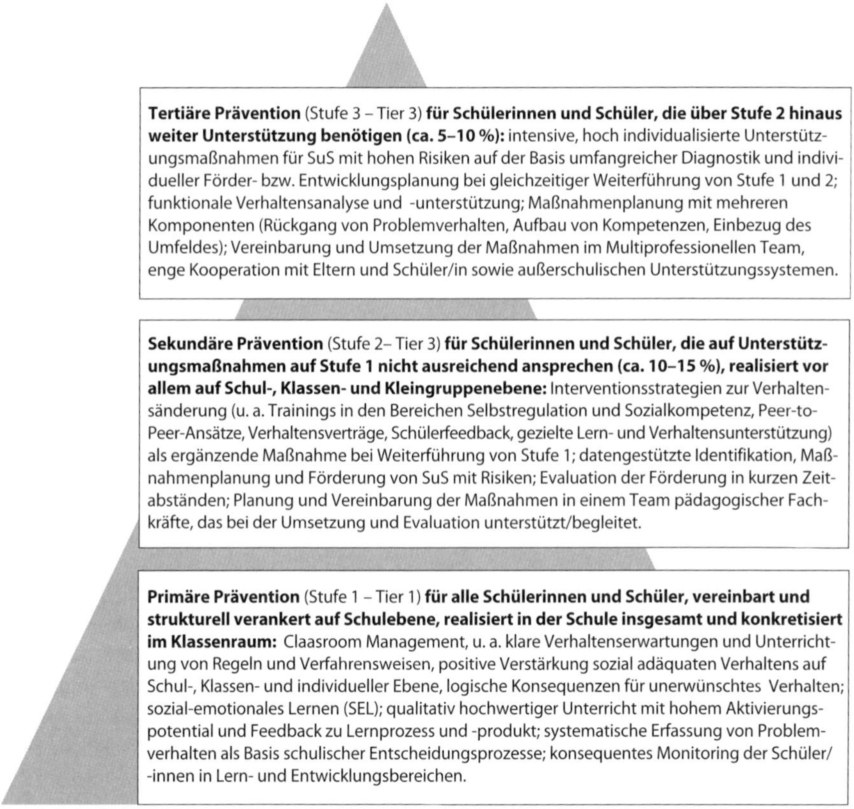

Tertiäre Prävention (Stufe 3 – Tier 3) **für Schülerinnen und Schüler, die über Stufe 2 hinaus weiter Unterstützung benötigen (ca. 5–10 %):** intensive, hoch individualisierte Unterstützungsmaßnahmen für SuS mit hohen Risiken auf der Basis umfangreicher Diagnostik und individueller Förder- bzw. Entwicklungsplanung bei gleichzeitiger Weiterführung von Stufe 1 und 2; funktionale Verhaltensanalyse und -unterstützung; Maßnahmenplanung mit mehreren Komponenten (Rückgang von Problemverhalten, Aufbau von Kompetenzen, Einbezug des Umfeldes); Vereinbarung und Umsetzung der Maßnahmen im Multiprofessionellen Team, enge Kooperation mit Eltern und Schüler/in sowie außerschulischen Unterstützungssystemen.

Sekundäre Prävention (Stufe 2– Tier 3) **für Schülerinnen und Schüler, die auf Unterstützungsmaßnahmen auf Stufe 1 nicht ausreichend ansprechen (ca. 10–15 %), realisiert vor allem auf Schul-, Klassen- und Kleingruppenebene:** Interventionsstrategien zur Verhaltensänderung (u. a. Trainings in den Bereichen Selbstregulation und Sozialkompetenz, Peer-to-Peer-Ansätze, Verhaltensverträge, Schülerfeedback, gezielte Lern- und Verhaltensunterstützung) als ergänzende Maßnahme bei Weiterführung von Stufe 1; datengestützte Identifikation, Maßnahmenplanung und Förderung von SuS mit Risiken; Evaluation der Förderung in kurzen Zeitabständen; Planung und Vereinbarung der Maßnahmen in einem Team pädagogischer Fachkräfte, das bei der Umsetzung und Evaluation unterstützt/begleitet.

Primäre Prävention (Stufe 1 – Tier 1) **für alle Schülerinnen und Schüler, vereinbart und strukturell verankert auf Schulebene, realisiert in der Schule insgesamt und konkretisiert im Klassenraum:** Claasroom Management, u. a. klare Verhaltenserwartungen und Unterrichtung von Regeln und Verfahrensweisen, positive Verstärkung sozial adäquaten Verhaltens auf Schul-, Klassen- und individueller Ebene, logische Konsequenzen für unerwünschtes Verhalten; sozial-emotionales Lernen (SEL); qualitativ hochwertiger Unterricht mit hohem Aktivierungspotential und Feedback zu Lernprozess und -produkt; systematische Erfassung von Problemverhalten als Basis schulischer Entscheidungsprozesse; konsequentes Monitoring der Schüler/-innen in Lern- und Entwicklungsbereichen.

Abb. 2: Stufen des schulweiten Rahmenkonzepts SWPBS nach Horner et al. (2010), Lewis et al. (2015) sowie Sugai et al. (2014)

3.3 Inhaltliche Schwerpunkte und didaktisch-methodische Konzeption

3.3.1 Gesamtüberblick

Von Seiten der Universität zu Köln wurden in einem Blended-Learning-Modell (Ganz & Reinmann, 2007) insgesamt zehn Fortbildungsmodule zu vier Themenfeldern entwickelt, an denen das Kollegium und weitere pädagogische Fachkräfte der Schule teilnehmen. Die Fortbildungsmodule werden durch ein Beratungs- und Begleitangebot sowie datengestützte Rückmeldeprozesse ergänzt. Alle Angebote basieren auf einem kooperativen Ansatz, da Unterstützungsangebote dann besonders effektiv zu sein scheinen, wenn die Moderation mit den Lehrkräften im Hinblick auf die Planung von Lehr-Lernangeboten zusammenarbeitet und als Modell für strategisches Vorgehen dient (Kennedy, 2016). Durch ein E-Learning-Angebot haben die pädagogischen Fachkräfte die Möglichkeit, die einzelnen Module vor- und nachzubereiten, Umsetzungsbeispiele zu sichten sowie Arbeitsmaterialien herunterzuladen.

Da Fortbildungen nach Kennedy (2016) von erfahrenen Fortbildnerinnen und Fortbildnern profitieren, die über Expertise im Umgang mit Lehrkräften, mit deren Themen sowie eigene Erfahrungen in der Umsetzung der jeweiligen Inhalte verfügen, wurde aus der Projektgruppe ein erfahrenes Moderationstandem gebildet, in dem eine Person zusätzlich langjährige Unterrichtserfahrung in den Settings Förderschule und inklusive Schule hat. Je nach Modul wird das Team durch eine weitere Fortbildnerin bzw. einen weiteren Fortbildner mit einschlägiger Erfahrung ergänzt.

3.3.2 Fortbildungsmodule

Nach Anpassungen im Rahmen der formativen Evaluation erstrecken sich die Module über einen Zeitraum von zwei Schuljahren in Halb- und Ganztagesveranstaltungen zuzüglich KickOff-Veranstaltung, Zwischenreflexionen und Abschlussveranstaltung (▶ Abb. 3).

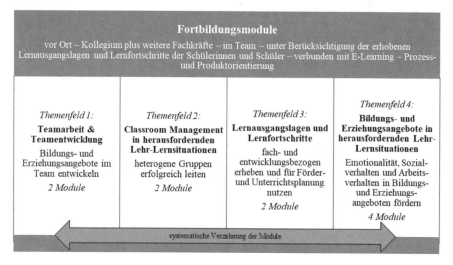

Abb. 3: Überblick über die Fortbildungsmodule

Die Fortbildungsmodule beinhalten jeweils

- individuelle Vorbereitung (E-Learning-Angebot zu wissenschaftlichen Grundlagen des Themenschwerpunktes),
- Einordnung in den Gesamtrahmen der Maßnahme,
- Vertiefung und Anwendung der Inhalte in Teams, am Alltag orientiert,
- Vereinbarungen für die konkrete weitere Arbeit sowie für die nächsten Module,
- Feedback und Logbuch zur individuellen Reflexion und Zielbestimmung,
- im Anschluss die individuelle Umsetzung in der Schule.

Um auf der einen Seite über ein Kerncurriculum die Vermittlung von Grundlagenwissen und den Aufbau spezifischer Handlungsstrategien auf der Basis der Wirksamkeitsforschung sicherzustellen und auf der anderen Seite schulspezifische Passungen zu ermöglichen, besteht jedes Themenfeld aus einem verbindlichen inhaltlichen und methodischen Kanon, der in Absprache mit der Schulleitung und pädagogischen Fachkräften spezifiziert wird.

3.3.3   Beratungs- und Unterstützungsangebot

Die Wahrscheinlichkeit des Erfolgs evidenzbasierter Maßnahmen wird durch mangelnde Implementationsqualität deutlich reduziert (Conroy et al., 2014). Die auf der Basis des evaluierten Konzepts der *Kooperativen Beratung* (Methner, Melzer & Popp, 2013; Mutzeck, 2008) entwickelten Angebote für die Schulleitung, Arbeitsgruppen und einzelne Lehrkräfte intendieren daher die Erhöhung der Implementationsqualität (Sanetti, Collier-Meek, Long, Byron & Kratochwill, 2015) und ermöglichen zudem, im Sinne einer datengestützten Prozessbegleitung zeitnah Rückmeldungen zu geben und ggf. gemeinsam Modifikationen entwickeln zu können.

Folgende Beratungsanlässe und -formen lassen sich unterscheiden:

1. *Implementation auf Schulebene*
   Im Prozess finden regelmäßige Termine mit der Schulleitung, beispielsweise gemeinsam oder in Absprache mit weiteren Kolleginnen und Kollegen, zur Vorbereitung und Reflexion der einzelnen Module sowie des Gesamtprojektes statt. Da der Schulleitung eine zentrale Rolle im inklusiven Schulentwicklungsprozess zukommt (Billingsley & McLeskey, 2014; McLeskey & Waldron, 2015), fokussieren die Gespräche unter Einbezug der erhobenen Daten vor allem die Unterstützung der Leitung bei der Prozesssteuerung und der Implementation der erarbeiteten Inhalte und Strategien.
2. *Implementation einzelner Strategien*
   Die Beratung umfasst Veranstaltungen zur Interventionsplanung und – bezogen auf einzelne Strategien – Coachings bei der Umsetzung im Alltag.
3. *Fallberatung und Förderplanung im Team*
   In Anlehnung an die Idee der idealerweise multiprofessionell zusammengesetzten Problemlöseteams (Huber, 2015; Newton et al., 2014) erfolgt innerhalb der Beratungen mit Klassenleitung und sonderpädagogischer Fachkraft eine systematische Analyse herausfordernden Schülerverhaltens unter Einbezug der vorliegenden Daten zur Lern- und Verhaltensentwicklung, auf deren Basis Interventionen entwickelt und die konkrete Umsetzung sowie Evaluation geplant werden.
4. *Konzeptentwicklung*
   Einzelne schulische Arbeitsgruppen werden bei spezifischen Anliegen durch ergänzende Inputs sowie kooperative Planungsprozesse unterstützt. Themenfelder sind z. B. die Optimierung der Kooperation im multiprofessionellen Team, Beratung bei der Auswahl diagnostischer Verfahren und Weiterentwicklung des Förderplankonzepts auf der Basis der in der Fortbildung erarbeiteten Inhalte.

3.3.4 Datengestützte Rückmeldeprozesse

Die Lernvoraussetzungen und -fortschritte der Schülerinnen und Schüler im Lesen, soziale Integration aus Selbst- und Fremdsicht sowie die Schülerwahrnehmung der Lehrer-Schüler-Beziehung werden in regelmäßigen Abständen erhoben. In den Modulen erfolgt im Plenum eine Darstellung und Analyse der Befunde auf Schul- und Jahrgangsebene; darüber hinaus nutzen die Lehrkräfte klassenbezogene Informationen und Individualdaten in kollegialen Beratungsprozessen für die Optimierung der pädagogischen Arbeit sowie die Planung von Fördermaßnahmen. Neben flächendeckenden Erhebungen erfolgt im Rahmen der Implementation einzelner Maßnahmen die engmaschige Überprüfung des Fördererfolgs, z. B. durch curriculumbasierte Lernfortschrittsmessungen (Diehl, Hartke & Knopp, 2009) und Verhaltensverlaufsdiagnostika (Casale, Hennemann & Grosche, 2015).

4 Ausblick

Die beschriebene Fortbildung wird im Rahmen einer Pilotstudie an zwei Standorten umgesetzt. Hinsichtlich der Limitationen der Konzeption ist anzuführen, dass diese durch die Konzentration auf ausgewählte Diversitätsdimensionen Teilaspekte inklusiver Bildung aufgreift. Auch kann die intensive Alltagsbegleitung im konkreten unterrichtlichen Handlungsfeld aufgrund der zur Verfügung stehenden Ressourcen nur hinsichtlich ausgewählter Handlungsstrategien erfolgen. Die Umsetzung der Konzeption ist zudem von schulstrukturellen, personellen und rechtlichen Faktoren abhängig (z. B. personelle Fluktuation, Unterstützung durch die Schulleitung, Veränderungen in der Schülerschaft, bauliche und rechtliche Rahmenbedingungen, bestehende Organisationsstrukturen).

Vor diesem Hintergrund geht die in mehrere Teilstudien gegliederte Evaluation neben der Frage der Wirksamkeit explizit der Frage nach hinderlichen und förderlichen Faktoren bei der Umsetzung der Konzeption nach. Die formative und summative Evaluation in einem Mixed-Methods-Design (Döring & Bortz, 2015) fokussiert unter Berücksichtigung der komplexen Wirkzusammenhänge von Fortbildungen auf Basis der Rahmenmodelle von King (2014) und Lipowsky (2014) die Evaluationsebenen

1. Reaktionen der teilnehmenden Lehrkräfte,
2. Veränderung der Lehrerkognition und Veränderung affektiv-motivationaler Voraussetzungen des Lehrens,
3. Veränderungen des unterrichtlichen Handelns der Lehrkräfte,
4. Beeinflussung des Schulerfolgs der Schülerinnen und Schüler auf akademischer und sozial-emotionaler Ebene und
5. Beeinflussung schulstruktureller Aspekte.

Aus den Ergebnissen werden Konsequenzen für die (Weiter-)Entwicklung von *Professional Development*-Angeboten im inklusiven Kontext für verschiedene Schulformen und unter Einbezug weiterer pädagogischer Fachkräfte abgeleitet, die auch die Grundlage der Konzeption möglicher Train-the-Trainer-Qualifizierungen bilden. Profitieren sollen schließlich die Kinder und Jugendlichen: Können durch prozessbegleitende Angebote, idealerweise mit universitärer Begleitung entwickelt (Leidig et al., 2016), die Handlungskompetenzen der Lehrkräfte in herausfordernden Lehr-Lernsituationen ausgebaut und das Selbstwirksamkeitserleben verbessert werden, steigt die Chance der bestmöglichen Förderung der Kinder und Jugendlichen in einer fürsorglichen, wertschätzenden Schule – und damit die Chance eines gelingenden Inklusionsprozesses.

Literatur

Adolf, A.-M. (2016). *Lehrerkooperation und die Effektivität von Lehrerfortbildung*. Wiesbaden: Springer.

Almog, O. & Shechtman, Z. (2007). Teachers' democratic and efficacy beliefs and styles of coping with behavioural problems of pupils with special neHrsg. *European Journal of Special Needs Education, 22*(2), 115–129.

Amrhein, B. (2015). Professionalisierung für Inklusion gestalten: Stand und Perspektiven der Lehrerfortbildung in Deutschland. In C. Fischer, M. Veber, C. Fischer-Ontrup & R. Buschmann (Hrsg.), *Umgang mit Vielfalt. Aufgaben und Herausforderungen für die Lehrerinnen- und Lehrerbildung* (S. 139–156). Münster: Waxmann.

Ainscow, M. (2005). Developing inclusive education systems: What are the levers for change? *Journal of Educational Change, 6*(2), 109–124.

Ainscow, M. (2016). Collaboration as a strategy for promoting equity in education: Possibilities and barriers. *Journal of Professional Capital and Community, 1*(2), 159–172.

Avramidis, E., Bayliss, P. & Burden, R. (2000). A survey into mainstream teachers' attitudes towards the inclusion of children with special educational needs in the ordinary school in one local education authority. *Educational Psychology, 20*(2), 191–211.

Avramidis, E. & Norwich, B. (2002). Teachers' attitudes towards integration/inclusion: A review of the literature. *Journal of Special Needs Education, 17*(2), 129–147.

Barr, J. J. & Bracchitta, K. (2012). Attitudes toward individuals with disabilities: The effects of age, gender, and relationship. *Journal of Relationships Research, 3*, 10–17.

Beck, A. & Maykus, S. (2016). Lehrerkooperation an inklusiven Grundschulen unter dem Gesichtspunkt der Interprofessionalität. Empirische Befunde zu Bewertung und Erfahrung schulinterner Zusammenarbeit. In S. Maykus, A. Beck, G. Hensen, A. Lohmann, H. Schinnenburg, M. Walk & S. Wiedebusch (Hrsg.), *Inklusive Bildung in Kindertageseinrichtungen und Grundschulen. Empirische Befunde und Implikationen für die Praxis* (S. 146–172). Weinheim: Beltz.

Biesta, G. (2011). Warum »What works« nicht funktioniert. In J. Bellmann & T. Müller (Hrsg.), *Wissen, was wirkt. Kritik evidenzbasierter Pädagogik*. (S. 95–122). Wiesbaden: Springer.

Billingsley, B. & McLeskey, J. (2014). What are the roles of principals in inclusive schools? In J. McLeskey, N. L. Waldron, F. Spooner & B. Algozzine (Hrsg.), *Handbook of effective inclusive schools: Research and practice* (S. 67–79). New York: Routledge.

Boer, A. de, Pijl, S. J. & Minnaert, A. (2011). Regular primary schoolteachers' attitudes towards inclusive education: A review of the literature. *International Journal of Inclusive Education, 15*(3), 331–353.

Bondorf, N. (2013). *Profession und Kooperation. Eine Verhältnisbestimmung am Beispiel der Lehrerkooperation*. Wiesbaden: Springer.

Brady, K. & Woolfson, L. (2008). What teacher factors influence their attributions for childrens' difficulties in learning? *British Journal of Educational Psychology, 78*(4), 527–544.

Casale, G., Hennemann, T. & Grosche, M. (2015). Zum Beitrag der Verlaufsdiagnostik für eine evidenzbasierte sonderpädagogische Praxis am Beispiel des Förderschwerpunktes der emotionalen und sozialen Entwicklung. *Zeitschrift für Heilpädagogik, 66*(7), 325–334.

Causton, J. & Theoharis, G. (2014). *The principal's handbook for leading inclusive schools*. Baltimore: Paul H. Brookes.

Chao, C. N. G., Sze, W., Chow, E., Forlin, C. & Ho, F. C. (2016). Improving teachers' self efficacy in applying teaching and learning strategies and classroom management to students with special education needs in Hong Kong. *Teaching and Teacher Education, 66*, 360–369.

Colquitt, J. A., LePine, J. A. & Noe, R. A. (2000). Toward an integrative theory of training motivation: A meta-analytic path analysis of 20 years of research. *Journal of Applied Psychology, 85*(5), 678–707.

Conroy, M. A., Alter, P. J. & Sutherland, K. S. (2014). Classroom-based intervention research in the field of EBD: Current practices and future directions. In P. Garner, J. Kauffman & J. Elliot (Hrsg.), *The SAGE handbook of emotional and behavioral difficulties* (2. Aufl., S. 479–490). London: Sage Publications.

Diehl, K., Hartke, B. & Knopp, E. (2009). Curriculum-Based Measurement & Leerlingonderwijsvolgsysteem – Konzepte zur theoriegeleiteten Lernfortschrittsmessung im Anfangsunterricht Deutsch und Mathematik? *Zeitschrift für Heilpädagogik, 60*(4), 122–130.

Döring, N. & Bortz, J. (2015). *Forschungsmethoden und Evaluation in den Sozial- und Humanwissenschaften* (5. Aufl.). Berlin: Springer.

Dumke, D. & Eberl, D. (2002). Bereitschaft von Grundschullehrern zum gemeinsamen Unterricht von behinderten und nichtbehinderten Schülern. *Psychologie in Erziehung und Unterricht, 49*(1), 71–83.

Forlin, C. & Cooper, P. (2013). Student behavior and emotional challenges for teachers and parents in Hong Kong. *British Journal of Special Education, 40*(2), 58–64.

Forlin, C., Loreman, T. & Sharma, U. (2014). A system-wide professional learning approach about inclusion for teachers in Hong Kong. *Asia-Pacific Journal of Teacher Education, 42*(3), 247–260.

Gable, R. A., Tonelsen, S. W., Sheth, M., Wilson, C. & Park, K. L. (2012). Importance, usage, and preparedness to implement evidence-based practices for students with emotional disabilities: A comparison of knowledge and skills of special education and general education teachers. *Education and Treatment of Children, 35*(4), 499–519.

Ganz, A. & Reinmann, G. (2007). Blended Learning in der Lehrerfortbildung – Evaluation einer Fortbildungsinitiative zum Einsatz digitaler Medien im Fachunterricht. *Unterrichtswissenschaft, 35*(2), 169–191.

Gebhardt, S., Happe, C., Paape, M., Riestenpatt, J., Vägler, A., Wollenweber, K. U. & Castello, A. (2014). Merkmale und Bewertung der Kooperation von Sonderpädagogen und Regelschullehrkräften in inklusiven Unterrichtssettings. *Empirische Sonderpädagogik, 6*(1), 17–32.

Hartke, B. & Vrban, R. (2015). *Schwierige Schüler – was kann ich tun? 49 Handlungsmöglichkeiten bei Verhaltensauffälligkeiten* (10. Aufl.). Hamburg: Persen.

Hecht, P., Niedermair, C. & Feyerer, E. (2016). Einstellungen und inklusionsbezogene Selbstwirksamkeitsüberzeugungen von Lehramtsstudierenden und Lehrpersonen im Berufseinstieg – Messverfahren und Befunde aus einem Mixed-Methods-Design. *Empirische Sonderpädagogik, 8*(1), 86–102.

Hellmich, F. & Görel, G. (2014). Erklärungsfaktoren für Einstellungen von Lehrerinnen und Lehrern zum inklusiven Unterricht in der Grundschule. *Zeitschrift für Bildungsforschung, 4*(3), 227–240.

Hennemann, T., Hövel, D., Casale, G., Hagen, T. & Fitting-Dahlmann, K. (2015). *Schulische Prävention im Bereich Verhalten*. Stuttgart: Kohlhammer.

Hennemann, T., Ricking, H. & Huber, C. (2015). Organisationsformen inklusiver Förderung im Bereich emotional-sozialer Entwicklung. In R. Stein & T. Müller (Hrsg.), *Inklusion im Förderschwerpunkt emotionale und soziale Entwicklung* (S. 110–143). Stuttgart: Kohlhammer.

Heyl, V. & Seifried, S. (2014). »Inklusion? Da ist ja sowieso jeder dafür!?« Einstellungsforschung zu Inklusion. In S. Trumpa, S. Seifried, E.-K. Franz & T. Klauß (Hrsg.), *Inklusive Bildung. Erkenntnisse aus Fachdidaktik und Sonderpädagogik* (S. 47–60). Weinheim: Beltz.

Hillenbrand, C. (2015). Evidenzbasierung sonderpädagogischer Praxis: Widerspruch oder Gelingensbedingung? *Zeitschrift für Heilpädagogik, 66*(7), 312–324.

Hoppey, D. & McLeskey, J. (2014). What are qualities of effective inclusive schools? In J. McLeskey, N. L. Waldron, F. Spooner & B. Algozzine (Hrsg.), *Handbook of effective inclusive schools: Research and practice* (S. 17–29). New York: Routledge.

Hornby, G. (2014). *Inclusive special education. Evidence-based practices for children with special needs and disabilities.* New York: Springer.

Horner, R. H., Sugai, G. & Anderson, C. M. (2014). Examining the evidence base for School-Wide Positive Behavior Support. *Focus on Exceptional Children, 42*(8), 1–14.

Hosford, S. & O'Sullivan, S. (2016). A climate for self-efficacy: The relationship between school climate and teacher efficacy for inclusion. *International Journal of Inclusive Education, 20*(6), 604–621.

Huber, C. (2011). Soziale Referenzierungsprozesse und soziale Integration in der Schule. *Empirische Sonderpädagogik, 3*(1), 20–36.

Huber, C. (2015). Verhaltensprobleme gemeinsam lösen! Wie sich multiprofessionelle Teams nach dem RTI-Modell effektiv organisieren lassen. *Lernen und Lernstörungen, 4*(4), 283–291.

Jordan, A., Glenn, C. & McGhie-Richmond, D. (2010). The SET project: Effective teaching and its relationship to teachers' epistemological beliefs and inclusive teaching practices. *Teaching and Teacher Education, 26*(2), 259–266.

Kennedy, M. M. (2016). How does professional development improve teaching? *Review of Educational Research, 86*(4), 945–980.

King, F. (2014). Evaluating the impact of teacher professional development: An evidence-based framework. *Professional Development in Education, 40*(1), 89–111.

Kosko, K. & Wilkins, J. L. M. (2009). General educators' inservice training and their self-perceived ability to adapt instruction for students with IEPs. *The Professional Educator, 33*(2), 14–23.

Krizan, A. & Vossen, A. (2016). Evidenzbasierung in Schulen durch Verzahnung von Wissenschaft und Praxis erreichen. *Zeitschrift für Heilpädagogik, 67*(2), 79–90.

Krull, J., Wilbert, J. & Hennemann, T. (2014). The social and emotional situation of first graders with classroom behavior problems and classroom learning difficulties in inclusive classes. *Learning Disabilities: A Contemporary Journal, 12*(2), 169–190.

Kuhl, J. & Hecht, T. (2014). Prävention von Lernschwierigkeiten durch die Implementierung von Diagnostik und Förderung – Ein Praxisbeispiel für das erste Schuljahr. *Zeitschrift für Heilpädagogik, 65*(11), 406–415.

Kurniawati, F., Boer, A. de, Minnaert, A. E. M. G. & Mangunsong, F. (2014). Characteristics of primary teacher training programmes on inclusion: A literature focus. *Educational Research, 56*(3), 310–326.

Leidig, T., Hennemann, T., Casale, G., König, J., Melzer, C. & Hillenbrand, C. (2016). Wirksamkeit von Lehrerfortbildungen zur inklusiven Beschulung im Förderschwerpunkt Emotionale und soziale Entwicklung – ein systematisches Review empirischer Studien. *Heilpädagogische Forschung, 42*(2), 61–77.

Leko, M. M. & Roberts, C. A. (2014). How does professional development improve teacher practice in inclusive schools? In J. McLeskey, N. L. Waldron, F. Spooner & B. Algozzine (Hrsg.), *Handbook of effective inclusive schools: Research and practice* (S. 43–54). New York: Routledge.

Lewis, T. J., Mitchell, B. S., Trussell, R. & Newcomer, L. (2015). School-Wide Positive Behavior Support: Building systems to prevent problem behavior and develop and maintain appropriate social behavior. In E. Emmer & E. J. Sabornie (Hrsg.), *Handbook of classroom management* (2. Aufl., S. 40–59). New York: Routledge.

Lindsay, G. (2007). Educational psychology and the effectiveness of inclusive education/mainstreaming. *British Journal of Educational Psychology, 77*(1), 1–24.

Lipowsky, F. (2014). Theoretische Perspektiven und empirische Befunde zur Wirksamkeit von Lehrerfort- und -weiterbildung. In E. Terhart, H. Bennewitz & M. Rothland (Hrsg.), *Handbuch der Forschung im Lehrerberuf* (2. Aufl., S. 511–541). Münster: Waxmann.

Lübke, L., Meyer, J. & Christiansen, H. (2016). Effekte von Einstellungen und subjektiven Erwartungen von Lehrkräften: Die Theorie des geplanten Verhaltens im Rahmen schulischer Inklusion. *Empirische Sonderpädagogik, 8*(3), 225–238.

MacFarlane, K. & Woolfson, L. M. (2013). Teachers' attitudes and behavior toward the inclusion of children with social, emotional and behavioral difficulties in mainstream schools: An application of the theory of planned behavior. *Teaching and Teacher Education, 29*, 46–52.

Malinen, O. P., Savolainen, H., Engelbrecht, P., Xu, J., Nel, M., Nel, N. & Tlale, D. (2013). Exploring teacher self-efficacy for inclusive practices in three diverse countries. *Teaching and Teacher Education, 33*, 34–44.

McLeskey, J. & Waldron, N. L. (2015). Effective leadership makes schools truly inclusive. *Phi Delta Kappan, 96*(5), 68–73.

McLeskey, J., Waldron, N. L., Spooner, F. & Algozzine, B. (2014). What are effective inclusive schools and why are they important? In J. McLeskey, N. L. Waldron, F. Spooner & B. Algozzine (Hrsg.), *Handbook of effective inclusive schools: Research and practice* (S. 3–16). New York: Routledge.

Melzer, C. & Hillenbrand, C. (2015). Aufgabenprofile. Welche Aufgaben bewältigen sonderpädagogische Lehrkräfte in verschiedenen schulischen Tätigkeitsfeldern? *Zeitschrift für Heilpädagogik, 66*(5), 230–242.

Methner, A., Melzer, C. & Popp, K. (2013). *Kooperative Beratung*. Stuttgart: Kohlhammer.

Mitchell, M. M. & Bradshaw, C. P. (2013). Examining classroom influences on student perceptions of school climate: The role of classroom management and exclusionary discipline strategies. *Journal of School Psychology, 51*(5), 599–610.

Monsen, J. J., Ewing, D. L. & Kwoka, M. (2014). Teachers' attitudes towards inclusion, perceived adequacy of support and classroom learning environment. *Learning Environments Research, 17*(1), 113–126.

Mutzeck, W. (2008). *Methodenbuch Kooperative Beratung. Supervision, Teamberatung, Coaching, Mediation, Unterrichtsberatung, Klassen*. Weinheim: Beltz.

Newton, J. S., Todd, A. W., Algozzine, B., Algozzine, K., Horner, R. H. & Cusumano, D. L. (2014). Supporting team problem solving in inclusive schools. In J. McLeskey, N. L. Waldron, F. Spooner & B. Algozzine (Hrsg.), *Handbook of effective inclusive schools: Research and practice* (S. 275–291). New York: Routledge.

Reicher, H. (2010). Building inclusive education on social and emotional learning: Challenges and perspectives – A review. *International Journal of Inclusive Education, 14*(3), 213–246.

Ryndak, D., Lehr, D., Ward, T. & DeBevoise, H. (2014). Collaboration and teaming in effective inclusive schools. In J. McLeskey, N. L. Waldron, F. Spooner & B. Algozzine (Hrsg.), *Handbook of effective inclusive schools. Research and practice* (S. 395–409). New York: Routledge.

Sanetti, L. M. H., Collier-Meek, M. A., Long, A. C. J., Byron, J. & Kratochwill, T. R. (2015). Increasing teacher treatment integrity of behavior support plans through consultation and implementation planning. *Journal of School Psychology, 53*(3), 209–229.

Savolainen, H., Engelbrecht, P., Nel, M. & Malinen, O.-P. (2012). Understanding teachers' attitudes and self-efficacy in inclusive education: Implications for pre-service and in-service teacher education. *European Journal of Special Needs Education, 27*(1), 51–68.

Scheerens, J. (2014). Evidence based educational policy and practice: The case of applying the educational effectiveness knowledge base. *Journal of Educational, Cultural and Psychological Studies, 9*, 83–99.

Schellenbach-Zell, J. & Gräsel, C. (2010). Teacher motivation for participating in school innovations – Supporting factors. *Journal for Educational Research Online, 2*(2), 34–54.

Schwarzer, R. & Warner, L. M. (2014). Forschung zur Selbstwirksamkeit bei Lehrerinnen und Lehrern. In E. Terhart, H. Bennewitz & M. Rothland (Hrsg.), *Handbuch der Forschung im Lehrerberuf* (2. Aufl., S. 662–678). Münster: Waxmann.

Scruggs, T. E., Mastropieri, M. A. & McDuffie, K. A. (2007). Co-teaching in inclusive classrooms: A metasynthesis of qualitative research. *Exceptional Children, 73*(4), 392–416.

Sermier Dessemontet, R., Benoit, V. & Bless, G. (2011). Schulische Integration von Kindern mit einer geistigen Behinderung. Untersuchung der Entwicklung der Schulleistungen und der adaptiven Fähigkeiten, der Wirkung auf die Lernentwicklung der Mitschüler sowie der Lehrereinstellungen zur Integration. *Empirische Sonderpädagogik, 3*(4), 291–307.

Sharma, U., Loreman, T. & Forlin, C. (2012). Measuring teacher efficacy to implement inclusive practices. *Journal of Research in Special Educational Needs, 12*(1), 12–21.

Soodak, L. C. & McCarthy, M. R. (2006). Classroom management in inclusive settings. In C. Evertson & C. S. Weinstein (Hrsg.), *Handbook of classroom management. Research, practice, and contemporary issues* (S. 461–489). Mahwah, New Jersey: Routledge.

Soodak, L. C., Podell, D. M. & Lehman, L. R. (1998). Teacher, student, and school attributes as predictors of teachers' responses to inclusion. *Journal of Special Education, 31*(3), 480–497.

Stanovich, P. J. & Jordan, A. (1998). Canadian teachers' and principals' beliefs about inclusive education as predictors of effective teaching in heterogeneous classrooms. *Elementary School Journal, 98*(3), 219–236.

Stein, R. & Ellinger, S. (2015). Zwischen Separation und Inklusion: zum Forschungsstand im Förderschwerpunkt emotionale und soziale Entwicklung. In R. Stein & T. Müller (Hrsg.), *Inklusion im Förderschwerpunkt emotionale und soziale Entwicklung* (S. 76–109). Stuttgart: Kohlhammer.

Sugai, G. & Simonsen, B. (2015). Supporting general classroom management: Tier 2/3 practices and systems. In E. Emmer & E. J. Sabornie (Hrsg.), *Handbook of classroom management* (2. Aufl., S. 60–75). New York: Routledge.

Sugai, G., Simonson, B, Bradshaw, C., Horner, R. & Lewis, T. J. (2014). Delivering high quality School-Wide Positive Behavior Support in inclusive schools. In J. McLeskey, N. L. Waldron, F. Spooner & B. Algozzine (Hrsg.), *Handbook of effective inclusive schools* (S. 306–321). New York: Routledge.

Timperley, H., Wilson, A., Barrar, H. & Fung, I. (2007). *Teacher professional learning and development. Best evidence synthesis iteration (BES)*. Wellington: Ministry of Education.

Tsouloupas, C. N., Carson, R. L., Matthews, R., Grawitch, M. J. & Barber, L. K. (2010). Exploring the association between teachers' perceived student misbehavior and emotional exhaustion: The importance of teacher efficacy beliefs and emotion regulation. *Educational Psychology, 30*(2), 173–189.

Urton, K., Wilbert, J. & Hennemann, T. (2014). Der Zusammenhang zwischen der Einstellung zur Integration und der Selbstwirksamkeit von Schulleitungen und deren Kollegien. *Empirische Sonderpädagogik, 6*(1), 3–16.

Urton, K., Wilbert, J. & Hennemann, T. (2015). Die Einstellung zur Integration und die Selbstwirksamkeit von Lehrkräften. *Psychologie in Erziehung und Unterricht, 62*(2), 147–157.

Urton, K., Börnert, M., Krull, J., Wilbert, J. & Hennemann, T. (2018). Inklusives Schulklima: Konzeptionelle Darstellung eines Rahmenmodells. *Zeitschrift für Heilpädagogik, 69*(1), 40–52.

Werning, R. & Baumert, J. (2013). Inklusion entwickeln: Leitideen für Schulentwicklung und Lehrerbildung. In D. T. Riecke-Baulecke (Hrsg.), *Inklusion. Forschungsergebnisse und Perspektiven* (S. 38–55). München: Oldenbourg.

Wilson, S. J., Lipsey, M. W. & Derzon, J. H. (2003). The effects of school-based intervention programs on aggressive behavior: A meta-analysis. *Journal of Consulting and Clinical Psychology, 71*(1), 136–149.

Yoon, K. S., Duncan, T., Lee, S. W.-Y., Scarloss, B. & Shapley, K. (2007). Reviewing the evidence on how teacher professional development affects student achievement. *Issues & Answers, 33*, 1–62. Verfügbar über: www.pdal.net/reports.asp (Datum des Zugriffs: 20.10.2014).

Zee, M. & Koomen, H. M. Y. (2016). Teacher self-efficacy and its effects on classroom processes, student academic adjustment, and teacher well-being: A synthesis of 40 years of research. *Review of Educational Research, 86*(4), 981–1015.

Zurbriggen, C. & Venetz, M. (2016). Soziale Partizipation und aktuelles Erleben im gemeinsamen Unterricht. *Empirische Pädagogik, 30*(1), 98–112.

Gestaltung eines inklusiven Schulklimas als Schulentwicklungsaufgabe

Karolina Urton, Moritz Börnert-Ringleb & Jürgen Wilbert

> »Strategies for developing inclusive practices
> have to involve interruptions to thinking in order
> to encourage an exploration of overlooked
> possibilities for moving practice forward.«
> (Ainscow, 2005, S. 109)

1 Einleitung

Die Umsetzung von Inklusion stellt sowohl für das Bildungssystem als auch für jede einzelne Schule eine Herausforderung dar. Das Gelingen inklusiver Bildungs- und Erziehungsprozesse ist von einer Vielzahl von Faktoren abhängig. Zu diesen Faktoren gehören sowohl die kontextuellen Rahmenbedingungen als auch die Professionalität der Schulleitungen, Lehrkräfte und weiterer pädagogischer Fachkräfte der jeweiligen Schule. Wenn Inklusion als eine gemeinsam adressierte Schulentwicklungsaufgabe verstanden wird, bedarf es demnach der Professionalisierung aller pädagogischen Fachkräfte einer Schule, mit dem Ziel, den pädagogischen Aufgaben der Inklusion gerecht zu werden. Dies umfasst das Entwickeln von Schul- und Unterrichtsmethoden, die die Partizipation an akademischen Lernprozessen und die soziale Integration aller Schülerinnen und Schüler berücksichtigen. Deren Grundlage bildet ein Klima, das von Wertschätzung und Anerkennung der Vielfalt geprägt ist (UNESCO, 2001; WHO, 2011). Die Komplexität dieser Aufgaben macht deutlich, dass es sich dabei um einen schulischen Innovations- und Transformationsprozess handelt. Zudem umfasst ein solcher Prozess verschiedene Handlungsebenen sowie deren systematische Verknüpfung innerhalb der Schule mit Bezug auf deren Umfeld. In diesem Zusammenhang wird häufig vom Konzept des Schulklimas gesprochen, welches als bedeutsam für das Gelingen inklusiver Prozesse angenommen wird (Ainscow, Dyson & Weiner, 2013; Carrington, 1999; Corbett, 1999; McMaster, 2015; Zollers, Ramanathan & Yu, 1999).

Ausgehend von der Darstellung der aktuellen Situation inklusiver Beschulung in Deutschland und der bisherigen Schulklimaforschung wird im vorliegenden Beitrag ein theoretisch fundiertes Rahmenmodell des inklusiven Schulklimas (Urton, Börnert-Ringleb, Krull, Wilbert & Hennemann, 2018) dargestellt. Zudem sollen praktische und empirische Implikationen für die Entwicklung eines inklusiven Schulklimas aufgezeigt und diskutiert werden.

1.1 Aktuelle schulische Situation

Mit der Ratifizierung der UN-Behindertenrechtskonvention über die Rechte von Menschen mit Behinderungen und ihrem Inkrafttreten im Jahr 2009 bestehen in Deutschland die rechtliche Grundlage und die Verpflichtung, ein inklusives Bildungssystem zu schaffen. Dementsprechend lässt sich in Deutschland ein Anstieg des Anteils inklusiv beschulter Schülerinnen und Schüler beschreiben. Während im Schuljahr 2008/09 nur 18,4 % der Schülerinnen und Schüler mit sonderpädagogischem Förderbedarf eine allgemeine Schule besuchten, waren es im Schuljahr 2013/14 bereits 31,4 %. Gleichzeitig wird jedoch kritisch angemerkt, dass trotz zunehmender Inklusionsrate an den allgemeinen Schulen die Schülerzahlen an den Förderschulen nur minimal zurückgegangen sind. Dies wird vor allem mit einem gleichzeitigen, generellen Anstieg festgestellter sonderpädagogischer Förderbedarfe begründet (Schuljahr 2008/09: 6,0 %; Schuljahr 2013/14: 6,8 %). Die Exklusionsrate (der Anteil aller Schülerinnen und Schüler, die nicht an einer allgemeinen Schule beschult werden) beträgt somit im Schuljahr 2013/14 nach wie vor 4,7 % im Vergleich zum Schuljahr 2008/09 mit 4,9 % (Klemm, 2015).

Weiterhin zeigt sich, dass es sich bei der Definition und dem Verständnis von Inklusion um ein kontextspezifisches Thema handelt. Dies bildet sich in Unterschieden der Begriffsverwendung und Umsetzungen von Inklusion ab, welche sich von der internationalen Ebene bis hin zur einzelnen Schule manifestieren (Grosche, 2015; Löser & Werning, 2015). Eine solche Heterogenität zeigt sich ebenfalls in Deutschland, wo es, auch bedingt durch die föderale Bildungspolitik, kein einheitliches Vorgehen in der Umsetzung eines inklusiven Bildungssystems gibt. So zeigen sich sowohl länderspezifische Differenzen in den Prävalenzen des sonderpädagogischen Förderbedarfs als auch Unterschiede bezüglich der Entwicklungen in der Beschulung in inklusiven Settings und an Förderschulen (Klemm, 2015; Löser & Werning, 2015; Moser & Dietze, 2015). Unterschiede in Form und Umfang inklusiver Beschulung werden in einer Studie von Göransson und Nilholm (2014) systematisiert. Die Autoren beschreiben dort *vier Stadien der inklusiven Beschulung*:

1. Aufnahme der Schülerinnen und Schüler mit sonderpädagogischem Förderbedarf an einer allgemeinen Schule ohne Berücksichtigung der individuellen (sonderpädagogischen) Bedürfnisse (»placement«, Göransson & Nilholm, 2014, S. 265),
2. Berücksichtigung der Bedürfnisse von Schülerinnen und Schülern mit sonderpädagogischem Förderbedarf bezüglich des Lernens und des sozialen Miteinanders in der allgemeinen Schule,
3. Beachtung der sozialen und akademischen Bedarfe aller Schülerinnen und Schüler sowie
4. gemeinschaftliche Schul- und Unterrichtsentwicklung, die die Interaktion mit dem gesellschaftlichen und sozialen Kontext einbeziehen.

Vor dem Hintergrund der beschriebenen Ist-Zustände kann man daher durchaus zu dem Fazit kommen, dass es »trotz guter Entwicklungen« noch »ein weiter Weg zum gemeinsamen Lernen« (Klemm, 2015, S. 6) ist. So muss auch zukünftig für eine qualitativ hochwertige Umsetzung von Inklusion das Augenmerk auf Schulentwicklungsprozesse gelegt werden, welche Reflexions-, Planungs- und Entwicklungsprozesse (Booth, 2012; Carrington, 1999; McMaster, 2015) sowie die systematische Vernetzung innerhalb der Schule mit Bezug auf deren Umfeld beinhalten. Die Umsetzung von Inklusion lässt sich dabei sinnvoll als Entwicklungsprozess auf der Ebene der Einzelschule betrachten.

1.2 Gelingensfaktoren inklusiver Prozesse in der Schule

1.2.1 Pädagogische Fachkräfte

Als ein wesentlicher Gelingensfaktor für die Umsetzung eines inklusiven Bildungssystems wird in unterschiedlichen Studien die Professionalität von Lehrkräften diskutiert (Avramidis & Norwich, 2002; de Boer, Pijl & Minnaert, 2011). Baumert und Kunter (2006) beschreiben das Professionswissen und Überzeugungen sowie Werthaltungen, motivationale Orientierungen und die selbstregulierenden Fähigkeiten als wesentliche Merkmale der professionellen Handlungskompetenz von Lehrkräften. Diese Annahme steht im Einklang mit der Theorie des geplanten Verhaltens (Ajzen & Fishbein, 2005), die annimmt, dass Verhaltensabsichten als Prädiktoren für das gezeigte Verhalten durch die Einstellung gegenüber dem Verhalten beeinflusst werden. Weitere Einflussfaktoren stellen die subjektiven und sozialen Normen und die wahrgenommene Verhaltenskontrolle dar. In Bezug auf die Umsetzung von Inklusion werden daher die Einstellungen von Lehrkräften als zentrale Gelingensfaktoren angenommen (Avramidis & Norwich, 2002; de Boer et al., 2011).

De Boer et al. (2011) berichten in diesem Zusammenhang von eher indifferenten oder negativen Überzeugungen der Lehrkräfte bezüglich der Inklusion. Wichtig erscheint jedoch vor allem die Fokussierung der Aspekte zu sein, die im Zusammenhang mit der Einstellung zur Inklusion stehen. Diese Faktoren umfassen die Ausbildung sowie Erfahrung im inklusiven Unterricht und im Umgang mit Menschen mit Behinderungen, die Art und den Schweregrad der Behinderung der Schülerinnen und Schüler und die verfügbaren Unterstützungen (Avramidis & Norwich, 2002; de Boer et al., 2011). Weiterhin zeigte sich in vorangegangenen Untersuchungen ein Zusammenhang zwischen der Einstellung zur Inklusion und den verschiedenen Facetten des Selbstwirksamkeitserlebens von Lehrkräften und Lehramtsstudierenden (Hecht, Niedermair & Feyerer, 2016; Hellmich, Görel & Schwab, 2016; Savolainen, Engelbrecht, Nel & Malinen, 2012; Weisel & Dror, 2006).

1.2.2 Schulleitung

Da die Umsetzung von Inklusion nicht nur die einzelne Lehrkraft, sondern immer das Gesamtsystem der Schule betrifft, kann auch das Schulleitungshandeln als ein zentraler Gelingensfaktor von Inklusion angesehen werden. Das Handeln der Schulleitung wird als bedeutsam für die Schulentwicklung und Schuleffektivität im

Allgemeinen sowie für den inklusiven Kontext im Speziellen angenommen. Dabei nimmt das Schulleitungshandeln vor allem indirekt Einfluss. Es ist richtungsweisend und unterstützt das Herausbilden von geteilten Visionen und Zielen, hohen Leistungserwartungen, förderlichen Lernprozessen auf Schulebene und die Professionalisierung der einzelnen Lehrkräfte. Weiterhin zeichnet sich ein effektives Schulleitungshandeln durch die Initiierung schulischer Entwicklungen aus, durch die Kooperationskulturen und -strukturen sowie förderliche Beziehungen mit den Eltern und der Kommune entstehen können (Ainscow et al., 2013; Cobb, 2015; Leithwood, Louis, Anderson & Wahlstrom, 2004; Riehl, 2000). In diesem Sinne wird das Zusammenspiel von Schulleitungen und Kollegien häufig als zentraler Bestandteil des Schulklimas beschrieben (Thapa, Cohen, Guffey & Higgins-D'Alessandro, 2013).

1.2.3 Schulische Rahmenbedingungen

Neben den Merkmalen der Akteure einer Schule werden immer wieder auch Umgebungsfaktoren mit ihrer Wirkung auf die Umsetzung schulischer Inklusion diskutiert. Es wird davon ausgegangen, dass sowohl die institutionelle Umgebung als auch die Ressourcen Einfluss auf die innerschulischen Prozesse nehmen (Artiles & Dyson, 2005; Avramidis & Norwich, 2002; Thapa et al., 2013). Weiterhin spielen auch die kulturell und historisch bedingten Haltungen zur Inklusion, die in einem Land bzw. einer Bildungsregion bestehen, eine entscheidende Rolle dafür, wie Inklusion praktisch umgesetzt wird (Artiles & Dyson, 2005; Löser & Werning, 2015).

2 Konzeptionelle Überlegungen zum inklusiven Schulklima

Seit mehreren Jahrzehnten werden Versuche unternommen, ein allgemeines Schulklima zu beschreiben (Anderson, 1982; Thapa et al., 2013). Trotz vieler Versuche der Operationalisierung herrscht jedoch bis heute keine Einigkeit über die spezifischen Komponenten und damit einhergehend über eine einheitliche Arbeitsdefinition des Konstrukts ›Schulklima‹ vor. Häufig wird ›Schulklima‹ jedoch als ein multidimensionales Konstrukt diskutiert. In einigen Studien werden in diesem Zusammenhang strukturelle Merkmale der Schule, Normen, Werte und Ziele, interpersonale Beziehungen, aber auch die konkrete Unterrichtspraxis als Facetten eines Schulklimas beschrieben (Anderson, 1982; Thapa et al., 2013; Urton et al., 2018; Van Houtte, 2005). Des Weiteren wird Schulklima häufig in akademische, physische und soziale Komponenten unterteilt (Kutsyuruba, Klinger & Hussain, 2015; Urton et al., 2018). Als übergreifendes Merkmal eines Schulklimas lässt sich neben dieser angenommenen Multidimensionalität eine Mehrebenenstruktur beschreiben, nach welcher unterschiedliche Ebenen von Akteuren (z. B. Lernende, Lehrende, Schulleitung, Eltern etc.) in einer Schule Einfluss auf das Schulklima nehmen (Thapa et al., 2013). In diesem Zusammenhang kommt es zu Überschneidungen zwischen den Konzepten des Schulklimas und der Schulkultur. So argumentiert Van Houtte (2005), dass sich Schulkultur insbesondere auf die geteilten Einstellungen, aber auch auf Überzeugungen und Werte bezieht. In diesem Sinne muss das Konzept Schulkultur als eine wichtige Komponente des Schulklimas betrachtet werden. Unabhängig von der konkreten Operationalisierung schließen Thapa et al. (2013), dass sich ein positives Schulklima positiv auf die Lernentwicklung sowie auf psychosoziale Faktoren auswirkt.

Trotz dieser vorliegenden Befunde und einer gleichzeitigen Diskussion der Bedeutung des Schulklimas für die Umsetzung von Inklusion (Carrington, 1999; Corbett, 1999; Zollers et al., 1999) existieren bisher keine Ausführungen, die Überlegungen zu spezifischen Wirkfaktoren eines inklusiven Schulklimas systematisieren. Vor dem Hintergrund der positiven Auswirkungen, die das Schulklima auf die Entwicklung der Schülerinnen und Schüler haben kann, erscheint es jedoch attraktiv, die Gestaltung eines positiven Schulklimas in inklusiven Kontexten zu adressieren und empirisch zu überprüfen. Im Fokus sollten hierbei insbesondere Faktoren stehen, die aufgrund der bisherigen Forschungsergebnisse als Gelingensbedingungen inklusiver Schulsysteme (▶ Abschnitt 1.2.) diskutiert werden und zur Teilhabe von Schülerinnen und Schülern mit sonderpädagogischem Förderbedarf beitragen. Dem Gedanken geteilter Merkmale auf Schulebene und der kontextuellen Eingebundenheit von Schulen folgend wurde ein theoretisch fundiertes Rahmenmodell des inklusiven Schulklimas entwickelt (Urton et al., 2018). Im Folgenden wird ein Überblick über die zentralen Annahmen des Modells sowie dessen theoretische Grundannahmen gegeben. Eine ausführliche Darstellung findet sich in der Arbeit von Urton et al. (2018).

2.1 Das Rahmenmodell des inklusiven Schulklimas

Das Rahmenmodell des inklusiven Schulklimas (Urton et al., 2018) umfasst die folgenden Komponenten, die als bedeutsam für das Gelingen schulischer Inklusion angenommen werden können:

1. Facetten der inneren Struktur der Schule (Einstellungen, pädagogische Überzeugungen, Werte, Wirksamkeitsüberzeugungen und Kooperationsstrukturen),
2. Steuerung inklusiver Prozesse durch das Schulleitungshandeln,
3. institutionelle Umgebung und Ausstattung der Schule sowie
4. gesellschaftliche und politische Rahmenbedingungen.

Neben den Einflussfaktoren auf das inklusive Schulklima werden gleichermaßen Indikatoren für das Gelingen schulischer Inklusion auf Seiten der Schülerinnen und Schüler, Eltern und pädagogischen Fachkräfte aufgezeigt (▶ Abb. 1).

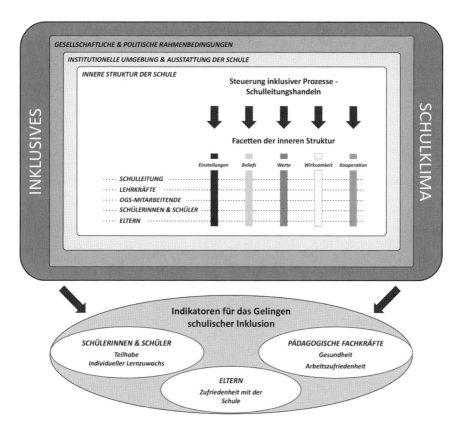

Abb. 1: Rahmenmodell des inklusiven Schulklimas; Anmerkung: OGS = Offene Ganztags-schule, aus: Urton, K., Börnert-Ringleb, M., Krull, J., Wilbert, J. & Hennemann, T. (2018). Inklusives Schulklima: Konzeptionelle Darstellung eines Rahmenmodells. Zeitschrift für Heilpädagogik, 69, 40–52

2.2   Facetten der inneren Struktur

Eine wichtige Bedeutung nehmen die Facetten der inneren Struktur in dem vorge-stellten Modell eines inklusiven Schulklimas ein, da sie die Basis für die Profes-sionalisierung und die Umsetzung eines inklusionsförderlichen Unterrichts dar-stellen (Ainscow, 2016). Diese Facetten umfassen verschiedene geteilte Merkmale, welche sich über alle Handlungsebenen (Lehrende, Lernende, Schulleitung, Mit-arbeitende der Ganztagsbetreuung, Eltern) im schulischen Kontext abbilden lassen.

Zunächst sind an dieser Stelle die Einstellungen, Beliefs (pädagogische Über-zeugungen) und Werte zu nennen. Wie bereits zuvor beschrieben, können die Verhaltensabsichten als Prädiktoren für konkretes Verhalten angesehen werden (Ajzen & Fishbein, 2005). Daher lässt sich eine Bedeutung von Werthaltungen und Überzeugungen sowohl für Lehrende als auch Akteure der Schulleitung beschrei-ben (Avramidis & Norwich, 2002; de Boer et al., 2011). Zudem erscheinen auch die Einstellungen der Lernenden und deren Eltern von Relevanz für das Gelingen inklusiver Bildungsprozesse zu sein (de Boer, Pijl & Minnaert, 2010, 2012). Die Bedeutung der Einstellung als Merkmal des Schulklimas wird durch vorangegangene Untersuchungen belegt, welche aufzeigen, dass es sich bei Einstellungen zur Inklusion um geteilte Werte auf Schulebene handelt. So ließen sich Zusammenhänge zwischen der Einstellung von Kolleginnen und Kollegen und der eigenen Einstellung abbilden. Gleichzeitig korrespondieren diese mit den Einstellungen der Schulleitung (Urton, Wilbert & Hennemann, 2014a, 2014b, 2015). Weiterhin scheinen auch Beliefs eine wichtige Komponente der Inklusionsforschung darzustellen. Kuhl, Moser, Schäfer und Redlich (2013) unterscheiden in diesem Zusammenhang Beliefs, die sich auf den Gegenstand des Lernens, den Prozess des Lehrens und Lernens und die Rolle von Lehrkräften und Schulen beziehen. Weiterhin werden auch Werte, welche sowohl den Einstellungen als auch den Überzeugungen zugrunde liegen, als wichtig erachtet. So werden durch verschiedene Akteure (Boban & Hinz, 2003; EADSP, 2012) inklusionsspezifische Werte, wie beispielsweise die Wertschätzung von Vielfalt oder die Unterstützung aller Lernenden, als zentral für inklusive Schulentwicklungsprozesse angesehen.

Die Wirksamkeitsüberzeugungen stellen einen weiteren wesentlichen Baustein der Facetten der inneren Struktur einer Schule dar. Hier lässt sich zeigen, dass ein Zusammenhang zwischen einer positiven Einstellung zur Inklusion und einem hohen individuellen Wirksamkeitserleben besteht (Hecht et al., 2016; Hellmich et al., 2016; Urton et al., 2015). Ähnlich wie geteilte Einstellungen kann neben individuellem Wirksamkeitserleben auch das kollektive Wirksamkeitserleben als ein Merkmal auf Schulebene beobachtet werden, das wiederum mit der Einstellung zur Inklusion der Lehrkräfte im Zusammenhang steht (Urton et al., 2014a, 2014b, 2015).

Kooperationsprozesse stellen eine wesentliche Triebfeder für die Entwicklung von geteilten Einstellungen, Überzeugungen und Werten sowie einem kollektiven Wirksamkeitserleben dar. In diesem Sinne haben Kooperationsprozesse einen wesentlichen Einfluss auf positive Einstellungen zur Inklusion (Kim, 2011; Malinen, Savolainen & Xu, 2012; Savolainen et al., 2012). Vor dem Hintergrund dieser Evidenzen wird der Kooperation im Kontext inklusiver Schulsysteme ein hoher Stellenwert beigemessen. Allerdings scheint hier dem Ausbalancieren eines Gleichgewichtes zwischen Kooperation und Autonomieerleben der beteiligten Akteure eine hohe Bedeutung für das Gelingen von Inklusion zuzukommen (Kugelmass, 2001; Mamlin, 1999; Weisel & Dror, 2006).

2.3 Schulleitungshandeln und die Steuerung inklusiver Prozesse

Einen wesentlichen Wirkfaktor im vorgestellten Modell des inklusiven Schulklimas stellt die Steuerung inklusiver Prozesse durch die Schulleitung dar. Im wissenschaftlichen Diskurs wird das Handeln der Schulleitung als wesentlicher Gelingensfaktor von Schulentwicklung und Schuleffektivität verstanden (Urton et al., 2018). Dabei kommt der Schulleitung eine Rolle zu, in der es nicht allein darum geht, Einstellungen, Selbstwirksamkeitserleben und die Entwicklung eines Schulklimas zu beeinflussen, sondern auch äußere Strukturen (wie z. B. die institutionelle Umgebung) zu berücksichtigen und in Verbindung mit der inneren Struktur einer Schule zu bringen. Aufgrund des hohen Komplexitätsgrads der Leitungstätigkeiten in einem inklusiven Schulsystem wird im vorgestellten Modell das Schulleitungshandeln angeführt, das impliziert, dass die Leitung der Schule nicht auf eine Person zentriert sein muss, sondern dass Leitungsaufgaben innerhalb eines Schulleitungsteams von mehreren Personen geleistet werden können (Hargreaves & Fink, 2005).

2.4   Institutionelle Rahmenbedingungen

Wie bereits in der Rolle des Schulleitungshandelns angedeutet wird, kann die innere Struktur der Schule nicht isoliert betrachtet werden. Eine Schule ist immer in den Kontext der institutionellen Umgebung und die umgebenden Ressourcen einzuordnen (Avramidis & Norwich, 2002; Thapa et al., 2013). In diesem Sinne ist die Umsetzung von Inklusion stets unter Beachtung der jeweiligen kontextuellen Bedingungen von Schulen zu beurteilen (Urton et al., 2018). Zudem können die vorhandenen personellen wie auch zeitlichen Ressourcen einen wichtigen Einfluss auf eine positive Umsetzung eines inklusiven Schulsystems haben (Amrhein, 2014).

2.5   Gesellschaftliche und politische Rahmenbedingungen

Abschließend spielen neben den institutionellen Rahmenbedingungen auch gesellschaftliche sowie politische Rahmenbedingungen eine wesentliche Rolle bei der Umsetzung inklusiver Bildungsprozesse. So sind im deutschsprachigen Raum unterschiedliche Vorgehensweisen bei der Umsetzung inklusiver Bildung zu beobachten (Blanck, 2014). Solche Vorgaben zur Umsetzung von Inklusion nehmen einen wesentlichen Einfluss auf die konkrete schulische Praxis. Somit kann die konkrete schulische Umsetzung von Inklusion nicht losgelöst von zentralen Steuerungsvorgaben betrachtet werden.

3   Gelingensindikatoren inklusiver Schulentwicklung

In der Beurteilung der Auswirkungen eines Schulklimas ist es entscheidend, dass Indikatoren vorliegen, die Aussagen über das Gelingen einer inklusiven Schulentwicklung zulassen. In diesem Zusammenhang lassen sich die Begriffe ›Schulqualität‹ und ›Schuleffektivität‹ anführen (Ditton, 2000; Scheerens, 2000). Neben diesem Blick auf den schulischen Erfolg, der sich in der mittleren Leistung der Schülerinnen und Schüler abbildet, erscheint es jedoch auch sinnvoll, einen breiteren Blick auf weitere Gelingensindikatoren zu werfen. So stellt die Herstellung von Chancengleichheit und Bildungsgerechtigkeit ein primäres Ziel von Inklusion dar. In diesem Sinne erscheint es notwendig, in der Beurteilung von Bildungssystemen auch die Frage nach dem Bildungsverlauf und der Teilhabe zu stellen (Urton et al., 2018). In inklusiven Schulsystemen sollte dies stets mit einem Blick auf unterschiedliche Hintergründe erfolgen, die sich aus Unterschieden im sozioökonomischen Status, der ethnischen Zugehörigkeit, der Religion, dem Geschlecht oder den Fähigkeiten ergeben. Somit wird deutlich, dass gelingende Inklusion über das Erreichen von akademischen Bildungszielen hinausgeht und gleichermaßen eine erfolgreiche soziale Integration aller Schülerinnen und Schüler beinhalten muss.

Da im vorgestellten Modell alle schulischen Akteure berücksichtigt werden, stellen die Zufriedenheit der Eltern mit der Schule sowie die Gesundheit und die Arbeitszufriedenheit der pädagogischen Mitarbeiterinnen und Mitarbeiter gleichermaßen Indikatoren für das inklusive Klima einer Schule dar.

4 Implikationen für die Praxis – Möglichkeiten der Entwicklung eines inklusiven Schulklimas

Die vorangegangenen Ausführungen verdeutlichen, dass das Ziel inklusiver Bildung nur zu erreichen ist, wenn der schulische Bildungsauftrag nicht allein auf kognitive Lernprozesse reduziert wird, sondern vielmehr auch das Recht auf soziale Teilhabe in den Fokus gerückt wird (Krappmann, 2017). Entsprechend diesem Gedanken sollen im nachfolgenden Abschnitt Möglichkeiten der Gestaltung eines inklusiven Schulklimas entlang des beschriebenen Modells aufgezeigt werden.

4.1 Facetten der inneren Struktur

Im Sinne der Theorie des geplanten Verhaltens (Ajzen & Fishbein, 2005) stellen sowohl die Einstellungen gegenüber dem Verhalten und die Bewertung des jeweiligen Verhaltens, die erlebten und subjektiven Normen als auch das Kontrollerleben in verschiedenen Situationen entscheidende Prädiktoren dafür dar, ob Verhaltensabsichten bestehen und es zu einer tatsächlichen Ausführung eines Verhaltens kommt. Auf der Grundlage dieses Modells lässt sich für die Umsetzung von Inklusion erwarten, dass diese im entscheidenden Maße von intra- wie auch interpersonalen Faktoren abhängen. Entsprechend der Erkenntnis, dass eine Vielzahl der Lehrkräfte das normativ-gesellschaftliche Ziel der Inklusion unterstützt (Avramidis & Norwich, 2002; Scruggs & Mastropieri,1996), sich hinsichtlich der konkreten Umsetzung von Inklusion aber eher neutrale bis negative Überzeugungen und Gefühle zeigen (de Boer et al., 2011; Scruggs & Mastropieri, 1996), scheint es zentral zu sein, den Aufbau eines positiven Wirksamkeitserlebens von Lehrkräften zu unterstützen, da dieses die Einschätzung der persönlichen Fähigkeiten in Bezug auf die Bewältigung neuer oder schwieriger Anforderungssituationen umfasst (Bandura, 1997). Das Wirksamkeitserleben einer Person entwickelt sich nach Bandura (1997) dabei unter verschiedenen Bedingungen:

- bei persönlichen Erfolgserfahrungen (mastery experience),
- beim Erleben von positiven Erfahrungen von Personen, die ein Vorbild darstellen (vicarious experiences),
- bei dem Zutrauen der Bewältigung von Situationen durch andere Personen (verbal persuasion) sowie
- bei mit positiven Gefühlen verbundene Anforderungssituationen.

Neben der Entwicklung der individuellen Selbstwirksamkeitserwartung werden diese Aspekte auch als bedeutsame Einflussquellen für die Entwicklung der kollektiven Selbstwirksamkeitserwartung angenommen (Goddard, Hoy & Woolfolk Hoy, 2000). Für die Praxis bedeutet dies, dass in einer Schule, in der das Zutrauen in die Umsetzung von Inklusion gestärkt werden soll, das Erleben von Wirksamkeit zu einem festen Bestandteil gehören muss. Das ist beispielsweise sowohl auf Seiten der pädagogischen Fachkräfte wie auch der Schülerinnen und Schüler möglich, wenn die Förderung der Schülerinnen und Schüler auch die konkrete Abbildung des Förderfortschrittes anhand von Lernverlaufskurven beinhaltet. Da die Lern- und Entwicklungsfortschritte von Schülerinnen und Schülern mit sonderpädagogischem Förderbedarf häufig klein sind und diese im Alltag aufgrund der vielen Anforderungsbereiche unterzugehen drohen, ermöglicht die Visualisierung des Fortschritts die Herstellung von Transparenz. Zurückgeführt auf die persönliche Kompetenz und die Anstrengung kann der beschriebene Fortschritt dann im Sinne einer persönlichen Erfolgserfahrung positiv auf das Selbstwirksamkeitserleben der Lernenden wie auch der Lehrenden wirken.

In Bezug auf die Entwicklung inklusiver Schulsysteme realisieren sich Teilhabe und der individuelle Lernzuwachs der Schülerinnen und Schüler vor allem auf Klassenebene. Dementsprechend geht Ditton (2002) davon aus, dass der gleichzeitigen Untersuchung von Merkmalen der Schul- und Unterrichtsqualität eine hohe Bedeutung zukommt. Neben den professionellen Standards der Unterrichtsqualität, die sich auf die Umsetzung von Unterrichtskonzepten und -praktiken beziehen, ist im Sinne des Unterrichtsklimas von Interesse, wie die Lernenden die Lernumgebung in Bezug auf ihre Bedürfnisse und Erwartungen wahrnehmen (Eder, 2002). Für eine Weiterentwicklung inklusiver Schulsysteme stellt Ainscow (2016) die Bedeutung von Kooperationen der Lehrkräfte heraus, die zu einem Austausch von Wissen und Erfahrungen führen. Demnach kann durch die Etablierung von Unterrichtshospitation, Supervision und kollegiale Fallberatung ein Wissens- und Erfahrungstransfer erfolgen, der im Sinne einer »vicarious experience« (Bandura, 1997) das individuelle und das kollektive Wirksamkeitserleben der Lehrkräfte fördert sowie zu einer Weiterentwicklung unterrichtlicher Qualität führt. Weiterhin können sich diese Maßnahmen auf die Kooperation der pädagogischen Fachkräfte im Sinne eines pädagogisch gleichsinnigen Handelns auswirken.

Unterrichtshospitation erfordert zunächst die Bereitschaft, sich für die als wichtig für die Inklusion erachteten Reflexionsprozesse (McMaster, 2015) zu öffnen. In der Konsequenz ermöglichen die wechselseitigen Hospitationen und das

Gespräch über die getätigten Beobachtungen eine stetige Professionalisierung und Erweiterung des didaktischen Repertoires zur Umsetzung inklusiven Unterrichts. Wenn die Hospitationsmöglichkeiten nicht nur die Lehrkräfte umfassen, sondern die Mitarbeitenden des Ganztags miteinschließen, stärken sie auch pädagogisch gleichsinniges Handeln im Vor- und Nachmittagsbereich.

Supervisionsangebote sowie die Möglichkeiten der kollegialen Fallberatung (Tietze, 2010) ermöglichen die Reflexion von Lösungsansätzen für pädagogische Situationen. Diese können in ihrer Umsetzung wiederum Einfluss darauf nehmen, inwieweit das Schulklima inklusiv geprägt ist. Somit ist die Kooperation auf unterschiedlichen Ebenen ein zentrales Merkmal einer inklusiven Schule und kann maßgeblich dazu beitragen, wie Inklusion an einer Schule gelebt wird. Hierzu gehört neben den oben angeführten Beispielen auch die Entwicklung der Zusammenarbeit von multiprofessionellen Teams. Die Realisierung eines schulischen Alltags, der die Bedürfnisse aller Schülerinnen und Schüler berücksichtigt, erfordert den Austausch über die pädagogischen Sichtweisen und die Entwicklung inklusionsförderlicher pädagogischer Haltungen von allgemein- und sonderpädagogischen Lehrkräften. Im gleichen Sinne erfordert inklusiver Unterricht, der das gemeinsame Unterrichten von Schülerinnen und Schülern mit einem und ohne einen sonderpädagogischen Unterstützungsbedarf bedeutet, eine gemeinsame Unterrichtsplanung. In dieser müssen sowohl die allgemeine als auch die sonderpädagogische Lehrkraft ihre individuelle fachliche und didaktische Expertise einbringen können.

Im Sinne eines inklusiven Schulklimas darf diese Entwicklung jedoch nicht allein auf einzelne Klassenzimmer bezogen sein, sondern muss die gesamte Schule umfassen. Insofern stellt auch die schulische Leitbildentwicklung, in der beispielsweise das pädagogische Handeln der Schule entlang der Dimensionen des Index für Inklusion (Boban & Hinz, 2003; Booth, 2012) reflektiert, verhandelt und abgestimmt wird, einen wichtigen Bestandteil dar. Da ein inklusives Schulklima die Partizipation aller Akteure der Schule umfasst, sind in diesen Prozess nicht nur die Schulleitung und die Lehrkräfte einzubinden, sondern auch die Mitarbeitenden der Offenen Ganztagsschule (OGS) sowie die Eltern- und Schülervertreterinnen und -vertreter, die die Vielfalt der Schule repräsentieren.

4.2 Schulleitungshandeln

Eine Initiierung und Verankerung der oben beschriebenen Maßnahmen ist nur möglich, wenn diese auch von einer Schulleitung getragen werden. Entsprechend der Ergebnisse einer Interviewstudie (Urton, Wilbert & Hennemann, eingereicht) wird deutlich, dass Schulleitungen die Möglichkeit erhalten müssen, ihr ›Knowhow‹ hinsichtlich inklusiver Schul- und Unterrichtsentwicklung fortwährend zu erweitern. Darüber hinaus müssen sie auch Angebote erhalten, mit deren Hilfe sie ihr Leitungshandeln reflektieren und kooperative Strukturen in Leitungsteams ausbauen können. Da die Schulleitungstätigkeit in der Regel aus der Tätigkeit als Lehrkraft erwächst, kommt gerade der berufsbegleitenden Fortbildung ein enormer Stellenwert zu. Um den Aufbau inklusionsförderlicher Schulsysteme zu unterstützen, sollte hier vor allem das inklusionspädagogische Wissen sowie auch die Kenntnis über die Steuerung von Organisationsentwicklungsprozessen gestärkt werden. Die von McMaster (2015) herausgestellte Bedeutung von wertebasierten Reflexions- und Verhandlungsprozessen für die inklusive Schulentwicklung kann auf Schulleitungsebene berücksichtigt werden, indem Coaching-Angebote und Organisationsentwicklungsbegleitung für Einzelpersonen sowie Schulleitungsteams etabliert werden.

4.3   Institutionelle Rahmenbedingungen

Anhand der vorherigen Ausführungen wird deutlich, dass die Umsetzung schulischer Inklusion nicht allein von der einzelnen Schule abhängig ist, sondern immer in Rahmenbedingungen eingebettet ist, die inklusionsförderliche Entwicklungen unterstützen oder hemmen können. So nimmt Amrhein (2014) an, dass fehlende Unterstützung und Ressourcen bei der Umsetzung von Inklusion zu Stolpersteinen werden können. Dementsprechend sind mit der inklusiven Beschulung auch die benötigten zeitlichen und finanziellen Rahmenbedingungen mitzudenken, die eine multiprofessionelle Kooperation wie auch die fachliche Weiterqualifikation aller pädagogischen Fachkräfte ermöglichen.

5   Entwicklung eines inklusiven Schulklimas anhand empirischer Daten

Das Forschungsprojekt »Schulen auf dem Weg in die Inklusion – Inklusives Schulklima erforschen und begleiten« (Hennemann, Wilbert & Hillenbrand, 2014; vgl. https://www.hf.uni-koeln.de/38801) hat es sich zum Ziel gesetzt, die außer- und innerschulischen Faktoren, die zu einem inklusionsförderlichen Schulklima beitragen, auf der Grundlage des oben beschriebenen Rahmenmodells zu erforschen. Dabei geht das Projekt über die reine Erfassung des Schulklimas hinaus und möchte mit einer gezielten Rückmeldung der Entwicklungsbereiche des inklusiven Schulklimas auch zu einer Weiterentwicklung des inklusiven Schulklimas der jeweiligen Schule sowie der Umsetzung von Inklusion in der Bildungsregion beitragen. Dieses Vorhaben umfasst in einem ersten Schritt die Entwicklung geeigneter Instrumente, die ermöglichen sollen, die involvierten Dimensionen des Schulklimas auf der Ebene aller Akteure der Schule sowie auch die als bedeutsam beschriebenen schulischen Kontextfaktoren zu erheben. Bezogen auf die Fortführung einer empirisch fundierten Theoriebildung im Bereich des inklusiven Schulklimas beinhaltet dies auch die Prüfung sowie indizierte Adaptation des aufgestellten theoretischen Modells. Weiterhin soll anhand von gezielten Rückmeldungen und den Möglichkeiten zur begleiteten Reflexion und Schulentwicklung die Entwicklung des inklusiven Klimas der jeweiligen Schule ermöglicht werden. Somit besteht eine weitere Aufgabe im Rahmen des Projekts darin, die empirischen Ergebnisse so aufzubereiten, dass sich daraus Implikationen für die praktische Umsetzung auf Schul- sowie Schulverwaltungsebene ableiten lassen.

6   Fazit

Die unterschiedlichen Bereiche und Personengruppen, die im Rahmenmodell des inklusiven Schulklimas adressiert werden, veranschaulichen einmal mehr die Komplexität, die bei der Entwicklung eines inklusiven Bildungssystems beachtet werden muss. Dabei tragen sowohl die inneren Strukturen als auch die kontextuellen Rahmenbedingungen gleichermaßen dazu bei, inwiefern eine qualitativ hochwertige Umsetzung von Inklusion gelingen kann. Nach Göransson und Nilholm (2014) wird diesbezüglich die kontextbezogene Schul- und Unterrichtsentwicklung als höchste Ebene beschrieben, die sowohl die sozialen als auch die akademischen Bedarfe aller Schülerinnen und Schüler betreffen.

Die vorangegangenen Ausführungen machen deutlich, dass für die Erreichung dieses Ziels eine enge Verzahnung von empirischer Forschung und praktischer Umsetzung vonnöten ist. Diese sollte alle Akteure inklusiver Bildungssysteme einbeziehen. Weiterhin wird auch deutlich, dass die Weiterentwicklung eines inklusiven Bildungssystems noch lange nicht an einem Haltepunkt angelangt ist. Vielmehr scheint hier die Perspektive von Ainscow (2005, S. 118) angebracht:

> »Inclusion has to be seen as a never-ending search to find better ways of responding to diversity«.

Literatur

Ainscow, M. (2005). Developing inclusive education systems: What are the levers for change? *Journal of Educational Change, 6*(2), 109–124.

Ainscow, M. (2016). Collaboration as a strategy for promoting equity in education: Possibilities and barriers. *Journal of Professional Capital and Community, 1*(2), 159–172.

Ainscow, M., Dyson, A. & Weiner, S. (2013). *From exclusion to inclusion: Ways of responding in schools to students with special educational needs.* Manchester, UK: University of Manchester, Centre for Equity in Education. Verfügbar über: http://files.eric.ed.¬gov/fulltext/ED546818.pdf (Datum des Zugriffs: 23.07.2017).

Ajzen, I. & Fishbein, M. (2005). The influence of attitudes on behavior. In D. Albarracin, B. T. Johnson & M. P. Zanna (Hrsg.), *The handbook of attitudes* (S. 173–221). Mahwah, NJ: Erlbaum.

Amrhein, B. (2014). Inklusive Bildungslandschaften: Neue Anforderungen an die Professionalisierung von Schulleiterinnen und Schulleitern. In S. G. Huber (Hrsg.), *Jahrbuch Schulleitung 2014. Befunde und Impulse zu den Handlungsfeldern des Schulmanagements* (S. 253–267). Köln: Wolters Kluwer.

Anderson, C. (1982). The search for school climate: A review of the research. *Review of Educational Research, 52*(3), 368–420.

Artiles, A. J. & Dyson, A. (2005). Inclusive education in the globalization age. The promise of comparative cultural historical analysis. In D. Mitchell (Hrsg.), *Contextualizing inclusive education* (S. 37–62). London, UK: Routledge.

Avramidis, E. & Norwich, B. (2002). Teachers' attitudes towards integration/inclusion: A review of the literature. *European Journal of Special Needs Education, 17*(2), 129–147.

Bandura, A. (1997). *Self-efficacy: The exercise of control.* New York: Freeman.

Baumert, J. & Kunter, M. (2006). Stichwort: Professionelle Kompetenz von Lehrkräften. *Zeitschrift für Erziehungswissenschaft, 9*(4), 469–520.

Blanck, J. M. (2014). *Organisationsformen schulischer Integration und Inklusion. Eine vergleichende Betrachtung der 16 Bundesländer.* Berlin: WZB.

Boban, I. & Hinz, A. (Hrsg.) (2003). *Index für Inklusion. Lernen und Teilhabe in der Schule der Vielfalt entwickeln.* Halle: Universität Halle.

Boer, A. de, Pijl, S. J. & Minnaert, A. (2010). Attitudes of parents towards inclusive education: A review of the literature. *European Journal of Special Needs Education, 25*(2), 165–181.

Boer, A. de, Pijl, S. J. & Minnaert, A. (2011). Regular primary schoolteachers' attitudes towards inclusive education: A review of the literature. *International Journal of Inclusive Education, 15*(3), 331–353.

Boer, A. de, Pijl, S. J. & Minnaert, A. (2012). Students' attitudes towards peers with disabilities: A review of the literature. *International Journal of Disability, Development and Education, 59*(4), 379–392.

Booth, T. (2012). Der aktuelle »Index for Inclusion« in dritter Auflage. In K. Reich (Hrsg.), *Inklusion und Bildungsgerechtigkeit. Standards und Regeln zur Umsetzung einer inklusiven Schule* (S. 180–204). Weinheim: Beltz.

Carrington, S. (1999). Inclusion needs a different school culture. *International Journal of Inclusive Education, 3*(3), 257–268.

Cobb, C. (2015). Principals play many parts: A review of the research on school principals as special education leaders 2001-2011. *International Journal of Inclusive Education, 19*(3), 213–234.

Corbett, J. (1999). Inclusive education and school culture. *International Journal of Inclusive Education, 3*(1), 53–61.

Ditton, H. (2000). Qualitätskontrolle und Qualitätssicherung in Schule und Unterricht. *Zeitschrift für Pädagogik, 41. Beiheft,* 73–92.

Ditton, H. (2002). Unterrichtsqualität – Konzeptionen, methodische Überlegungen und Perspektiven. *Unterrichtswissenschaft, 30*(3), 197–212.

Eder, F. (2002). Unterrichtsklima und Unterrichtsqualität. *Unterrichtswissenschaft, 30*(3), 213–229.

Europäische Agentur für Entwicklungen in der sonderpädagogischen Förderung (2012). *Ein Profil für inklusive Lehrerinnen und Lehrer.* Odense: Selbstverlag.

Goddard, R. D., Hoy, W. K. & Woolfolk Hoy, A. (2000). Collective teacher efficacy: Its meaning, measure, and impact on student achievement. *American Research Journal, 37*(2), 479–508.

Göransson, K. & Nilholm, C. (2014). Conceptual diversities and empirical shortcomings – A critical analysis of research on inclusive education. *European Journal of Special Needs Education, 29*(3), 265–280.

Grosche, M. (2015). Was ist Inklusion? In P. Kuhl, P. Stanat, B. Lütje-Klose, C. Gresch, H. A. Pant & M. Prenzel (Hrsg.), *Inklusion von Schülerinnen und Schülern mit sonderpädagogischem Förderbedarf in Schulleistungserhebungen* (S. 17–39). Wiesbaden: Springer.

Hargreaves, A. & Fink, D. (2005). Nachhaltige Entwicklung durch nachhaltige Schulleitung. *Journal für Schulentwicklung, 9*(2), 19–29.

Hecht, P., Niedermair, C. & Feyerer, E. (2016). Einstellungen und inklusionsbezogene Selbstwirksamkeitsüberzeugungen von Lehramtsstudierenden und Lehrpersonen im Berufseinstieg. Messverfahren und Befunde aus einem Mixed-Methods-Design. *Empirische Sonderpädagogik, 8*(1), 86–102.

Hellmich, F., Görel, G. & Schwab, S. (2016). Einstellungen und Motivation von Lehramtsstudentinnen und -studenten in Bezug auf den inklusiven Unterricht in der Grundschule. Ein Vergleich zwischen Deutschland und Österreich. *Empirische Sonderpädagogik, 8*(1), 67–85.

Hennemann, T., Wilbert, J. & Hillenbrand, C. (2014). *Wissenschaftliche Begleitung im Rahmen der Umsetzung zur inklusiven Schule im Kreis Mettmann (Mehrebenenanalyse 2010–2012). Abschlussbericht.* Köln: Universität zu Köln.

Kim, J. (2011). Influence of teacher preparation programmes on preservice teachers' attitudes toward inclusion. *International Journal of Inclusive Education, 15*(3), 355–377.

Klemm, K. (2015). *Inklusion in Deutschland – Daten und Fakten. Gutachten im Auftrag der Bertelsmann Stiftung.* Gütersloh. Verfügbar über: www.bertelsmann-stiftung.de/de/pu¬ blikationen/publikation/did/inklusion-in-deutschland-1/ (Datum des Zugriffs: 01.08. 2016).

Krappmann, L. (2017). Inklusion und kinderrechtsorientierte Schulentwicklung. In M. Gercke, S. Opalinski & T. Thonagel (Hrsg.), *Inklusive Bildung und gesellschaftliche Exklusion* (S. 13–23). Wiesbaden: Springer.

Kugelmass, J. W. (2001). Collaboration and compromise in creating and sustaining an inclusive school. *International Journal of Inclusive Education, 5*(1), 47–65.

Kuhl, J., Moser, V., Schäfer L. & Redlich, H. (2013). Zur empirischen Erfassung von Beliefs von Förderschullehrerinnen und -lehrern. *Empirische Sonderpädagogik, 5*(1), 3–24.

Kutsyuruba, B., Klinger, D. A. & Hussain, A. (2015). Relationships among school climate, school safety, and student achievement and wellbeing: A review of the literature. *Review of Education, 3*(2), 103–135.

Leithwood, K. A., Louis, K. S., Anderson, S. E. & Wahlstrom, K. L. (2004). *How leadership influences student learning (Review of Research). New York, NY: The Wallace Foundation.* Verfügbar über: http://www.wallacefoundation.org/knowledge-center/Documents/How¬ -Leadership-Influences-Student-Learning.pdf (Datum des Zugriffs: 23.07.2017).

Löser, J. M. & Werning, R. (2015). Inklusion – allgegenwärtig, kontrovers, diffus? *Erziehungswissenschaft, 26*(2), 17–24.

Malinen, O.-P., Savolainen, H. & Xu, J. (2012). Beijing in-service teacher's self-efficacy and attitudes towards inclusive education. *Teaching and Teacher Education, 28*(4), 526–534.

Mamlin, N. (1999). Despite best intentions: When inclusion fails. *Journal of Special Education, 33*(1), 36–49.

McMaster, C. (2015). »Where is ___?«: Culture and the process of change. *International Journal of Whole Schooling, 11*(1), 16–34.

Moser, V. & Dietze, T. (2015). Perspektiven sonderpädagogischer Unterstützung. Bereitstellung von Ressourcen aus nationaler und internationaler Sicht. In P. Kuhl, P. Stanat, B. Lütje-Klose, C. Gresch, H. A. Pant & M. Prenzel (Hrsg.), *Inklusion von Schülerinnen und Schülern mit sonderpädagogischem Förderbedarf in Schulleistungserhebungen* (S. 75–99). Wiesbaden: Springer.

Riehl, C. J. (2000). The principal's role in creating inclusive schools for diverse students: A review of normative, empirical, and critical literature on the practice of educational administration. *Review of Educational Research, 70*(1), 55–81.

Savolainen, H., Engelbrecht, P., Nel, M. & Malinen, O. P. (2012). Understanding teachers' attitudes and self-efficacy in inclusive education: Implications for pre-service and in-service teacher education. *European Journal of Special Needs Education, 27*(1), 51–68.

Scheerens, J. (2000). *Improving school effectiveness. Paris: UNESCO.* Verfügbar über: http://www.iiep.unesco.org/en (Datum des Zugriffs: 02.04.2016).

Scruggs, T. E. & Mastropieri, M. A. (1996). Teacher perceptions of mainstreaming/inclusion, 1958–1995: A research synthesis. *Exceptional Children, 63*(1), 59–74.

Thapa, J., Cohen, J., Guffey, S. & Higgins-D'Alessandro, A. (2013). A review of school climate research. *Review of Educational Research, 83*(3), 357–385.

Tietze, K.-O. (2010). *Wirkprozesse und personenbezogene Wirkungen von kollegialer Beratung. Theoretische Entwürfe und empirische Forschung.* Wiesbaden: VS.

United Nations Educational, Scientific and Cultural Organization (2001). *The open file on inclusive education.* Paris: UNESCO.

Urton, K., Wilbert, J. & Hennemann, T. (2014a). Der Zusammenhang zwischen der Einstellung zur Integration und der Selbstwirksamkeit von Schulleitungen und deren Kollegien. *Empirische Sonderpädagogik, 6*(1), 3–16.

Urton, K., Wilbert, J. & Hennemann, T. (2014b). Attitudes towards inclusion and self-efficacy of principals and teachers. *Learning Disabilities: A Contemporary Journal, 12*(2), 151–168.

Urton, K., Wilbert, J. & Hennemann, T. (2015). Die Einstellung zur Integration und die Selbstwirksamkeit von Lehrkräften. *Psychologie in Erziehung und Unterricht, 62*(2), 147–157.

Urton, K., Börnert-Ringleb, M., Krull, J., Wilbert, J. & Hennemann, T. (2018). Inklusives Schulklima: Konzeptionelle Darstellung eines Rahmenmodells. *Zeitschrift für Heilpädagogik, 69*(1), 40–52.

Urton, K., Wilbert, J. & Hennemann, T. (eingereicht). Was macht die Qualität einer inklusiven Schule aus? Eine qualitative Inhaltsanalyse zu Perspektiven aus Schulleitungssicht.

Van Houtte, M. (2005). Climate or culture? A plea for conceptual clarity in school effectiveness research. *School Effectiveness and School Improvement, 16*(1), 71–89.

Weisel, A. & Dror, O. (2006). School climate, sense of efficacy and Israeli teachers' attitudes toward inclusion of students with special neHrsg. *Education, Citizenship and Social Justice, 1*(2), 157–174.

World Health Organization (2011). *World report on disability*. Geneva: World Health Organization.

Zollers, N. J., Ramanathan, A. K. & Yu, M. (1999). The relationship between school culture and inclusion: How an inclusive culture supports inclusive education. *International Journal of Qualitative Studies in Education, 12*(2), 157–174.

II Einstellungen von Kindern, Eltern und Lehrkräften zum inklusiven Lernen

Inklusion und soziale Partizipation – Einblicke in die soziale Situation von Schülerinnen und Schülern mit sonderpädagogischem Förderbedarf

Susanne Schwab

1 Einleitung

Da in vielen Ländern wie z. B. auch in Deutschland oder Österreich immer mehr Schülerinnen und Schüler mit sonderpädagogischem Förderbedarf (SPF) in integrativen Regelklassen (bzw. in sogenannten Integrationsklassen bzw. Inklusionsklassen) unterrichtet werden, nimmt auch das Forschungsinteresse diesbezüglich deutlich zu. Wenngleich in Bezug auf die aktuell verwendeten Termini (z. B. Inklusion und Integration) noch mangelnde Begriffsklarheit vorherrscht, so zeigen sich in der Forschung immer wieder zwei wesentliche Hauptfragestellungen, welche es zu untersuchen gilt. Während sich erstere mit den Effekten schulischer Integration auf die Schulleistung von Schülerinnen und Schülern mit und ohne SPF bezieht und die maximale akademische Förderung von Schülerinnen und Schülern in den Fokus stellt, ist die zweite und nicht weniger wichtige Frage jene nach der sozialen Situation und der emotionalen Befindlichkeit von Schülerinnen und Schüler mit SPF bei schulischer Inklusion. Im Rahmen von Studien werden dabei zumeist Vergleiche zwischen Schülerinnen und Schülern mit SPF gezogen, die in Integrations- und Sonderschulklassen unterrichtet werden, oder auch zwischen Schülerinnen und Schülern mit und ohne SPF in Integrationsklassen. Darüber hinaus wird die Auswirkung der Inklusion auf Schülerinnen und Schüler ohne SPF untersucht, indem Schülerinnen und Schüler ohne SPF aus Integrationsklassen mit Schülerinnen und Schülern ohne SPF aus Regelklassen (ohne Integration) verglichen werden (für eine Übersicht vgl. z. B. Bless & Mohr, 2007; Ruijs & Peetsma, 2009; Schwab, 2014).

Im Rahmen des vorliegenden Beitrags wird der Frage nachgegangen, wie sich die soziale Situation von Schülerinnen und Schülern mit SPF und ihren Peers in inklusiven Schulen gestaltet. Dazu werden die Ergebnisse der ATIS-SI Studie (Attitudes Towards Inclusion of Students with disabilities related to Social Inclusion) berichtet. Die ATIS-SI Studie ist eine Längsschnittstudie in der Primar- und Sekundarstufe in österreichischen Schulklassen, die im Herbst 2013/2014 startete und im Sommer 2015 endete. Einige Ergebnisse der Studie wurden bereits publiziert (vgl. Schwab, 2015a, b, c, d, 2016, 2017; Schwab & Gebhardt, 2016; Schwab, Rossmann, Tanzer, Hagn, Oitzinger, Thurner & Wimberger, 2015). Im vorliegenden Beitrag wird ein Überblick über die wesentlichen Ergebnisse in Bezug auf die soziale Partizipation gegeben. Weitere Publikationen über die ATIS-SI Studie und die Folgestudie ATIS-STEP (Attitudes Towards Inclusive Schooling – Students, Teachers and Parents) können bei der Autorin angefragt werden. Im Hauptinteresse beider Studien steht die Identifizierung von förderlichen und auch hinderlichen

Bedingungen für die soziale Partizipation von allen Schülerinnen und Schülern in inklusiven Schulklassen.

2 Schülerinnen und Schüler mit SPF als Minoritätsgruppe

Im Zusammenhang mit inklusiven Schulen ist die meist fokussierte Heterogenitätsdimension der SPF. Davon abgesehen gibt es im Zusammenhang mit den oben genannten Forschungsfragen jedoch weitere Zielgruppen, die aufgrund der Zugehörigkeit zu einer Minoritätsgruppe (z. B. Schülerinnen und Schüler mit Migrationshintergrund, Schülerinnen und Schüler mit einem niedrigen sozioökonomischen Status etc.; vgl. Sturm, 2016) einem besonders hohen Forschungsinteresse unterliegen. Mit Blick auf den SPF muss zu Beginn konstatiert werden, dass viele Forscherinnen und Forscher zwar den identen Begriff SPF oder ähnliche Begrifflichkeiten (wie z. B. besonderer Unterstützungsbedarf bzw. im Englischen ›special educational needs‹) verwenden. Der Glaube, dass es sich bei Schülerinnen und Schüler mit SPF um eine idente Zielgruppe handelt, ist jedoch eine Illusion.

Würde man beispielsweise die Definition von Stöger und Ziegler (2013) über Homogenität verwenden und das in den Zusammenhang mit den verschiedenen Arten von SPF setzen (z. B. Lernprobleme, Verhaltensauffälligkeiten, geistige Behinderung etc.), so wird ersichtlich, dass für die Erreichung identischer curricularer Ziele nicht die identen schulpädagogischen Maßnahmen eingesetzt werden können, sondern, dass es eine inklusive Pädagogik braucht, die auf individuelle Bedürfnisse aller Kinder abgestimmt ist (vgl. Feyerer, 2013; Gebhardt, 2013; Kullmann, Lütje-Klose & Textor, 2014). Darüber hinaus ist zu betonen, dass Inklusion den Weg einer nonkategorialen Pädagogik annehmen sollte und insofern eine Dekonstruktion und Dekategorisierung anstreben muss (für eine detailliertere Diskussion zur Dekategorisierung vgl. Haas, 2012).

Nichtsdestotrotz bedienen sich viele Forschungsarbeiten (wie auch die vorliegende Studie) den einzelnen Kategorien von SPF. Hierfür gilt es jedoch auch einschränkend im Kopf zu behalten, dass Ergebnisse zumeist nicht konkret auf andere Länder direkt übertragen werden können, da die Diagnosekriterien zwischen den einzelnen Ländern stark variieren. Allein die Tatsache, dass der Anteil an Kindern mit SPF beispielsweise in Österreich nicht einmal halb so groß ist wie jener in Norwegen (EADSNE, 2012), spricht dafür, dass die Kategorisierungsregeln länderspezifisch sind. Aber auch innerhalb einzelner Länder ist die Vergleichbarkeit zwischen Schülerinnen und Schülern mit dem »identen« SPF (laut SPF-Feststellungsverfahren) wie z. B. Lernbehinderung nicht gegeben. Für Österreich wurde im Report des Bundesinstituts für Bildungsforschung, Innovation und Entwicklung des österreichischen Schulwesens (BIFIE) berichtet, dass das SPF-Feststellungsverfahren »nicht den Geboten der Objektivität, Transparenz und Vergleichbarkeit entspricht« (Specht, Seel, Stanzel-Tischler, Wohlhart & Mitglieder der Arbeitsgruppen des Projekts QSP, 2007, S. 22). In Bezug auf die Verwendung von unterschiedlichen Kategorien von SPF orientierte sich die SPF-Praxis in Österreich ad dato überwiegend an den folgenden sechs Kategorien: Lernbehinderung (LB; Schülerinnen und Schüler mit dem Förderschwerpunkt Lernen), geistige Behinderung (GB; Schülerinnen und Schüler mit tiefgreifenden Entwicklungsstörungen und schweren Behinderungen bzw. schweren Mehrfachbehinderungen), Sehschädigung (SG), Hörbeeinträchtigung oder Gehörlosigkeit (HB), Körperbehinderung (KB) und Verhaltensbehinderung (VA; Schülerinnen und Schüler mit dem Förderschwerpunkt Verhalten und sozio-emotionale Entwicklung). Die quantitativ größte Gruppe stellen dabei Schülerinnen und Schüler mit Lernbehinderung dar. Kennzeichen dieser Gruppe sind niedrige Schulleistungen, insbesondere in Mathematik, im Lesen und im Schreiben sowie ein niedrigerer IQ im Vergleich zu den Peers (vgl. Schwab, Kopp-Sixt & Bernat, 2015).

3 Inklusion und soziale Partizipation

Nach Hascher (2017) kann das Wohlbefinden und auch das Sozialklima in inklusiven Klassen sowohl als Prädiktor für Inklusion als auch als Zielkriterium gedacht werden. Einerseits bedarf es also einer hohen sozialen Partizipation, um Inklusion stattfinden lassen zu können, und andererseits ist eine gelungene soziale Partizipation ein Kennzeichen einer effektiven und gelungenen Inklusion. Soziale Partizipation sowie schulisches Wohlbefinden stehen im Zusammenhang mit psychosozialen Variablen (z. B. psychosomatischen Beschwerden, Aggressivität etc.; vgl. Ritter, Bilz & Melzer, 2013) und beeinflussen die Schulleistungsentwicklung (vgl. z. B. Gutman & Vorhaus, 2012). Demzufolge ist es wichtig, Risikogruppen und Risikovariablen zu erkennen und auf Basis der Forschungsergebnisse zukünftige Interventionsmöglichkeiten zu identifizieren. Sowohl Koster, Nakken, Pijl und van Houten (2009) als auch Bossaert, Colpin, Pijl und Petry (2013a) haben in Literaturreviews geklärt, welche Operationalisierungen für das Konstrukt ›soziale Partizipation‹ vorgenommen werden. Auf Basis ihrer Ergebnisse konnten vier Kernbereiche identifiziert werden. Gelungene soziale Partizipation bedeutete demzufolge, dass man Freundschaften und Beziehungen zu den Peers in der Klasse hat (z. B. Teil einer Clique ist), dass man mit Peers Zeit verbringt und interagiert (z. B. gemeinsam verbrachte Freizeit oder gemeinsames Arbeiten an Aufgaben, Teilnahme an Gruppenaktivitäten), dass man von seinen Peers akzeptiert wird und auch, dass man sich selbst ausreichend sozial integriert und wohl fühlt (z. B. geringes Einsamkeitsgefühl, Schulzufriedenheit, positive Selbsteinschätzung der Peerakzeptanz).

In diesem Zusammenhang muss auch betont werden, dass die Ergebnisse der Literaturbefunde in Abhängigkeit der verwendeten Forschungsmethoden teilweise stark abweichen. Beispielsweise zeigen qualitative Studien eher ein positives Bild der sozialen Partizipation von Schülerinnen und Schülern mit SPF (vgl. Kullmann, Geist & Lütje-Klose, 2015) und quantitative Studien sprechen eher für eine hohe

Risikosituation für Schülerinnen und Schüler mit SPF (siehe z. B. Bossaert, de Boer, Frostad, Pijl & Petry, 2015; Bossaert, Martens, Vanmarsenille, Vertessen & Petry, 2013; Krull, Wilbert & Hennemann, 2014). Darüber hinaus sind die Effektstärken je nach Erhebungsmethode (z. B. Fremdeinschätzung über die Lehrkräfte, Selbsteinschätzungen, soziometrische Netzwerkanalysen, Beobachtungen) stark unterschiedlich. Aber auch bei einer scheinbar relativ ähnlichen Operationalisierung wie beispielsweise einer soziometrischen Nominierung über eine bestimmte Wahl (z. B. Sitznachbar, beste Freunde) führen unterschiedliche Auswertungen (z. B. wechselseitige Nennungen, Anzahl der Incomings, Zugehörigkeit und Zentralität in Schülercliquen) zu unterschiedlichen Ergebnissen (vgl. Grütter, Meyer & Glenz, 2015). Demzufolge ist es wichtig, dass man verschiedene Methoden einsetzt, um ein möglichst umfassendes Bild der facettenreichen sozialen Partizipation von Schülerinnen und Schülern zu bekommen (vgl. Kulawiak & Wilbert, 2015).

Empfehlenswert sind insofern auch Studien, die sich auf alle vier genannten Kernbereiche der sozialen Partizipation (soziale Beziehungen, soziale Interaktionen, soziale Akzeptanz, Selbstwahrnehmung der sozialen Partizipation) erstrecken. Diesbezüglich kann zusammenfassend gesagt werden, dass Effektstärken für die Gruppenunterschiede zwischen Schülerinnen und Schülern mit und ohne SPF (zu Gunsten der Schülerinnen und Schüler ohne SPF) dabei für die Interaktionen, die Freundschaften und die Peerakzeptanz moderat bis hoch sind, für die Selbsteinschätzung hingegen eher ein geringer (bzw. manchmal auch kein) Effekt zu verzeichnen ist (vgl. z. B. Bossaert, Colpin, Pijl & Petry, 2013b; Koster, Pijl, Nakken & van Houten, 2010; Schwab & Gebhardt, 2016).

4 Die ATIS-SI Studie

Ziel der ATIS-SI Studie war es, die soziale Partizipation von österreichischen Primar- und Sekundarstufenschülerinnen und -schülern mit und ohne SPF möglichst breit zu erfassen. Dies wurde zum einen auf einer eher theoretischen Ebene über Einstellungen in Bezug auf die soziale Partizipation gegenüber neuen Peers mit SPF als auch über die reale Situation in der Klasse operationalisiert. Im Fokus der Analysen stand insbesondere auch der Vergleich zwischen Integrations- und Regelklassen auf Klassenebene. Im vorliegenden Beitrag werden lediglich exemplarisch einige Ergebnisse der Gesamtstudie vorgestellt. In Bezug auf die Beschreibung der Instrumente werden nur jene berichtet, die für die vorliegende Ergebniszusammenstellung relevant sind.

4.1 Durchführung und Überblick über die Teilnehmerinnen und Teilnehmer

Insgesamt haben 1115 Schülerinnen und Schüler (36.6 % der vierten und 63.4 % der siebten Schulstufe) aus 63 Schulklassen aus der Steiermark, Niederösterreich und dem Burgenland im Oktober/November 2013 an der Studie teilgenommen. Mehr als 11 % der Stichproben wiesen einen SPF auf. Etwas über die Hälfte der Teilnehmerinnen und Teilnehmer besuchte eine Integrationsklasse, in der mindestens eine Schülerin oder ein Schüler mit SPF gemeinsam in der Klasse unterrichtet wurde. Im Mai/Juni 2014 fand der zweite Messzeitpunkt statt, an dem 61 Schulklassen teilnahmen. Ein Jahr später, im Sommersemester 2015, wurde eine erneute Erhebung durchgeführt, wobei hier nur 25 Schulklassen der Sekundarstufe teilnahmen. Die Schülerinnen und Schüler der Primarstufe hatten zu diesem Zeitpunkt bereits die Schule gewechselt, da in Österreich nach der vierten Schulstufe die erste Schulwahlentscheidung stattfindet. Zusätzlich zur quantitativen Erhebung mit einem umfassenden Fragebogen für die Schülerinnen und Schüler sowie für die Lehrkräfte (über sich selbst sowie auch über die Schülerinnen und Schüler) wurden auch einzelne qualitative Teilstudien (Interviews mit Lehrkräften, Beobachtungen) durchgeführt (vgl. Bajzek, Helmhart, Pilz & Stoimaier, 2014; Wimberger, 2015).

4.2 Überblick über die verwendeten Messinstrumente

Um die Einstellung gegenüber Peers mit SPF zu erfassen, wurde eine deutsche Kurzversion der Chedoke-McMaster Attitudes towards Children with Handicaps Skala (CATCH; Rosenbaum, Armstrong & King, 1986; für die deutsche Version inklusive Fallbeschreibungen siehe Schwab, 2015c, S. 180) verwendet, wobei die Items jeweils für verschiedene Fallbeschreibungen (Schüler/in mit Körperbehinderung, Schüler/in mit Lernbehinderung, Schüler/in mit geistiger Behinderung sowie Schüler/in mit Verhaltensauffälligkeit) vorgegeben wurden. Für die Mädchen gab es dabei eine Mädchenversion und für die Jungen eine Jungenversion (z. B. Fallvignette der Mädchenversion für Schülerin mit SPF im Bereich Lernen: »Susanne ist neu in der Stadt und besucht dieselbe Schule wie du. Susanne hat große Probleme beim Lesen, Schreiben und Rechnen. Sie benötigt für die Aufgaben viel mehr Zeit als andere Kinder«). Den Schülerinnen und Schülern wurde jeweils eine neue Mitschülerin bzw. ein neuer Mitschüler mit SPF vorgestellt, und danach mussten Fragen in Bezug auf die soziale Partizipation (z. B. »Ich würde mich wohl dabei fühlen, mit Alexandra gemeinsam ein Schulprojekt zu machen.«) auf einer fünfstufigen Likert-Skala beantwortet werden. Die reale Situation der sozialen Partizipation wurde zum einen aus Sicht der Lehrerinnen und Lehrer mittels dem ›Social Participation‹ Questionnaire‹ (SPQ; Koster, Nakken, Pijl, van Houten, Lutje & Spelberg, 2008; deutsche Version: Schwab, 2015b; Schwab & Gebhardt, 2016) erfasst, wobei diese Items aus Fragen zur Peerakzeptanz, zu Freundschaften, Interaktionen und zur Selbstsicht der Schülerinnen und Schüler bestanden. Zum anderen wurde auch die Selbst- und Peersicht über soziometrische Methoden einbezogen. Einerseits wurden die Schülerinnen und Schüler gebeten, dass sie ihre maximal fünf besten Freundinnen bzw. Freunde nominieren sollten und andererseits musste im Rahmen eines soziometrischen Ratings für jeden Peer angegeben werden, wie viel Zeit der Pause man mit ihr bzw. ihm verbringt (vgl. Schwab, 2016). Die Selbstsicht der sozialen Partizipation wurde unter anderem mit der Skala »soziale Integration« des ›Fragebogens zur Erfassung Emotionaler und Sozialer Schulerfahrungen von

Grundschulkindern dritter und vierter Klassen‹ (FEESS 3–4; Rauer & Schuck, 2003) erfasst, wobei ein vierstufiges Antwortformat für die elf Items verwendet wurde. Die Operationalisierung des SPFs fand über die Angaben der Lehrkräfte über das Vorhandensein von diagnostizierten Förderbedarfen statt.

4.3 Ergebnisse

4.3.1 Einstellungen

Bezugnehmend auf die Einstellung zu Peers mit SPF zeigte sich für den ersten Messzeitpunkt, dass diese eher neutral war. Zwischen Schuljahresbeginn und Schuljahresende blieben die Einstellungen insgesamt stabil. Die empirischen Mittelwerte befanden sich relativ nahe am theoretischen Skalenmittelwert. Darüber hinaus ist die Art des SPF relevant. Gegenüber Schülerinnen und Schülern mit Körperbehinderung (KB) oder Lernbehinderung (LB) waren etwas positivere Einstellungen zu finden als gegenüber Peers mit geistiger Behinderung (GB) oder Verhaltensauffälligkeiten (V). Signifikante Unterschiede zwischen den Fallbeschreibungen KB und LB als auch zwischen GB und V gab es nicht. Die Ergebnisse von Multilevel-Regressionsanalysen (getrennt für die vier Fallvignetten) zeigten mit Ausnahme eines Geschlechtsunterschieds keine Einflüsse auf Individual- (kein SPF vs. SPF) oder Klassenebene (Schulstufe, Integrations- vs. Regelklasse). Schülerinnen wiesen für alle Fallvignetten eine positivere Einstellung als Schüler auf. Die Varianz auf Klassenebene ist mit drei bis sechs Prozent (je nach Fallvignette) als gering einzustufen (vgl. Schwab, 2015c). Eine detailliertere Analyse der Daten des dritten Messzeitpunkts zeigte jedoch, dass Schülerinnen und Schüler aus Integrationsklassen, welche auf die Frage, mit wem aus der Klasse sie gerne ein Schulprojekt machen würden (unbegrenzte Nominierung), mindestens einen Peer mit SPF nannten, auch eine signifikant positivere Einstellung hatten, als Schülerinnen und Schüler, die auf diese Nominierungsfrage keinen Peer mit SPF nannten (vgl. Schwab, 2017).

4.3.2 Peerakzeptanz

In Bezug auf die Peerakzeptanz zeigte sich, dass Schülerinnen und Schüler mit SPF deutlich weniger von ihren Peers als beste Freunde nominiert wurden als ihre Peers ohne SPF. Die Ergebnisse einer Multilevel-Regressionsanalyse bestätigten, dass Schülerinnen und Schüler mit SPF weniger von ihren Peers akzeptiert werden als Schülerinnen und Schüler ohne SPF. Unterschiede zwischen Schülerinnen und Schülern der vierten und siebten Klassenstufe zeigten sich nicht. Da für die Berechnung eine Relativierung am Klassenmittelwert vorgenommen wurde, konnte keine Varianz auf Klassenebene berichtet werden (vgl. Schwab, 2015d).

4.3.3 Wechselseitige Freundschaften

Betrachtet man die Anzahl der wechselseitigen Freundschaften, so kann man erkennen, dass das Risiko für Schülerinnen und Schüler mit SPF, keine einzige wechselseitige Freundschaft in der Schulklasse zu haben, etwa dreimal so hoch ist (ca. 15 %) wie jenes für Schülerinnen und Schüler ohne SPF (5 %), wobei in der Neuen Mittelschule geschlechtsspezifische Unterschiede zu beobachten sind. Hier ist das Risiko für Schüler mit SPF bei etwa 15 % und jenes für Schülerinnen mit SPF bei ca. 10 %. Auch die Ergebnisse einer Multilevel-Regressionsanalyse bestätigten, dass Schülerinnen und Schüler mit SPF weniger wechselseitige Freundschaften haben als ihre Peers ohne SPF. Das Geschlecht und die Schulstufe hatten hingegen keinen signifikanten Einfluss. Die Varianz auf Klassenebene war mit ca. null bis zwei Prozent sehr niedrig (vgl. Schwab, 2015d). In Bezug auf stabile Freundschaften, die über ein Schuljahr hinweg bestanden, kann ergänzt werden, dass bei etwa 12,1 % der Schülerinnen und Schüler ohne SPF keine einzige wechselseitige Nennung zum ersten und zweiten Erhebungszeitpunkt ident war. Der Anteil an Schülerinnen und Schülern mit SPF, die keine einzige stabile Freundschaft hatten, lag bei 30,2 %.

4.3.4 Interaktionen

Auch bezugnehmend auf die Interaktionen mit Mitschülerinnen und -schülern in der Pause zeigte sich, dass Schülerinnen und Schüler mit SPF einer geringeren sozialen Partizipation unterliegen als ihre Peers ohne SPF. Dieser Unterschied wurde mittels Multilevel-Regressionsanalyse statistisch abgesichert. Ein Einfluss des Geschlechts oder der Schulstufe konnte nicht gefunden werden. Die Varianzaufklärung auf Klassenebene war mit 30 bis 33 % jedoch hoch (vgl. Schwab, 2015d). Ergänzend ist zu erwähnen, dass die Übereinstimmung der Selbst- und Peerratings bei den Interaktionen für Schülerinnen und Schüler mit SPF signifikant geringer ausfiel als jene der Schülerinnen und Schüler ohne SPF (vgl. Schwab, 2016).

4.3.5 Selbstsicht der sozialen Integration

Mit Blick auf die Selbstsicht der sozialen Integration zeigt sich, dass sich die Schülerinnen und Schüler insgesamt alle sehr gut sozial integriert fühlen. Die empirischen Mittelwerte liegen alle deutlich über dem theoretischen Skalenmittelwert. Dennoch fühlen sich Schülerinnen und Schüler mit SPF etwas weniger sozial integriert als ihre Peers ohne SPF, was auch durch eine Multilevel-Regressionsanalyse bestätigt wurde. Das Geschlecht und die Schulstufe hatten wiederum keinen signifikanten Einfluss. Die Varianzaufklärung auf Klassenebene ist mit null bis drei Prozent wiederum sehr niedrig (vgl. Schwab, 2015d).

4.3.6 Die soziale Partizipation aus Sicht der Lehrkräfte

Für die Auswertung der Lehrereinschätzungen zur sozialen Partizipation der Schülerinnen und Schüler wurde im Rahmen eines Rasch-Modells ein Stufenmodell der sozialen Partizipation genutzt. Dabei wurden die ›Außenseiter‹ auf der geringsten Stufe der sozialen Partizipation identifiziert. Auf der mittleren Stufe lagen

Schülerinnen und Schüler, die von den Peers akzeptiert werden, und auf der höchsten Stufe jene Schülerinnen und Schüler, die Freundschaften in der Klasse haben. Nach Angaben der Klassenlehrkraft befanden sich etwa 13,9 % der Schülerinnen und Schüler ohne SPF auf Stufe 1 (Außenseiter), während der Anteil bei den Schülerinnen und Schülern mit SPF bei 28,6 % lag. Im Vergleich dazu sind bei der Integrationslehrkraft etwa 4,7 % der Schülerinnen und Schüler ohne SPF und 22,5 % der Schülerinnen und Schüler mit SPF Außenseiter. Auffallend war darüber hinaus, dass die Lehrkräfte bei 13 % der Fälle gegenteiliger Meinung waren (eine Lehrkraft stufte das Kind in Stufe 1 und die andere in Stufe 3), bei 71 % war die Stufenzuweisung ident (vgl. Schwab & Gebhardt, 2016).

4.3.7 Ergebnisse qualitativer Teilstudien

Im Rahmen der Beobachtungsstudie wurde eine Schulklasse mit Aufzeichnung aller relevanten Vorkommnisse in Bezug auf die Interaktionen – sowohl im Unterricht als auch in der Pause – in der Schulklasse über einen Zeitraum von vier Tagen beobachtet. Die Ergebnisse zeigen, dass Schülerinnen und Schüler mit SPF für Interaktionen eher Peers mit SPF bevorzugen und im Gegenzug Schülerinnen und Schüler ohne SPF auch Peers ohne SPF auswählen. Zudem interagieren Lehrkräfte vermehrt mit Schülerinnen und Schülern mit SPF. Darüber hinaus wurde festgestellt, dass sich die Beobachtungsdaten wenig mit den Angaben der Schülerinnen und Schüler deckten (vgl. Bajzek et al., 2014). Auch im Rahmen einer Mixed-Method-Studie mit Interviews von Klassen und Regelklassen wurde eine geringe Überlappung der qualitativen und quantitativen Daten festgestellt. Beispielsweise berichtete eine Lehrkraft davon, dass sich ein Schüler mit Hörschädigung in einer Freundschaftstriade befand, obwohl die quantitativen Daten erkennen ließen, dass der Schüler keine einzige wechselseitige Freundschaft mit Peers hatte.

Zusätzlich lieferten die qualitativen Daten wichtige Ergänzungen für die Interpretation der quantitativen Daten. Interpretiert man beispielsweise simpel die Anzahl der Freundschaften, wird außer Acht gelassen, ob die Freundschaften mit Peers mit oder ohne SPF bestehen. Demnach wäre beispielsweise ein Kind mit zwei Freundschaften zu Peers ohne SPF gleich gut integriert, wie ein Kind, dass keine einzige Freundschaft mit einem Peer ohne SPF, jedoch aber zwei Freundschaften zu Peers mit SPF hat. Wichtig dabei ist jedoch auch die Frage, warum sich die Situation so gestaltet. Beispielsweise könnten sich Schülerinnen und Schüler mit SPF auch aktiv bevorzugen, weil diese Gemeinsamkeiten teilen (z. B. alle vorwiegend Gebärdensprache sprechen) (vgl. Wimberger, 2015).

5 Schlussfolgerungen

Im Rahmen der ATIS-SI Studie konnte aufgezeigt werden, dass Schülerinnen und Schüler mit SPF in inklusiven Schulsettings dem Risiko einer geringen sozialen

Partizipation unterliegen. Dennoch ist für die Interpretation dieser Ergebnisse zu beachten, dass dies in keinerlei Hinsicht Rückschlüsse darauf zulässt, dass Schülerinnen und Schüler mit SPF in Sonderschulklassen unterrichtet werden sollten. Den Ergebnissen ist zu entnehmen, dass Schülerinnen und Schüler mit SPF nicht automatisch sozial integriert sind. Demzufolge bedarf es Präventionen und Interventionen, um der Ausgrenzung von Schülerinnen und Schülern mit SPF entgegenzuwirken. Wenngleich alle Schülerinnen und Schüler im Zuge der Ratifizierung der UN-Behindertenrechtskonvention und ggf. auch weiterer gesetzlicher Richtlinien nahezu uneingeschränkt das Recht auf gemeinsamen Unterricht haben, so beruht soziale Partizipation dennoch auf dem Prinzip der Freiwilligkeit und kann demnach nicht eingefordert werden (vgl. Felder, 2015). Insgesamt gilt es Wege zu finden, wie die soziale Teilhabe aller Schülerinnen und Schüler, insbesondere jener mit SPF (und ggf. auch weiterer Risikogruppen wie z. B. Schülerinnen und Schüler mit Migrationshintergrund, vgl. Grünigen, Kochenderfer-Ladd, Perren & Alsaker, 2012; für Ergebnisse über die Ausgrenzung von Schülerinnen und Schülern mit Migrationshintergrund im Rahmen der ATIS-SI Studie vgl. Trauntschnig, Tanzer & Schwab, in Vorbereitung), gelingen kann.

Eine Möglichkeit zur Förderung der sozialen Teilhabe wäre, dass an den Schülerinnen und Schülern selbst angesetzt wird. Beispielsweise ist es wichtig, Vorurteile zu reduzieren und die Einstellung in Bezug auf eine heterogene Zusammensetzung von Schülerinnen und Schülern zu erhöhen (vgl. z. B. de Boer, Pijl & Minnaert, 2012). Wie sich in dieser Studie gezeigt hat, sind dabei insbesondere die Einstellungen gegenüber Peers mit Verhaltensproblemen negativer (im Vergleich zu beispielsweise Peers mit Lernproblemen). Demzufolge wäre eine weitere Alternative, dass man am Sozialverhalten ansetzt. Schülerinnen und Schüler mit SPF im Bereich der sozial-emotionalen Entwicklung zeigen ein verstärkt negatives Sozialverhalten und ein weniger prosoziales Verhalten. Sie verfügen häufig über eher geringere soziale Kompetenzen als ihre Peers ohne SPF (vgl. z. B. Schwab, 2014). Andere Möglichkeiten, die insbesondere für Interaktionen zwischen den Peers hilfreich sein können, sind, dass an der Lehrkraft bzw. an der Beziehung zwischen Lehrkräften und Schülerinnen und Schülern angesetzt wird oder am Unterricht. In Bezug auf die Interaktionen in der Pause zeigte sich z. B. im Rahmen der Auswertung der quantitativen Ergebnisse eine enorm hohe Varianz auf Klassenebene. Dies bedeutet, dass Lehrkräfte diesbezüglich gute Möglichkeiten zur Verbesserung der Situationen haben. Einerseits ist der Umgang zwischen Lehrkräften und den Schülerinnen und Schülern (beispielsweise das Feedback, das Lehrkräfte im Unterricht geben) ein relevanter Faktor. Peers beobachten, ob eine Schülerin oder ein Schüler von der Lehrkraft gemocht wird, und mögen diese Schülerin oder diesen Schüler dann auch. Wenn jemand jedoch negatives Feedback von der Lehrkraft bekommt, so wird diese Schülerin oder dieser Schüler auch von den Peers weniger gemocht (vgl. Huber, Gebhardt & Schwab, 2015). Darüber hinaus ist es den Lehrkräften möglich, positive Kontakte zwischen Schülerinnen und Schülern mit und ohne SPF durch den Einsatz bestimmter didaktischer Unterrichtsmethoden zu erhöhen. Kooperative Lernformen können beispielsweise die soziale Akzeptanz erhöhen (vgl. Fuchs, Fuchs, Mathes & Martinez, 2002).

In Bezug auf die Interpretation von Forschungsergebnissen konnte die vorliegende Studie zeigen, dass ein möglichst breiter und umfassender Einblick den Erkenntnisgewinn erhöhen kann. Um quantitative Daten umfangreich interpretieren zu können und falsche Rückschlüsse zu vermeiden, empfiehlt es sich, Mixed-Method-Ansätze zu verfolgen und unterschiedliche Datenquellen zu beachten. Bezugnehmend auf die Forschung und den Transfer zur Unterrichtspraxis gilt jedenfalls festzuhalten, dass es in Zukunft wichtig ist, sowohl förderliche als auch hinderliche Bedingungen für die soziale Partizipation von Schülerinnen und Schülern mit SPF zu identifizieren und Interventionen darauf genauer abzustimmen. Im Rahmen eines ersten Schrittes ist es wichtig, Lehrkräfte in Bezug auf die Bedeutung der sozialen Partizipation zu sensibilisieren und ihre Beobachtungs- und Diagnosefähigkeiten zu schärfen. Risikoschülerinnen und Risikoschüler (egal ob mit oder ohne SPF) müssen frühzeitig identifiziert und Problemlagen aktiv bewältigt werden.

Literatur

Bajzek, V., Helmhart, M., Pilz, A. & Stoimaier, J. (2014). SchülerInnen mit sonderpädagogischem Förderbedarf in Integrationsklassen – Wie integriert sind sie wirklich? In S. Schwab (Hrsg.), *Ausschnitte aus der Grazer Inklusionsforschung. Empirische Forschungsprojekte in der Inklusiven Pädagogik – Bd. I* (S. 47–70). Hamburg: Kovač.

Bless, G. & Mohr, K. (2007). Die Effekte von Sonderunterricht und gemeinsamem Unterricht auf die Entwicklung von Kindern mit Lernbehinderungen. In J. Walter & F. B. Wember (Hrsg.), *Sonderpädagogik des Lernens. Handbuch Sonderpädagogik* (Bd. 2, S. 375–383). Göttingen: Hogrefe.

Bossaert, G., Colpin, H., Pijl, S. J. & Petry, K. (2013a). Truly included? A literature study focusing on the social dimension of inclusion in education. *International Journal of Inclusive Education, 17*(1), 60–79.

Bossaert, G., Colpin, H., Pijl, S. J. & Petry, K. (2013b). Social participation of students with special educational needs in mainstream seventh grade. *Procedia: Social and Behavioral Sciences, 93*(3), 1952–1956.

Bossaert, G., de Boer, A., Frostad, P., Pijl, S. J. & Petry, K. (2015). Social participation of students with special educational needs in different educational systems. *Irish Educational Studies, 34*(1), 43–54.

Bossaert, G., Martens, S., Vanmarsenille, C., Vertessen, N. & Petry, K. (2013). De betrouwbaarheid en discriminante validiteit van se Social Participation Questionnaire in het Vlaamse onderwijs. *Pedagogische Studiën, 90*(4), 2–16.

de Boer, A., Pijl, S.P. & Minnaert, A. (2012). Students' attitudes towards peers with disabilities: A review of the literature. *International Journal of Disability, Development and Education, 59*(4), 379–392.

European Agency for Development in Special Needs Education (EADSNE) (2012). *Special Needs Education, Country Data 2012.* Odense: EADSNE.

Felder, F. (2015). Die Grenzen eines Rechts auf schulische Inklusion und die Bedeutung für den Gemeinsamen Unterricht. *Psychologie in Erziehung und Unterricht, 62*(1), 18–29.

Feyerer, E. (2013). Pädagogische Diagnostik und Beurteilung als wesentliche Bestandteile einer inklusiven Pädagogik. In S. Schwab, M. Gebhardt, E. M. Ederer-Fick & B. Gasteiger-Klicpera (Hrsg.), *Theorien, Konzepte und Anwendungsfelder der inklusiven Pädagogik* (S. 69–82). Wien: Facultas.

Fuchs, D., Fuchs, L. S., Mathes, P. G. & Martinez, E. A. (2002). Preliminary evidence on the social standing of students with learning disabilities in PALS and no-PALS classrooms. *Learning Disabilities Research & Practice, 17*(4), 205–215.

Gebhardt, M. (2013). *Integration und schulische Leistungen in Grazer Sekundarstufenklassen.* Berlin: Lit.

Grünigen, R. von, Kochenderfer-Ladd, B., Perren, S. & Alsaker, F. D. (2012). Links between local language competence and peer relations among Swiss and immigrant children: The mediating role of social behavior. *Journal of School Psychology, 50*(2), 195–213.

Grütter, J., Meyer, B. & Glenz, A. (2015). Sozialer Ausschluss in Integrationsklassen: Ansichtssache? *Psychologie in Erziehung und Unterricht, 62*(1), 65–82.

Gutman, L. M. & Vorhaus, J. (2012). *The impact of pupil behaviour and wellbeing on educational outcomes. Research Report DFE-RR 253.* London: DfE. Verfügbar über: https://www.gov.uk/government/uploads/system/uploads/attachment_data/file/170331/¬DFE-RR253.pdf (Datum des Zugriffs: 27.12.2014).

Haas, B. (2012). Dekonstruktion und Dekategorisierung: Perspektiven einer nonkategorialen (Sonder-) Pädagogik. *Zeitschrift für Heilpädagogik, 63*(10), 404–413.

Hascher, T. (2017). Die Bedeutung von Wohlbefinden und Sozialklima für Inklusion. In B. Lütje-Klose, S. Miller, S. Schwab & B. Streese (Hrsg.), *Inklusion: Profile für die Schul- und Unterrichtsentwicklung in Deutschland, Österreich und der Schweiz. Bd. II in der Reihe »Beiträge der Bildungsforschung« der Österreichischen Gesellschaft für Forschung und Entwicklung im Bildungswesen (ÖFEB)* (S. 65–75). Münster: Waxmann.

Huber, C., Gebhardt, M. & Schwab, S. (2015). Lehrkraftfeedback oder Spaß beim Spiel? Eine Experimentalstudie zum Einfluss von Lehrkraftfeedback auf die soziale Akzeptanz bei Grundschulkindern. *Psychologie in Erziehung und Unterricht, 62*(1), 61–64.

Koster, M., Nakken, H., Pijl, S. J. & van Houten, E. (2009). Being part of the peer group: A literature study focusing on the social dimension of inclusion in education. *International Journal of Inclusive Education, 13*(2), 117–140.

Koster, M., Nakken, H., Pijl, S. J., van Houten, E., Lutje, J. & Spelberg, H.C. (2008). Assessing social participation of pupils with special needs in inclusive education: The construction of a teacher questionnaire. *Educational Research and Evaluation, 14*(5), 395–409.

Koster, M., Pijl, S. J., Nakken, H. & van Houten, E. (2010). Social participation of students with special needs in regular primary education in the Netherlands. *International Journal of Disability, Development and Education, 57*(1), 59–75.

Krull, J., Wilbert, J. & Hennemann, T. (2014). The social and emotional situation of first graders with classroom behavior problems and classroom learning difficulties in inclusive classes. *Learning Disabilities: A Contemporary Journal, 12*(2), 169–190.

Kulawiak, P. R. & Wilbert, J. (2015). Methoden zur Analyse der sozialen Integration von Schulkindern mit sonderpädagogischem Förderbedarf im gemeinsamen Unterricht. *Empirische Sonderpädagogik, 7*(3), 241–257.

Kullmann, H., Geist, S. & Lütje-Klose, B. (2015). Erfassung schulischen Wohlbefindens in inklusiven Schulen – Befunde zur Erprobung eines mehrdimensionalen Konstrukts in fünf Jahrgängen der Sekundarstufe I an der Laborschule Bielefeld. In P. Kuhl, P. Stanat, B. Lütje-Klose, C. Gresch, H. A. Pant & M. Prenzel (Hrsg.), *Inklusion von Schülerinnen und Schülern mit sonderpädagogischem Förderbedarf in Schulleistungserhebungen* (S. 301–333). Wiesbaden: Springer/VS.

Kullmann, H., Lütje-Klose, B. & Textor, A. (2014). Eine Allgemeine Didaktik für inklusive Lerngruppen – fünf Leitprinzipien als Grundlage eines Bielefelder Ansatzes der inklusiven Didaktik. In B. Amrein & M. Dziak-Mahler (Hrsg.), *Fachdidaktik inklusiv – Auf der Suche nach didaktischen Leitlinien für den Umgang mit Vielfalt in der Schule* (S. 89–107). Münster: Waxmann.

Rauer, W. & Schuck, K. D. (2003). *FEESS 3–4. Fragebogen zur Erfassung emotionaler und sozialer Schulerfahrungen von Grundschulkindern dritter und vierter Klassen.* Göttingen: Beltz.

Ritter, M., Bilz, L. & Melzer, W. (2013). Wohlbefinden von Schülerinnen und Schülern im Schulkontext. Die Bedeutung der Schulzufriedenheit für die Gesundheit von Heranwachsenden. In P. Kolip, A. Klocke, W. Melzer & U. Ravens-Sieberer (Hrsg.), *Gesundheit und Gesundheitsverhalten im Geschlechtervergleich. Ergebnisse des WHO-Jugendgesundheitssurvey »Health Behaviour in School-aged Children«* (S. 190–208). Weinheim: Beltz/Juventa.

Rosenbaum, P., Armstrong, R. & King, S. (1986). Children's attitudes toward disabled peers: A self-report measure. *Journal of Pediatric Psychology, 11*(4), 517–530.

Ruijs, N. M. & Peetsma, T. T. D. (2009). Effects of inclusion on students with and without special educational needs reviewed. *Educational Research Review, 4*(2), 67–79.

Schwab, S. (2014). *Schulische Integration, soziale Partizipation und emotionales Wohlbefinden in der Schule. Ergebnisse einer empirischen Längsschnittstudie.* Wien: Lit.

Schwab, S. (2015a). Evaluation of a short-version of the Illinois Loneliness and Social Satisfaction Scale in a sample of students with special educational needs – An empirical study with primary and secondary students in Austria. *British Journal of Special Education, 42*(3), 257–278.

Schwab, S. (2015b). Lehrersicht der sozialen Partizipation von Grundschülern. Ergebnisse einer Studie mit dem Lehrerfragebogen zur Erfassung der sozialen Partizipation. *Vierteljahresschrift für Heilpädagogik und ihre Nachbargebiete, 84*(3), 234–245.

Schwab, S. (2015c). Einflussfaktoren auf die Einstellung von SchülerInnen gegenüber Peers mit unterschiedlichen Behinderungen. *Zeitschrift für Entwicklungspsychologie und Pädagogische Psychologie, 47*(4), 177–187.

Schwab, S. (2015d). Social dimensions of inclusion in education of 4th and 7th grade pupils in inclusive and regular classes: Outcomes from Austria. *Research in Developmental Disabilities, 43/44*, 72–79.

Schwab, S. (2016). Erfassung von sozialer Partizipation – Übereinstimmung zwischen Selbst- und Fremdsicht von Schülern mit und ohne sonderpädagogischen Förderbedarf. *Zeitschrift für Pädagogische Psychologie, 30*(4), 227–236.

Schwab, S. (2017). The impact of contact on students' attitudes towards peers with disabilities. *Research in Developmental Disabilities, 62*, 160–165.

Schwab, S. & Gebhardt, M. (2016). Stufen der sozialen Partizipation nach Einschätzung von Regel- und Integrationslehrkräften. *Empirische Pädagogik, 30*(1), 43–66.

Schwab, S., Kopp-Sixt, S. & Bernat, E. (2015). Kritische Einblicke in die Gutachtenerstellung zum sonderpädagogischen Förderbedarf in Österreich. *Heilpädagogische Forschung, 41*(3), 136–141.

Schwab, S., Rossmann, P., Tanzer, N., Hagn, J., Oitzinger, S., Thurner, V. & Wimberger, T. (2015). Schulisches Wohlbefinden von SchülerInnen mit und ohne sonderpädagogischem Förderbedarf – Integrations- und Regelklassen im Vergleich. *Zeitschrift für Kinder- und Jugendpsychiatrie und Psychotherapie, 43*(4), 265–274.

Specht, W., Seel, A., Stanzel-Tischler, E., Wohlhart, D. & Mitglieder der Arbeitsgruppen des Projekts QSP. (2007). *Individuelle Förderung im System Schule. Strategien für die Weiterentwicklung von Qualität in der Sonderpädagogik.* Verfügbar über: http://www.¬cisonline.at/fileadmin/kategorien/Bifie-Report_2007_5.10.07.pdf (Datum des Zugriffs: 17.09.2014).

Stöger, H. & Ziegler, A. (2013). Heterogenität und Inklusion im Unterricht. *Schulpädagogik heute, 4*(7), 1–31.

Sturm, T. (2016). *Lehrbuch Heterogenität in der Schule.* Basel: Ernst Reinhardt.

Wimberger, T. (2015). *Dazuge[hören]: soziale Partizipation von SchülerInnen mit Hörschädigung.* Universität Graz: Unveröffentlichte Masterarbeit.

Einstellungen von Eltern zur Inklusion an Schulen – Spielt die Art der Behinderung eine Rolle?

Annette Lohbeck

Zusammenfassung

In dem vorliegenden Beitrag werden elterliche inklusionsbezogene Einstellungen in den Bereichen »Schulische Förderung« und »Soziale Integration« von Kindern mit sonderpädagogischem Förderbedarf (SPF) untersucht, wobei die Rolle von vier verschiedenen Behinderungsarten der inklusiv zu integrierenden Kinder fokussiert wird: körperliche Behinderung (KB), geistige Behinderung (GB), Lernbehinderung (LB) und Verhaltensauffälligkeit (VA). Befragt wurden 230 Eltern im Rahmen einer querschnittlich angelegten Fragebogenstudie. Die Ergebnisse zeigten, dass Eltern generell sehr positiv der Integration von Kindern mit SPF gegenüberstehen. Bei einer differenzierteren Betrachtung der verschiedenen Behinderungsarten fiel allerdings auf, dass Eltern im Bereich »Schulische Förderung« lediglich gegenüber einer KB häufiger positiv eingestellt sind, jedoch eher negative Einstellungen gegenüber einer GB, einer LB und einer VA aufweisen. Im Bereich »Soziale Integration« gaben sie gegenüber allen Behinderungsarten häufiger positive als negative Einstellungen ab. Die meisten Einstellungen fielen höher als der theoretische Skalenmittelwert aus. Am positivsten schätzten die Eltern die Integration von Kindern mit einer KB ein. Die Ergebnisse einer MANCOVA belegten zudem, dass Mütter im Bereich »Schulische Förderung« eine deutlich positivere Einstellung gegenüber einer KB besitzen als Väter, Eltern mit geringeren Bildungsabschlüssen artikulierten positivere Einstellungen in den beiden Bereichen gegenüber einer LB sowie im Bereich »Soziale Integration« gegenüber einer GB und einer VA als Eltern mit Abitur. Die Erfahrungen im Umgang mit behinderten Menschen erwiesen sich nicht als bedeutsam für die elterlichen Einstellungen. Signifikante Altersunterschiede lagen für sämtliche Einstellungen in den beiden Bereichen vor, wonach ältere Eltern überwiegend positivere Einstellungen gegenüber der Integration von Kindern mit SPF aufweisen als jüngere Eltern. Implikationen für die Umsetzung des inklusiven Unterrichts an Schulen werden abschließend diskutiert.

1   Einleitung

Seit der UN-Behindertenrechtskonvention (2006) stellt die Umsetzung inklusiven Unterrichts eine zentrale Aufgabe für Lehrkräfte an Schulen dar. Doch um inklusiven Unterricht zu gestalten und inklusive Schulen zu entwickeln, wird nicht zuletzt auch die Unterstützung von Eltern benötigt, da Eltern für die Erziehung und Bildung ihrer Kinder verantwortlich sind und ihre Rechte und Pflichten in der Mitbestimmung und Mitwirkung schulischer Bildungs- und Erziehungsarbeit gesetzlich verankert sind (Killus & Tillmann, 2011; Krüger & Krüger, 2014). Studien zu den Einstellungen von Eltern zur schulischen Inklusion sind insofern von hoher Relevanz, als sie Hinweise darauf geben können, inwieweit die Einstellungen von Eltern für die Gestaltung und Qualität inklusiven Unterrichts einen Beitrag leisten (Baumert, Watermann & Schümer, 2003; Ulber & Lenzen, 2004) und wie gezielte Veränderungsprozesse einzuleiten sind, um die Zusammenarbeit zwischen Eltern und Lehrkräften zu verbessern. Vor diesem Hintergrund möchte die vorliegende Studie die Einstellungen von Eltern zur Integration von Kindern mit sonderpädagogischem Förderbedarf (SPF) in Hinblick auf zwei Bereiche des inklusiven Unterrichts genauer untersuchen: (1) die schulische Förderung und (2) die soziale Integration. Fokussiert werden soll dabei die Frage, welche Rolle die Art der Behinderung für die elterlichen Einstellungen zur Integration von Kindern mit SPF spielt, wobei vier Behinderungsarten in den Blick genommen werden: körperliche Behinderung (KB), geistige Behinderung (GB), Lernbehinderung (LB) und Verhaltensauffälligkeiten (VA).

2   Theoretischer Hintergrund

Einstellungen zur Inklusion umfassen sowohl kognitive, affektive als auch konative Aspekte, die sich auf Inklusion beziehen. Kognitive Einstellungen beinhalten die Gedanken, das Wissen, die Beobachtungen und Vorstellungen einer Person, während affektive Einstellungen die Gefühlsebene wie z. B. die Bewertungen einer Person betreffen (Eagly & Chaiken, 1993). Unter konativen Einstellungen lassen sich dagegen alle Handlungstendenzen und Verhaltensmuster einordnen, die eine Person in einer spezifischen Situation zeigt (vgl. Ellinger, 2005). Inklusion kann allgemein als eine optimierte und erweiterte Integration aller Kinder und Jugendlichen verstanden werden (Sander, 2004). Der Begriff »Inklusion« ist jedoch von dem Begriff »Integration« eindeutig abzugrenzen: Während »Inklusion« auf die Etikettierung SPF verzichtet, impliziert der Begriff »Integration« die räumliche Einbeziehung von Schülerinnen und Schülern mit SPF in Regelklassen (vgl. Schwab & Seifert, 2015). Die Umsetzung inklusiven Unterrichts beinhaltet zudem die Anpassung an die individuellen Bedürfnisse aller Schülerinnen und Schüler, vor allem von behinderten Schülerinnen und Schülern. Nach dem Deutschen Bildungsrat (1979) gelten alle Kinder, Jugendliche und Erwachsene als behindert, die in ihrem Lernen, im sozialen

Verhalten, in der sprachlichen Kommunikation oder in den psychomotorischen Fähigkeiten so weit beeinträchtigt sind, dass ihre Teilhabe am Leben in der Gesellschaft erschwert ist (Bleidick, 2006). Behinderungen können in verschiedensten Arten auftreten. In der vorliegenden Studie stehen vier Behinderungsarten im Vordergrund: (1) körperliche Behinderung (KB), (2) geistige Behinderung (GB), (3) Lernbehinderung (LB) und (4) Verhaltensauffälligkeiten (VA).

Eine KB liegt vor, wenn eine Person »infolge einer Schädigung des Stütz- und Bewegungssystems, einer anderen organischen Schädigung oder einer chronischen Krankheit so in ihren Verhaltensmöglichkeiten beeinträchtigt ist, dass die Selbstverwirklichung in sozialer Integration erschwert ist« (Leyendecker, 2005, S. 21). Eine GB stellt dagegen eine Minderung der Intelligenz dar, die daraus resultiert, dass durch eine unvollständige Entwicklung kognitiver Strukturen Lernprozesse beeinträchtigt werden, die mit altersunangemessenem Verhalten einhergehen (Lindmeier & Lindmeier, 2006). Eine LB bezeichnet ein anhaltendes Schulversagen, das sämtliche Beeinträchtigungen subsumiert, die das Lernen und die geistige Entwicklung eines Kindes oder Jugendlichen schwerwiegend, umfänglich und dauerhaft einschränken (vgl. Kanter, 2006). Es handelt sich somit nicht nur um eine vorübergehende Nichtbegabung in einem bestimmten Bereich. Unter VA lassen sich dagegen alle Verhaltensweisen einordnen, die im Vergleich zur geltenden Norm als aggressiv, ängstlich, hyperaktiv, entwicklungsverzögert oder delinquent anzusehen sind und wiederholt auftreten (Hillenbrand, 2006). Dazu gehören sowohl externalisierende Störungen wie z. B. aggressives Verhalten, ADHS als auch internalisierende Störungen wie z. B. Angst oder Depression.

3　　Forschungsstand

Bereits zahlreiche Studien haben sich mit den Einstellungen von Lehrkräften zur Inklusion an Schulen beschäftigt (z. B. Bosse, Henke, Jäntsch, Lambrecht, Vock & Spörer, 2016; Hecht, Niedermair, & Feyerer, 2016; Hellmich, Görel & Schwab, 2016; Schwab, Hellmich & Görel, 2017). Vergleichsweise wenige Studien liegen dagegen zu elterlichen inklusionsbezogenen Einstellungen vor. Die meisten Studien in diesem Kontext weisen insgesamt auf eine eher positive Einstellung von Eltern gegenüber der schulischen Inklusion hin, wenngleich die Befunde teilweise auch sehr heterogen sind. Klicpera und Gasteiger-Klicpera (2005) konnten z. B. in einer umfassenden Befragung mit 1075 Eltern in Österreich feststellen, dass Eltern, deren Kinder in Sonderschulen unterrichtet werden, signifikant negativere Einstellungen zur Inklusion aufweisen als Eltern von Kindern, die in einem integrativen Umfeld beschult werden. In einer quantitativen und explorativen Erhebung untersuchten Krüger und Krüger (2014) zudem die inklusionsbezogenen Einstellungen von 152 Eltern an drei Grundschulen in Nordrhein-Westfalen. Die Ergebnisse zeigten, dass etwa die Hälfte der Eltern meinen, dass die vermehrte Aufmerksamkeit der Lehrkräfte für Kinder mit SPF zu einer Verzögerung des Lernfortschritts des eigenen Kindes führt. 43.4 % der Eltern waren zudem der Ansicht, dass Lehrkräfte im inklusiven Unterricht eher Schwierigkeiten hätten, die Ordnung im Klassenraum aufrechtzuerhalten, auch wenn der gemeinsame Unterricht einige Vorteile für die Schülerinnen und Schüler habe wie z. B. die Förderung der Akzeptanz von Kindern mit SPF, die Erlangung von Unabhängigkeit oder die vermehrte Teilnahme an Aktivitäten. In einer Studie von Horstkemper und Tillmann (2012) gaben sogar 70 % der Eltern an, dass behinderte Kinder in Sonderschulen besser gefördert werden. Trumpa, Janz, Heyl und Seilfried (2014) verglichen dagegen die Einstellungen von 652 Lehrkräften und 896 Eltern an Grundschulen, weiterführenden Schulen (Werkreal- und Realschulen sowie Gymnasien) und Sonderschulen zur schulischen Inklusion. Die Ergebnisse belegten sowohl in der Lehrer- als auch in der Elternstichprobe, dass sich die Werte der Einstellungen an Grund- und weiterführenden Schulen kaum voneinander unterscheiden, jedoch signifikant niedriger ausgeprägt sind als an Sonderschulen. Ein Vergleich zwischen Eltern- und Lehrereinstellungen zeigte zudem, dass Eltern der schulischen Förderung von Kindern mit SPF positiver gegenüberstehen als Lehrkräfte. Die Interviewauswertungen von Müller (2013), die auf Daten von 1194 Eltern aus 41 integrativen Grundschulen in Berlin rekurrieren, legen darüber hinaus nahe, dass die Zufriedenheit der Eltern mit der Inklusion an Schulen höher ausgeprägt ist, wenn Eltern meinen, dass ihre Kinder sich wohl in der Schule fühlen und individuell gefördert werden oder wenn die Klassengröße kleiner ist und eine als ausreichend empfundene Anzahl an leistungsstarken Kindern in einer Klasse unterrichtet wird.

Zentrale Einflussfaktoren von inklusionsbezogenen Einstellungen scheinen vor allem der Bildungsabschluss, das Geschlecht und die Erfahrungen im Umgang mit behinderten Menschen sowie die Art der Behinderung von den Kindern mit SPF zu sein (vgl. Krüger & Krüger, 2014; Leyser & Kirk 2004; Tafa & Manolitsis, 2003). Horstkemper und Tillmann (2012) konnten z. B. nachweisen, dass Eltern mit niedrigerem Bildungsabschluss eher meinen, dass nichtbehinderte Kinder durch das gemeinsame Lernen mit behinderten Kindern in ihrem fachlichen Lernen beeinträchtigt werden. Ähnliche Ergebnisse berichten auch de Boer, Pijl & Minnaert (2010), denen zufolge Eltern mit höherem Bildungsabschluss positiver gegenüber der schulischen Inklusion eingestellt sind als Eltern mit geringerem Bildungsabschluss. Doch auch Geschlechtsunterschiede wurden in mehreren Studien wiederholt konstatiert: So zeigen Krüger und Krüger (2014), dass Mütter mehr Vorteile mit der Inklusion an Schulen verbinden als Väter. Auch Feyerer (2014) stellte fest, dass Frauen allgemein positiver gegenüber der schulischen Inklusion eingestellt sind als Männer.

Weitere Studien in diesem Kontext weisen darauf hin, dass auch die Erfahrungen im Umgang mit behinderten Menschen die Einstellungen zur Inklusion an Schulen positiv beeinflussen (Avramidis & Kalyva, 2007; Avramidis & Norwich, 2002). Schwab und Seifert (2015) konnten z. B. zeigen, dass ein mittelmäßig häufiger Kontakt im Vergleich zu einem selteneren oder häufigeren Kontakt mit geistig behinderten Menschen mit einer positiveren Einstellung zur Inklusion einhergeht. Empirische Evidenz dafür findet sich auch in einer Studie von Ellinger und Koch (2006), wonach Eltern, die noch nie Kontakt mit geistig behinderten Kindern hatten, signifikant häufiger Angst vor diesen Kindern artikulieren als Eltern, die bereits über Erfahrungen mit geistig behinderten Kindern verfügen.

Einige Studien legen nahe, dass auch die Art der Behinderung von Kindern mit SPF für die Einstellung von Eltern zur schulischen Inklusion eine Rolle spielt. Die Befunde von Horstkemper und Tillman (2012) verdeutlichen z. B., dass etwa 89 % der Eltern einer Integration von Kindern mit einer KB zustimmen und etwa 72 % der Eltern gegenüber einer Integration von Kindern mit Lernschwierigkeiten positiv eingestellt sind. Die Hälfte der Eltern lehnte allerdings ebenso eine gemeinsame Beschulung nichtbehinderter Kinder mit geistig behinderten oder verhaltensauffälligen Kindern ab. Ähnliche Ergebnisse berichten auch Schwab, Tretter und Gebhardt (2014), denen zufolge die Einstellungen gegenüber der Integration von körperlich behinderten Kindern am positivsten und gegenüber verhaltensauffälligen Kindern jedoch am negativsten ausgeprägt sind. Andere Studien weisen zudem darauf hin, dass die Integration von verhaltensauffälligen Kindern am problematischsten und noch negativer angesehen wird als die von geistig behinderten Kindern (Avramidis & Norwich, 2002; Schwab et al., 2012).

4 Fragestellungen und Hypothesen

Da bislang noch relativ wenige Studien zu inklusionsbezogenen Einstellungen von Eltern im deutschen Sprachraum vorliegen, ist es ein Anliegen dieser Studie, die elterlichen Einstellungen zur Integration von Kindern mit SPF in einer deutschen Elternstichprobe zu untersuchen. Fokussiert werden sollen dabei die beiden Bereiche »Schulische Förderung« und »Soziale Integration« sowie die vier Behinderungsarten KB, GB, LB und VA. Ziel der Studie ist es, (1) die Ausprägung der elterlichen Einstellungen in diesen beiden Bereichen für die vier Behinderungsarten zu erfassen, (2) die Abhängigkeit der elterlichen Einstellungen von der jeweiligen Behinderungsart zu erforschen und (3) die Zusammenhänge mit dem Bildungsabschluss, dem Geschlecht und den Erfahrungen im Umgang mit behinderten Menschen in Abhängigkeit von der jeweiligen Behinderungsart der Kinder zu spezifizieren. Die zentralen Fragestellungen dieser Arbeit lauten damit:

1. Sind die Einstellungen der Eltern gegenüber der Integration von Kindern mit einer KB, einer GB, einer LB und einer VA eher positiv oder negativ ausgeprägt?
2. Spielt die Art der Behinderung von den inklusiv zu integrierenden Kindern für die elterlichen Einstellungen eine Rolle bzw. variieren die elterlichen Einstellungen in Abhängigkeit von der Art der Behinderung von den inklusiv zu integrierenden Kindern?
3. Lassen sich Zusammenhänge der elterlichen Einstellungen mit dem Bildungsabschluss, dem Geschlecht und den Erfahrungen im Umgang mit behinderten Menschen feststellen?

Ausgehend von der bisherigen Forschungsliteratur lassen sich folgende Hypothesen formulieren:

- *Hypothese 1* (Ausprägung): Eltern sind gegenüber der Integration von Kindern mit einer KB am positivsten eingestellt, während sie einer VA am negativsten gegenüberstehen.
- *Hypothese 2* (Bildungsabschluss): Eltern mit höherem Bildungsabschluss (Abitur) weisen positivere Einstellungen gegenüber der Integration von Kindern mit SPF auf als Eltern mit geringerem Bildungsabschluss (Haupt- oder Realschulabschluss).
- *Hypothese 3* (Geschlecht): Mütter geben grundsätzlich positivere Einstellungen zur Integration von Kindern mit SPF ab als Väter.
- *Hypothese 4* (Erfahrungen): Eltern, die bereits über Erfahrungen im Umgang mit behinderten Menschen verfügen, haben positivere Einstellungen gegenüber der Integration von Kindern mit SPF als Eltern, die keine Erfahrungen im Umgang mit behinderten Menschen haben.

Spezifische Annahmen zu den verschiedenen Behinderungsarten in den Bereichen »Schulische Förderung« und »Soziale Integration« sollen jedoch aufgrund des mangelhaften Forschungsstands nicht formuliert werden, da bislang noch keine differenzierten Befunde zu den elterlichen Einstellungen gegenüber der Integration von Kindern mit bestimmten Behinderungsarten speziell in den Bereichen »Schulische Förderung« und »Soziale Integration« vorliegen. Die vier genannten Hypothesen sind deshalb nur als grobe Orientierung anzusehen. Dies gilt ebenso für das Alter der Eltern, wenngleich naheliegend davon auszugehen ist, dass auch das Alter für die elterlichen inklusionsbezogenen Einstellungen eine Rolle spielt. Das Alter der Eltern soll deshalb zusätzlich als Kontrollvariable in den Analysen berücksichtigt werden.

5   Methode

5.1   Stichprobe

An der vorliegenden Studie nahmen insgesamt $N = 230$ Eltern aus Niedersachsen teil. Davon waren 146 Frauen (63.5 %) und 84 Männer (36.5 %). Das Alter der Eltern lag zwischen 24 und 63 Jahren ($M = 43.64$; $SD = 6.27$). 93.5 % der Eltern ($n = 215$) waren verheiratet, 3 % ($n = 7$) lebten in einer Partnerschaft, 0.9 % ($n = 2$) Personen waren ledig und für sechs Personen lag keine Angabe zum Familienstand vor. 36.8 % ($n = 84$) der Eltern gaben ein Abitur oder einen vergleichbaren Abschluss als höchsten Schulabschluss an, während 50.9 % ($n = 116$) der Eltern über einen Realschulabschluss und 12.3 % der Eltern ($n = 28$) über einen Hauptschulabschluss verfügten. Die wenigsten Eltern bescheinigten, bereits Erfahrungen im Umgang mit behinderten Menschen im privaten oder öffentlichen Umfeld zu haben (KB: $n = 93$, GB: $n = 87$, LB: $n = 45$, VA: $n = 50$). Lediglich 21 Eltern berichteten zudem, dass sie ein Kind mit einer Behinderung haben. Drei davon hatten ein Kind mit einer KB (1.3 %), fünf (2.2 %) ein Kind mit einer GB, sieben (3.0 %) ein Kind mit einer LB und sechs (2.8 %) ein Kind mit einer VA. Angaben darüber, ob es in den Familien mehrere Kinder mit einer Behinderung gibt oder ob eines der Kinder mehrere Behinderungen aufweist, wurden nicht dokumentiert.

5.2   Messinstrument

Abhängige Variablen: Zur Erfassung der elterlichen Einstellungen zur Integration von Kindern mit den vier verschiedenen Behinderungsarten (KB, GB, LB, VA) hinsichtlich der Bereiche »Schulische Förderung« und »Soziale Integration« wurden zwei eigens konstruierte Skalen in Anlehnung an die »Einstellungen zur Integration« (EZI) von Kunz, Luder und Moretti (2010) angewendet. Die Skala »Schulische Förderung und Unterstützung« umfasste wie im Original sieben und die Skala »Soziale Integration« erfasste vier Items, jedoch jeweils für alle vier Behinderungsarten. Zu Beginn der Items wurde folgendes Szenario beschrieben: »Stellen Sie sich folgende Situation vor: In einer integrativen Klasse befinden sich vier Kinder mit einer körperlichen Behinderung, einer geistigen Behinderung, einer Lernbehinderung und mit einer Verhaltensauffälligkeit. Bitte beurteilen Sie die folgenden Aussagen in Hinblick auf diese vier Behinderungsarten«. Die jeweilige Behinderungsart wurde über einem vierstufigen Antwortformat von 1 (*trifft nicht zu*) bis 4 (*trifft genau zu*) vorgegeben und sollte jeweils in die Lücken der Items von den Eltern eingesetzt werden. (Beispielitem der Skala »Schulische Förderung«: »Je mehr Kinder mit einer … in der Klasse verbringen, desto besser werden sie gefördert«, Beispielitem der Skala »Soziale Integration: »Wenn Kinder mit einer … die meiste Zeit in einer Klasse sind, dann finden sie in dieser Klasse auch Freundinnen und Freunde.«)

Unabhängige Variablen: Neben dem Alter als Kontrollvariable gaben die Eltern ihren höchsten Bildungsabschluss (Abitur, Haupt- oder Realschulabschluss oder ein vergleichbarer Abschluss), ihr Geschlecht und ihre Erfahrungen im Umgang mit behinderten Menschen an.

5.3   Durchführung der Studie

Durchgeführt wurde die Studie im Rahmen einer Masterabschlussarbeit von einer geschulten Masterstudentin, die den Fragebogen an zwei Gymnasien in Niedersachsen in den Jahrgangsstufen 5 bis 7 verteilte. Da der Rücklauf an den Schulen jedoch sehr gering war (50–60 %), wurden weitere Fragebögen über private Kontakte ausgehändigt. Hier fiel der Rücklauf deutlich höher aus (90 %). Alle Erhebungen fanden im Zeitraum von Dezember 2014 bis März 2015 statt. Das Ziel und das Procedere der Studie wurden sowohl den Eltern in einem ausführlichen Informationsschreiben als auch den Kindern im Unterricht mitgeteilt. Das Ausfüllen des Fragebogens dauerte etwa zehn Minuten.

5.4   Datenauswertung

Zur Überprüfung der ersten Fragestellung (Ausprägung der elterlichen Einstellungen) wurden die theoretischen Skalenmittelwerte mit den empirischen Mittelwerten für alle vier Behinderungsarten verglichen. Zur Überprüfung der zweiten Fragestellung (die Rolle der Behinderungsart) wurden Varianzanalysen mit Messwiederholung getrennt für die beiden Bereiche »Schulische Förderung« und »Soziale Integration« durchgeführt. Da allerdings nach dem Mauchly-Test keine Sphärizität gegeben war, wurde eine Korrektur nach Greenhouse-Geiser vorgenommen. Zur Überprüfung der dritten Fragestellung (Zusammenhänge mit dem Bildungsabschluss, dem Geschlecht und den Erfahrungen im Umgang mit behinderten Menschen) wurde eine multivariate Kovarianzanalyse (MANCOVA) mit dem Alter als Kontrollvariable berechnet. Als unabhängige Variablen fungierten der höchste Bildungsabschluss, das Geschlecht und die Erfahrungen im Umgang mit behinderten Menschen. Der Bildungsabschluss ging als Dummy-Variable (1 = Abitur, 2 = andere Bildungsabschlüsse) in die Analysen ein. Die Erfahrungen im Umgang mit behinderten Menschen wurden lediglich allgemein für alle Behinderungsarten betrachtet, da die Fallzahlen für die Erfahrungen mit bestimmten Behinderungsarten zu gering ausfielen und sich keine signifikanten Unterschiede für die behinderungsspezifischen Erfahrungen in den Analysen zeigten. Die abhängigen Variablen bildeten die z-standardisierten Skalenmittelwerte der vier Behinderungsarten. Die faktorielle Validität der Skalen wurde zusätzlich mit konfirmatorischen Faktorenanalysen (CFA) in Mplus 7 (Muthén & Muthén, 1998–2012) überprüft. Zur Beurteilung der Modellgüte wurden die klassischen Fit-Statistiken verwendet: RMSEA: $\leq .06$, CFI/TLI $\geq .95$ (vgl. Hu & Bentler, 1999). Fehlende Werte wurden mit dem *Expectation-Maximization*-Algorithmus vor den Analysen ersetzt. Der Anteil der fehlenden Werte lag auf Itemebene unter 5 % (0.4 %–4.8 %).

6 Ergebnisse

6.1 Faktorenanalysen und Interkorrelationen

Zur Überprüfung der faktoriellen Validität der Skalen wurden CFA für jede Behinderungsart jeweils getrennt für die Bereiche »Schulische Förderung« und »Soziale Integration« berechnet. Die Ergebnisse sind in Tabelle 1 dargestellt.

Tab. 1: Fit-Statistiken der CFA für die vier Behinderungsarten

Modelle	X^2	df	X^2/df	CFI	TLI	RMSEA (90 % CI)	λ
KB	72.611	38	1.15	.941	.915	.063 (.040–.085)	.49–.83
GB	79.949	38	1.19	.934	.905	.067 (.045–.088)	.44–.84
LB	54.452	38	1.14	.973	.960	.043 (.009–.068)	.46–.83
VA	64.057	38	1.23	.960	.942	.055 (.030–.070)	.58–.88

Anmerkungen: X^2 = Chi-Quadrat, df = Freiheitsgrade, CFI = Comparative Fit Index, TLI = Tucker-Lewis-Index, RMSEA = Root Mean Square Error of Approximation

Für alle vier Modelle lässt sich eine solide Zwei-Faktoren-Struktur mit den Faktoren »Schulische Förderung« und »Soziale Integration« reproduzieren. Auch die relativ hohen Faktorenladungen zwischen .44 und .88 weisen auf eine zufriedenstellende faktorenanalytische Trennbarkeit zwischen den Faktoren hin. Die Fit-Indizes sind allerdings eher ausreichend.

Weniger überzeugend sind ebenso die latenten Faktoreninterkorrelationen der CFA. Tabelle 2 führt die latenten Faktoreninterkorrelationen der CFA für die vier Behinderungsarten getrennt nach den beiden Bereichen auf.

Tab. 2: Latente Faktoreninterkorrelationen

	2	3	4	5	6	7	8
KB_SF	.83***	.38***	.31**	.49***	.46***	.55***	.35***
KB_SI	–	.32***	.48***	.40***	.60***	.46***	.37***
GB_SF		–	.75***	.82***	.68***	.76***	.56***
GB_SI			–	.64***	.81***	.60***	.71***
LB_SF				–	.71***	.89***	.60***
LB_SI					–	.64***	.71***
VA_SF						–	.66***
VA_SI							–

Anmerkungen: KB = Körperbehinderung. GB = Geistige Behinderung, LB = Lernbehinderung, VA = Verhaltensauffälligkeit, SF = Schulische Förderung, SI = Soziale Integration. $*p < .05$, $**p < .01$, $***p < .001$

Die latenten Faktoreninterkorrelationen variieren zwischen .31 und .89 im hoch signifikanten Bereich. Besonders hohe Korrelationen lassen sich im Bereich »Schulische Förderung« zwischen den Faktoren LB und VA ($r = .89$, $p < .001$), LB und GB ($r = .82$, $p < .001$) sowie zwischen den beiden Faktoren der KG ($r = .83$, $p < .001$) feststellen.

6.2 Ausprägung und Unterschiede in den Einstellungen

Die internen Konsistenzen und Mittelwerte sowie die Mittelwertvergleiche mit dem theoretischen Skalenmittelwert von 2.5 sind in Tabelle 3 zusammengefasst.

Sowohl im Bereich »Schulische Förderung« als auch im Bereich »Soziale Integration« zeigen sich bei einem vierstufigen Antwortformat für alle elterlichen Einstellungen signifikante Abweichungen von dem theoretischen Skalenmittelwert von 2.5. Lediglich für die Einstellungen gegenüber einer LB im Bereich »Schulische Förderung« lässt sich keine Signifikanz erkennen. Alle Einstellungen im Bereich »Soziale Integration« liegen über einem Wert von 2.5 und weisen damit auf eine positive Richtung hin. Etwas differenziertere Ergebnisse stellen sich dagegen für die

Tab. 3: Cronbachs Alpha, Mittelwerte und Standardabweichungen sowie Einstichproben-T-Tests für die verwendeten Skalen getrennt nach den vier verschiedenen Behinderungsarten

Variablen	α	M (N = 230)	SD	t (df = 229)
SF_KB	.80	2.82	0.64	7.669***
SF_GB	.80	2.25	0.59	−6.475***
SF_LB	.81	2.43	0.58	−1.924
SF_VA	.82	2.42	0.59	−2.114*
SI_KB	.74	3.29	0.57	21.080***
SI_GB	.74	2.88	0.64	9.014***
SI_LB	.76	3.02	0.60	13.293***
SI_VA	.80	2.86	0.65	8.323***

Anmerkungen: KB = körperliche Behinderung, LB = Lernbehinderung, GB = Geistige Behinderung, VA = Verhaltensauffälligkeiten, SF = Schulische Förderung, SI = Soziale Integration, *$p < .05$, **$p < .01$***$p < .001$

Einstellungen im Bereich »Schulische Förderung« heraus: Während die Einstellungen gegenüber einer KB häufiger positiv ausfallen, sind sie gegenüber einer GB und einer VA häufiger negativ ausgeprägt. Für die LB liegen dagegen keine signifikanten Abweichungen von dem theoretischen Skalenmittelwert von 2.5 vor. Abbildung 1 gibt die Prozentanteile für die negativeren und positiveren Einstellungen der Eltern getrennt für die Bereiche »Schulische Förderung« und »Soziale Integration« zu den jeweils vier Behinderungsarten wieder. Skalenmittelwerte über 2.5 wurden als positivere Einstellung und Skalenwerte unter 2.5 als negativere Einstellungen klassifiziert.

Bis auf die KB finden sich im Bereich »Schulische Förderung« gegenüber allen Behinderungsarten mehr negative als positive Einstellungen. Die Prozentanteile der negativeren Einstellungen gegenüber einer GB, einer LB und einer VA liegen zwischen 60 % (VA) und 69.1 % (GB), während die Prozentanteile der positiveren Einstellungen zwischen 30.9 % (GB) und 40 % (VA) variieren. Lediglich für die KB zeigt sich ein umgekehrtes Bild: Während 69.1 % der Eltern angeben, dass Kinder mit einer KB in der Sonderschule besser gefördert werden, sind 30.9 % der Eltern der Ansicht, dass diese Kinder in weniger Regelschulen profitieren.

Ein deutlich konsistenteres Bild lässt sich für den Bereich »Soziale Integration« erkennen, da bei allen vier Behinderungsarten die positiveren Einstellungen überwiegen. Die Prozentanteile der positiveren Einstellungen erreichen Werte zwischen 77.8 % (GB/VA) und 93 % (KB), während die Prozentanteile der negativeren Einstellungen sich lediglich zwischen 7 % (KB) und 22.2 % (GB/VA) bewegen. Am positivsten fallen die Einstellungen gegenüber einer KB aus.

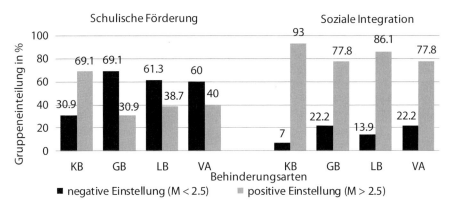

Abb. 1: Anteile negativer und positiver Einstelllungen in Prozent für die vier verschiedenen Behinderungsarten. KB = Körperbehinderung, GB = Geistige Behinderung, LB = Lernbehinderung, VA = Verhaltensauffälligkeit

Um festzustellen, ob die elterlichen Einstellungen von der Art der Behinderung abhängig sind, wurden Varianzanalysen mit Messwiederholung getrennt für die Bereiche »Schulische Förderung« und »Soziale Integration« mit den jeweils vier Behinderungsarten spezifiziert. Die Ergebnisse zeigen, dass zwischen allen Einstellungen sowohl im Bereich »Schulische Förderung« als auch im Bereich »Soziale Integration« signifikante Unterschiede bestehen: »Schulische Förderung«: F [1, 229] = 102.337, $p < .001$ $\eta p^2 = .31$; »Soziale Integration«: F[1, 229] = 59.490, $p < .001, \eta p^2 = .21$. Die Effektstärken sind jedoch nur als gering zu bewerten. Post-Hoc-Analysen weisen im Bereich »Schulische Förderung« auf hoch bedeutsame Unterschiede zwischen den Einstellungen gegenüber den vier Behinderungsarten ($p < .001$) hin. Lediglich die Einstellungen gegenüber einer LB und einer VA unterscheiden sich nicht substanziell. Demzufolge scheinen Eltern gegenüber einer KB deutlich positiver eingestellt zu sein als gegenüber einer GB, einer LB oder einer VA. Am negativsten beurteilen die Eltern die Integration von Kindern mit einer GB, gefolgt von einer VA und einer LB.

Teilweise ähnliche Ergebnisse spiegeln sich auch in den Post-Hoc-Analysen für den Bereich »Soziale Integration« wider: Bis auf die Einstellungen gegenüber einer GB und einer VA liegen für alle Einstellungen bedeutsame Unterschiede vor: Die positivsten Einstellungen zeigen sich gegenüber einer KB, gefolgt von einer LB und einer GB. Schlusslicht bildet die VA.

6.3 MANCOVA: Zusammenhänge mit Eingangsvariablen

Zur Überprüfung der Zusammenhänge mit dem Bildungsabschluss, dem Geschlecht und den Erfahrungen im Umgang mit behinderten Menschen wurde eine MANCOVA mit dem Alter als Kontrollvariable berechnet. Die Ergebnisse stellt Tabelle 4 dar.

Tab. 4: Ergebnisse der MANCOVA

Unabhängige Variablen	KB_SF	KB_SI	GB_SF	GB_SI	LB_SF	LB_SI	VA_SF	VA_SI
Alter (Kovariate)	11.74**	5.89*	10.48**	3.50*	7.89**	2.11	8.39**	1.02
Abschluss (1 = Abitur, 2 = andere)	0.16	0.63	2.85	4.37*	5.59*	5.17*	1.12	8.97**
Geschlecht (1 = Väter, 2 = Mütter)	6.15*	3.77	0.43	0.02	0.94	0.08	1.01	0.00
Erfahrungen (1 = Ja, 2 = Nein)	3.86	0.79	0.21	1.24	0.04	0.01	0.06	0.10
Interaktionseffekt: Abschluss x Erfahrungen	5.77*							
R^2	.11	.07	.08	.05	.08	.05	.06	.06

Anmerkungen: SF = Schulische Förderung, SI = Soziale Integration. KB = Körperbehinderung, GB = Geistige Behinderung, LB = Lernbehinderung, VA = Verhaltensauffälligkeiten, R^2 = Determinationskoeffizient der Varianzaufklärung, β = standardisierter Regressionskoeffizient, SE = Standardfehler, *$p < .05$, **$p < .01$

Bei Kontrolle des Alters stellen sich mit dem Bildungsabschluss vier signifikante Unterschiede für die LB in den Bereichen »Schulische Förderung« und »Soziale Integration« sowie für die GB und VA im Bereich »Soziale Integration« heraus (▶ Tab. 4): Demzufolge artikulieren Eltern mit geringeren Bildungsabschlüssen positivere Einstellungen gegenüber einer LB sowohl im Bereich »Schulische Förderung« als auch im Bereich »Soziale Integration« sowie gegenüber einer GB und einer VA im Bereich »Soziale Integration« als Eltern mit Abitur. Ein signifikanter Interaktionseffekt zwischen dem Bildungsabschluss und den Erfahrungen im Umgang mit behinderten Menschen für die KB im Bereich »Schulische Förderung« ($F [1, 190] = 5.77$, $p < .05$, $\eta p^2 = .03$) weist zudem darauf hin, dass Eltern mit geringeren Bildungsabschlüssen, die keine Erfahrungen im Umgang mit behinderten Menschen haben, eine positivere Einstellung gegenüber einer KB ($M = 2.85$, $SD = 0.66$) aufweisen als Eltern mit Abitur, die keine Erfahrungen haben ($M = 2.59$, $SD = 0.80$). Dagegen zeigen Eltern mit Abitur, die bereits Erfahrungen mit behinderten Menschen haben, deutlich positivere Einstellungen gegenüber einer KB ($M = 2.94$, $SD = 0.62$) als Eltern mit geringeren Bildungsabschlüssen, die bereits Erfahrungen im Umgang mit behinderten Menschen besitzen ($M = 2.80$, $SD = 0.65$). Für das Geschlecht lässt sich dagegen lediglich im Bereich »Schulische Förderung« bei der KB ein signifikanter Unterschied erkennen, wonach Mütter eine signifikant positivere Einstellung gegenüber der Integration von Kindern mit einer KB haben als Väter ($F [1,190] = 6.15$, $p < .05$, $\eta p^2 = .03$). Für die Erfahrungen im Umgang mit behinderten Menschen lässt sich dagegen keine Signifikanz in beiden Bereichen für die jeweiligen Einstellungen der Eltern feststellen. Signifikante Altersunterschiede liegen zudem für fast alle Einstellungen in beiden Bereichen vor, lediglich für die LB und VA im Bereich »Soziale Integration« nicht. Danach zeigen ältere Eltern positivere Einstellungen als jüngere Eltern. Die Effektstärken sind jedoch nur als marginal einzustufen.

7 Diskussion

Die vorliegende Studie untersuchte die inklusionsbezogenen Einstellungen von Eltern in den Bereichen »Schulische Förderung« und »Soziale Integration« von Kindern mit SPF, wobei vier verschiedene Behinderungsarten (KB, GB, LB, VA) fokussiert wurden. Ziel der Studie war es,

1. die Ausprägung der elterlichen Einstellungen gegenüber diesen vier Behinderungsarten in den beiden Bereichen »Schulische Förderung« und »Soziale Integration« zu erfassen,
2. die Abhängigkeit der elterlichen Einstellungen von der Art der Behinderung zu erforschen und
3. mögliche Zusammenhänge mit dem Bildungsabschluss, dem Geschlecht und den Erfahrungen im Umgang mit behinderten Menschen von den Eltern zu analysieren.

In Einklang mit den Befunden der bisherigen Forschungsliteratur (de Boer et al., 2010; Horstkemper & Tillmann, 2012) ließen sich generell sehr positive Einstellungen von Eltern gegenüber der Integration von Kindern mit SPF feststellen. Für fast alle Einstellungen lagen signifikant höhere Mittelwerte als der theoretische Skalenmittelwert von 2.5 vor. Lediglich die Einstellungen gegenüber einer LB im Bereich »Schulische Förderung« wichen nicht signifikant von 2.5 ab. Signifikant niedrigere Skalenmittelwerte zeigten sich allerdings gegenüber einer GB und einer VA im Bereich »Schulische Förderung«, wonach Eltern gegenüber diesen Behinderungsarten häufiger negativ eingestellt sind, wenn es um die schulische Förderung von Kindern mit einer GB oder einer VA geht. Die positivsten Einstellungen ließen sich sowohl im Bereich »Schulische Förderung« als auch im Bereich »Soziale Integration« gegenüber einer KB feststellen. Dieser Befund ist gut nachvollziehbar, da körperbehinderte Kinder in der Regel keine kognitiven Einschränkungen aufweisen sollten. Etwas differenziertere Ergebnisse fanden sich dagegen für die anderen Behinderungsarten (GB, LB, VA): Im Bereich »Schulische Förderung« fielen die Mittelwerte für die LB und für die VA nahezu identisch aus, während die GB den geringsten Mittelwert verzeichnete. Demzufolge scheint die schulische Förderung von Kindern mit einer GB von Eltern am kritischsten beurteilt zu werden. Im Bereich »Soziale Integration« stellte dagegen die VA das

Schlusslicht dar, während die GB etwas positiver und die LB noch günstiger als die GB bewertet wurden. Hypothese 1 (Eltern sind gegenüber der Integration von Kindern mit einer KB am positivsten eingestellt, während sie einer VA am negativsten gegenüberstehen) kann deshalb mit den vorliegenden Befunden nur teilweise bestätigt werden.

Varianzanalysen mit Messwiederholungen wiesen auf signifikante Unterschiede zwischen den Einstellungen innerhalb der beiden Bereiche hin. Post-Hoc-Analysen zeigten dabei für den Bereich »Schulische Förderung« zwischen allen Behinderungsarten hoch signifikante Unterschiede. Lediglich die Einstellungen gegenüber einer LB und einer VA unterschieden sich nicht substanziell in diesem Bereich. Bei der »Sozialen Integration« lagen dagegen bis auf die Einstellungen gegenüber einer GB und einer VA für alle Einstellungen signifikante Differenzen vor. Diese Befunde belegen somit erneut, dass bei der Erfassung von elterlichen inklusionsbezogenen Einstellungen zwischen den vier Behinderungsarten KB, GB, LB und VA und den beiden Bereichen »Schulische Förderung« und »Soziale Integration« eindeutig zu differenzieren ist.

Teilweise hypothesenkonforme Befunde zeigten sich auch in Bezug auf die Zusammenhänge mit dem Bildungsabschluss, dem Geschlecht und den Erfahrungen im Umgang mit behinderten Menschen sowie mit dem Alter als Kontrollvariable: Die Annahme (Hypothese 2), dass Eltern mit höherem Bildungsabschluss positivere inklusionsbezogene Einstellungen haben als Eltern mit geringeren Bildungsabschlüssen, ließ sich jedoch nicht mit den vorliegenden Daten stützen. Eltern mit geringeren Bildungsabschlüssen gaben sogar positivere Einstellungen in beiden Bereichen gegenüber einer LB sowie im Bereich »Soziale Integration« gegenüber einer GB und VA ab als Eltern mit Abitur. Hypothese 2 lässt sich dennoch zumindest teilweise anhand des signifikanten Interaktionseffekts mit den Variablen Bildungsabschluss und Erfahrungen im Umgang mit behinderten Menschen im Bereich »Schulische Förderung« für die KB relativieren: Eltern mit geringeren Bildungsabschlüssen, die noch keine Erfahrungen im Umgang mit behinderten Menschen haben, zeigen eine positivere Einstellung gegenüber einer KB als Eltern mit Abitur, die noch über keine Erfahrungen mit behinderten Menschen verfügen. Eltern mit Abitur, die bereits Erfahrungen haben, artikulieren dagegen eine positivere Einstellung gegenüber einer KB als Eltern mit geringeren Bildungsabschlüssen, die bereits Erfahrungen im Umgang mit behinderten Menschen haben. Weitere Studien sollten diese Befunde jedoch noch einmal überprüfen.

Für das Geschlecht zeigte sich lediglich im Bereich »Schulische Förderung« gegenüber einer KB eine signifikant positivere Einstellung bei Müttern, jedoch nicht hinsichtlich der anderen Behinderungsarten. Dieses Ergebnis stimmt somit nicht mit Hypothese 3 und den Befunden anderer Studien (Krüger & Krüger, 2014; Müller, 2013) überein, wonach Mütter allgemein positivere Einstellungen gegenüber der Integration von Kindern mit SPF in der Schule aufweisen als Väter. Auch die Annahme (Hypothese 4), dass Eltern, die bereits über Erfahrungen im Umgang mit behinderten Kindern verfügen, positiver gegenüber der Integration von Kindern mit SPF eingestellt sind als Eltern, die noch keine Erfahrungen haben, konnte mit den Daten dieser Studie nicht gestützt werden, da sich für alle Behinderungsarten keine signifikanten Unterschiede ergaben. Erklärungsbedürftig scheinen außerdem die signifikanten Altersunterschiede zu sein, die fast durchgehend auf positivere Einstellungen bei älteren Eltern gegenüber den meisten Behinderungsarten hinweisen. Dies begründet sich möglicherweise damit, dass jüngere Eltern im Rahmen ihrer Ausbildung häufiger auf das Thema Inklusion und den damit einhergehenden Problematiken stoßen, sodass sie eher an einer positiven Umsetzung zweifeln. Ältere Eltern sind dagegen weniger für das Thema Inklusion sensibilisiert worden, da sie wahrscheinlich bereits einen Beruf ausüben und das Thema Inklusion früher noch nicht so aktuell war. Eine weitere mögliche Erklärung wäre, dass ältere Eltern bereits über mehr Erfahrungen mit der Ausgrenzung von behinderten Menschen in der Gesellschaft verfügen, sodass ihre Grundeinstellung gegenüber dem Konzept Inklusion positiver ist.

Bei der Interpretation der Ergebnisse sind folgende Limitationen zu beachten: Eine erste Limitation stellen die für diese Studie eigens konstruierten Skalen zur Erfassung der elterlichen Einstellungen dar, da diese erstmalig in dieser Studie angewendet wurden. Wenngleich die faktorielle Validität der Skalen in dieser Studie mit CFA weitgehend gestützt werden konnte, müssen weitere Studien die Validität dieser Skalen überprüfen. Problematisch ist zudem die Anordnung der vorgegebenen Behinderungsarten in dem Fragebogen, da zuerst die KB, dann die GB, danach die LB und zum Schluss die VA in dem Fragebogen aufgeführt wurden. So lässt sich nicht ausschließen, dass manche Eltern die Items spaltenweise, also getrennt für jede Behinderungsart eingeschätzt haben und andere Eltern die Items eher zeilenweise bearbeitet haben. In zukünftigen Studien sollten die Instruktionen deshalb so modifiziert werden, dass auch die Reihenfolge der Items präzise vorgegeben ist. Wenn zuerst die Items der KB bearbeitet werden und zum Schluss die Items der GB, könnte eventuell schnell der Eindruck entstehen, dass die vier Behinderungsarten nach ihrer »Schwere« geordnet wurden, sodass die Eltern den schwerwiegenderen Behinderungsarten weniger zustimmen (vgl. Schwab, 2015). Kritisch zu betrachten ist außerdem die Überzahl von Müttern in der vorliegenden Stichprobe, und dass die Daten überwiegend über private Kontakte gewonnen wurden, da dies zu einer Konfundierung mit den Daten führen kann. Zukünftige Studien sollten deshalb heterogene Samples untersuchen und auf Daten von unbekannten Personen basieren.

Zusammenfassend hat die vorliegende Studie einen wichtigen neuen Erkenntnisfortschritt erbracht, der in bisherigen Studien nachgewiesen wurde: Die inklusionsbezogenen Einstellungen von Eltern variieren in Abhängigkeit von der jeweiligen Behinderungsart in den Bereichen »Schulische Förderung« und »Soziale Integration«. Dieses Ergebnis verdeutlicht, dass die Art der Behinderung eine differenzielle Rolle für die elterlichen inklusionsbezogenen Einstellungen in diesen Bereichen spielt. Weitere Studien sollten deshalb immer zwischen den verschiedenen Behinderungsarten und den Bereichen »Schulische Förderung« und »Soziale Integration« trennen. Ein wichtiger Befund ist zudem, dass die Einstellungen im Bereich »Schulische Förderung« nur gegenüber einer KB positiv ausgeprägt sind, jedoch nicht gegenüber den anderen Behinderungsarten, während die Einstellungen im Bereich »Soziale Integration« für alle Behinderungsarten häufiger positiv als negativ ausgeprägt sind. Eine Implikation aus diesem Befund wäre, dass Eltern die schulische Förderung von Kindern mit einer KB unterstützen können, doch vor allem auch die soziale Integration, indem sie z. B. ihre Kinder dazu ermutigen, auch an außerunterrichtlichen Lernangeboten nach der Schule wie Arbeitsgemeinschaften oder an Sportaktivitäten im Verein teilzunehmen.

Literatur

Avramidis, E. & Kalyva, E. (2007). The influence of teaching experience and professional development on Greek teacher's attitudes towards inclusion. *European Journal of Special Needs Education, 22*(4), 367–389.

Avramidis, E. & Norwich, B. (2002). Teacher's attitudes towards integration/inclusion: A review of the literature. *European Journal of Special Needs Education, 17*(2), 129–147.

Baumert, J., Watermann, R. & Schümer, G. (2003). Disparitäten der Bildungsbeteiligung und des Kompetenzerwerbs: Ein institutionelles und psychologisches Mediationsmodell. *Zeitschrift für Erziehungswissenschaft, 6*(1), 46–71.

Bleidick, U. (2006). Behinderung. In G. Antor & U. Bleidick (Hrsg.), *Handlexikon der Behindertenpädagogik. Schlüsselbegriffe aus Theorie und Praxis* (2., überarb. und erw. Aufl., S. 79–81). Stuttgart: Kohlhammer.

Boer, A. de, Pijl, S. J. & Minnaert, A. (2010). Attitudes of parents towards inclusive education: A review of the literature. *European Journal of Special Needs Education, 25*(2), 165–181.

Bosse, S., Henke, T., Jäntsch, C., Lambrecht, J., Vock, M. & Spörer, N. (2016). Die Entwicklung der Einstellung zum inklusiven Lernen und der Selbstwirksamkeit von Grundschullehrkräften. *Empirische Sonderpädagogik, 8*(1), 103–116.

Deutscher Bildungsrat. (1979). *Empfehlungen der Bildungskommission: Zur pädagogischen Förderung behinderter und von Behinderung bedrohter Kinder und Jugendlicher.* Stuttgart: Klett.

Eagly, A. H. & Chaiken, S. (1993). The nature of attitudes. In A. H. Eagly & S. Chaiken (Hrsg.), *The psychology of attitudes* (S. 1–21). Fort Worth: Harcourt Brace Jovanovich College.

Ellinger, S. (2005). Einstellung – Vorurteil – Stigma. In S. Ellinger & R. Stein (Hrsg.), *Grundstudium Sonderpädagogik* (S. 142–156). Oberhausen: Athena.

Ellinger, S. & Koch, K. (2006). Einstellungen gegenüber geistig behinderten Kindern 1974 und 2003. *Vierteljahresschrift für Heilpädagogik und ihre Nachbargebiete, 75*(3–4), 225–238.

Feyerer, E. (2014). Einstellungen und Haltungen zur inklusiven Schule. *Erziehung & Unterricht, 164*, 219–227.

Hecht, P., Niedermair, C. & Feyerer, E. (2016). Einstellungen und inklusionsbezogene Selbstwirksamkeitsüberzeugungen von Lehramtsstudierenden und Lehrpersonen im Berufseinstieg. Messverfahren und Befunde aus einem Mixed-Methods-Design. *Empirische Sonderpädagogik, 8*(1), 86–102.

Hellmich, F., Görel, G. & Schwab, S. (2016). Einstellungen und Motivation von Lehramtsstudentinnen und -studenten in Bezug auf den inklusiven Unterricht in der Grundschule. Ein Vergleich zwischen Deutschland und Österreich. *Empirische Sonderpädagogik, 8*(1), 67–85.

Hillenbrand, C. (2006). Verhaltensstörung, Verhaltensgestörte, Verhaltensgestörtenpädagogik. In G. Antor & U. Bleidick (Hrsg.), *Handlexikon der Behindertenpädagogik. Schlüsselbegriffe aus Theorie und Praxis* (2., überarb. und erw. Aufl., S. 171–176). Stuttgart: Kohlhammer.

Horstkemper, M. & Tillman, K. J. (2012). Wie stehen Eltern zur integrativen Beschulung? Ein empirischer Beitrag zur Inklusions- Debatte. *Die deutsche Schule, 104*(4), 347–362.

Hu, L. & Bentler, P. M. (1999). Cutoff criteria for fit indexes in covariance structure analysis: Conventional criteria versus new alternatives. *Structural Equation Modeling*, 6, 1–55.

Kanter, G. (2006). Lernbehinderung, Lernbehinderte, Lernbehindertenpädagogik. In G. Antor & U. Bleidick (Hrsg.), *Handlexikon der Behindertenpädagogik. Schlüsselbegriffe aus Theorie und Praxis* (2., überarb. und erw. Aufl., S. 146–151). Stuttgart: Kohlhammer.

Killus, D. & Tillmann, K.-J. (2011). Elternbefragungen wozu? – eine Einführung. In D. Killus & K.-J. Tillmann (Hrsg.), *Der Blick der Eltern auf das deutsche Schulsystem. 1. JAKOO Bildungsstudie* (S. 9–20). Münster: Waxmann.

Klicpera, C. & Gasteiger-Klicpera, B. (2005). Einstellung der Eltern von Schülern mit sonderpädagogischem Förderbedarf zum integrativen Unterricht: Vergleich der Eltern von Schülern in Integrationsklassen und in Sonderschulen. *Heilpädagogische Forschung, 31* (1), 20–27.

Krüger, M. & Krüger, A. K. (2014). *Einstellungen von Eltern zur inklusiven Bildung – Eine Exploration an Grundschulen in Nordrhein-Westfalen.* Verfügbar über: http://www.¬ researchgate.net/publication/265216697_Einstellungen_von_Eltern_zur_inklusiven_Bi¬ ldung__Eine_Exploration_an_Grundschulen_in_Nordrhein-Westfalen (Datum des Zugriffs: 07.04.2017).

Kunz, A., Luder, R. & Moretti, M. (2010). Die Messung von Einstellungen zur Integration (EZI). *Empirische Sonderpädagogik, 2*(3), 83–94.

Leyendecker, C. (2005). *Motorische Behinderungen. Grundlagen, Zusammenhänge und Fördermöglichkeiten.* Stuttgart: Kohlhammer.

Leyser, Y. & Kirk, R. (2004). Evaluating inclusion: An examination of parent views and factors influencing their perspectives. *International Journal of Disability, Development and Education, 51*(3), 271–285.

Lindmeier, B. & Lindmeier, C. (2006). Geistige Behinderung, Geistigbehinderte, Geistigbehindertenpädagogik. In G. Antor & U. Bleidick (Hrsg.), *Handlexikon der Behindertenpädagogik. Schlüsselbegriffe aus Theorie und Praxis* (2., überarb. und erw. Aufl., S. 134–138). Stuttgart: Kohlhammer.

Müller, F. J. (2013). *Integrative Grundschulen aus Sicht der Eltern – auf dem Weg zur Inklusion? Eine qualitative/quantitative Erhebung zur Elternzufriedenheit.* Bad Heilbrunn: Klinkhardt.

Muthén, L. K. & Muthén, B. O. (1998-2012). *Mplus User's Guide* (7. Aufl.). Los Angeles, CA: Muthén & Muthén.

Sander, A. (2004). Inklusive Pädagogik verwirklichen – Zur Begründung des Themas. In I. Schnell & A. Sander (Hrsg.), *Inklusive Pädagogik* (S. 11–22). Bad Heilbrunn: Klinkhardt.

Schwab, S. (2015). Einflussfaktoren auf die Einstellung von SchülerInnen gegenüber Peers mit unterschiedlichen Behinderungen. *Zeitschrift für Entwicklungspsychologie und Pädagogische Psychologie, 47*(4), 177–187.

Schwab, S., Hellmich, F. & Görel, G. (2017). Self-efficacy of prospective Austrian and German primary school teachers regarding the implementation of inclusive education. *Journal of Research in Special Educational Needs, 17*(3), 205–217.

Schwab, S. & Seifert, S. (2015). Einstellungen von Lehramtsstudierenden und Pädagogikstudierenden zur schulischen Inklusion – Ergebnisse einer quantitativen Untersuchung. *Zeitschrift für Bildungsforschung, 5*(1), 73–87.

Schwab, S., Tretter, T. & Gebhardt, M. (2014). Entwicklung und Überprüfung eines fallbasierten Instruments zur Messung der Einstellung zur schulischen Integration. Wie denken Studierende, Berufstätige und Schüler/innen über schulische Integration von Kindern mit sonderpädagogischem Förderbedarf? *Vierteljahresschrift für Heilpädagogik und ihre Nachbargebiete, 83*(1), 20–32.

Schwab, S., Gebhardt, M., Tretter, T., Rossmann, P., Reicher, H., Ellmeier, B., Gmeiner, S. & Gasteiger-Klicpera, B. (2012). Auswirkungen schulischer Integration auf Kinder ohne Behinderung – eine empirische Analyse von LehrerInneneinschätzungen. *Heilpädagogische Forschung, 38*(1), 54–65.

Tafa, E. & Manolitsis, G. (2003). Attitudes of Greek parents of typically developing kindergarten children towards inclusive education. *European Journal of Special Needs Education, 18*(2), 155–171.

Trumpa, S., Janz, F., Heyl, V. & Seifried, S. (2014). Einstellungen zu Inklusion bei Lehrkräften und Eltern – Eine schulartspezifische Analyse. *Zeitschrift für Bildungsforschung, 4,* 241–256.

Ulber, D. & Lenzen, D. (2004). Schulqualität aus Elternsicht – Ergebnisse einer Befragung Berliner Eltern. *Pädagogische Rundschau, 58*(2), 197–205.

UN-Behindertenrechtskonvention (2006). *Artikel 24. Bildung.* Verfügbar über: https://¬ www.lwl.org/lja-download/datei-download-schulen/UN_Konvention_fuer_die_Rechte¬ _von_Menschen_mit_Behinderungen_Inklusion/Inklusive_Beschulung/Tagungsdoku/1¬ 288330256_0/UN-Konvention_Artikel_24.pdf (Datum des Zugriffs: 07.04.2017).

Bereitschaften und Absichten von Lehrpersonen zur Umsetzung inklusiver Bildung – Ein Erklärungsmodell

Petra Hecht

1 Einleitung

Der Beitrag beschäftigt sich mit der Bereitschaft und der Absicht von Lehrpersonen zur Umsetzung inklusiver Bildung. Er geht dabei der Bedeutung von Einstellungen, subjektiven Normen und Kompetenzerwartungen als wichtige Voraussetzungen nach (Moser, 2016). Aufschluss über deren prädiktive Funktion bietet die Theorie des geplanten Verhaltens (»theory of planned behavior«; Ajzen, 1991), die bislang in der inklusiven Schulpädagogik noch wenig Beachtung fand (Sharma & Sokal, 2015). Sie erlaubt ein besseres Verständnis potentieller Einflussfaktoren zur Entwicklung inklusiver Bereitschaften und Absichten (im Original: »intentions«), auf deren Basis sich neue Forschungsperspektiven eröffnen (Ahmmed, Sharma & Deppeler, 2013; Pace & Aiello, 2016). Ziel ist es, diese zu beschreiben und abzubilden, die Vorzüge und Grenzen dieses Theorierahmens aufzuzeigen sowie praxis- und forschungsrelevante Aspekte vor dem Hintergrund aktueller Befunde und Modelle zu diskutieren.

2 Ausganglage

Die Gründe für das Interesse an der Bereitschaft von Lehrpersonen zur Umsetzung inklusiver Bildung sind unter anderem mit den gegenwärtigen Entwicklungen im Bildungssystem zu einer inklusiven Schule verbunden. Da der Weg dorthin mit dem langfristigen Ziel zur Abschaffung von aussondernden Bildungseinrichtungen verknüpft ist, sind Beharrungskräfte zu erwarten (Nikolai, 2016), die sich auch im Professionsbewusstsein der Lehrpersonen widerspiegeln. Wie aktuelle Befunde zeigen, sehen sich nach wie vor die Lehrkräfte der Sonderschuleinrichtungen für die Gestaltung inklusiver Lehr- und Lernsettings verantwortlich (Hecht, 2017; Moser, 2016), die Lehrpersonen an Regelschulen sind hingegen überwiegend der Meinung, dass in leistungshomogenen Klassen Lernziele besser erfüllt werden können als in leistungsheterogenen (Böheim-Galehr & Engleitner, 2014). Die Umsetzung und Gestaltung inklusiver Lerngelegenheiten erfordern jedoch ein Rollenverständnis und ein Verantwortungsbewusstsein für alle Kinder (Jordan, Schwartz & McGhie-Richmond, 2009).

Die Implementierung inklusiver Strukturen bedingt also ein neues berufliches Selbstverständnis, das ein Denken in Zweigruppenlogiken überwindet. Damit dies gelingt, wurden in Österreich jüngst die bundespolitischen Weichen zur Implementierung einer inklusiven Pädagogik gestellt (Altrichter & Feyerer, 2017). So ist beispielsweise die Ausbildung zur Sonderschullehrperson nicht mehr möglich (BGBl Nr. 124/2013), und die Schulen sind aufgefordert, Maßnahmen zur Umsetzung inklusiver Angebote in ihren Entwicklungsplänen festzulegen (BMBF, 2015, S. 3). Auf eine Sonderbeschulung soll bis zum Jahr 2020 »möglichst« verzichtet werden (BMBF, 2015, S. 2). Inklusive Schulentwicklungsprozesse werden damit zur Aufgabe der allgemeinbildenden Regelschulen, womit die Bereitschaft von allen beteiligten Akteurinnen und Akteuren gefordert ist, die eigenen Wertvorstellungen, Praktiken und Routinen auf Kompatibilität mit inklusiven Konzepten und Ansprüchen zu prüfen (Altrichter & Feyerer, 2017; Wilbert & Bönert, 2016).

3 Erforschung von Gelingensbedingungen zur Umsetzung inklusiver Bildung

Die Erforschung der Bereitschaften bei pädagogischen Fachkräften zur Umsetzung einer inklusiven Schule liegt angesichts der Neuausrichtung von Schule nahe. Sie soll Aufschluss über mögliche Einflussgrößen erbringen, die günstige Voraussetzungen darstellen und förderliche Schulentwicklungs- und Unterrichtsprozesse in Gang setzen können. Als Schlüssel zur erfolgreichen Umsetzung inklusiver Bildung werden die positiven Einstellungen der Lehrpersonen zur Beschulung von Kindern mit Beeinträchtigungen in der Regelschule erachtet (Malinen, Savolainen & Xu, 2012; Sharma & Jacobs, 2016), die in der Inklusionspädagogik ein breites Forschungsfeld darstellen (Gasterstädt & Urban, 2016; Loreman, Earle, Sharma & Forlin, 2007; Moser, 2016; Sharma & Sokal, 2015). In diesem Zusammenhang interessieren auch die Kompetenzerwartungen der Lehrkräfte in Bezug auf die Gestaltung eines inklusiven Unterrichts als weitere Gelingensbedingungen. Sie werden zumeist als Selbstwirksamkeitsüberzeugungen operationalisiert (Bandura, 1997; Sharma, Loreman & Forlin, 2011). Sie stellen als berufsbezogene Überzeugungen auch in gängigen Professionsmodellen zentrale Kompetenzfacetten dar (Moser, Kuhl, Redlich & Schäfer, 2014; Reusser & Pauli, 2014).

Das Erkenntnispotenzial der Einstellungsforschung wird aber auch kritisch reflektiert. Lehrpersonen würden ihre Einstellungen vor dem Hintergrund ihrer aktuellen Situation und den damit verbundenen Rahmenbedingungen äußern. Diese blieben, wie Gasterstädt und Urban (2016) feststellen, aber oft unberücksichtigt, womit eine Komplexitätsreduktion vorliege. Aus diesen Momentaufnahmen allgemeine Schlüsse auf handlungsleitende Prozesse zu ziehen, halten sie für unzulässig. Weiterhin bemängeln sie eine unklare Definition oder Nichtdarlegung des Einstellungs-Objekts (wie z. B. Integration vs. Inklusion) und des Einstellungs-

Konzepts (als ein- oder mehrdimensionales Konstrukt). Im Folgenden wird dieser Kritik teilweise begegnet. Es erfolgt eine Verankerung des Einstellungskonzepts als mehrfaktorielle Konstellation, wobei das Einstellungskonzept auf Mikroebene des Unterrichts mit dem der Selbstwirksamkeit verbunden und gleichzeitig auf Mesoebene mit dem Kontext des schulischen Umfelds und seinen normativen Überzeugungen gekoppelt wird. Dabei können aus Sicht einer Wert-Erwartungsvorstellung weitere, für die Genese von inklusionsförderlichen Einstellungen betreffende, qualitative Forschungsfragen abgeleitet werden.

4 Theoretische Verankerung inklusiver Bereitschaften und Absichten

Die Konzepte der Einstellungen und Selbstwirksamkeitsüberzeugungen stellten bislang eher unverbundene Konstrukte dar. Auf Basis der Theorie des geplanten Verhaltens (Ajzen, 1991, 2005) werden beide Konzepte zusammengeführt und durch den Einschluss einer weiteren, dritten Einflussgröße zur Erklärung von Bereitschaften und Absichten (»intentions«) ergänzt. Sie umfasst die subjektive Norm (Ajzen, 1991; Fishbein & Ajzen, 2003), die sich jeweils in Abhängigkeit der normativen Überzeugungen des sozialen Umfelds konstituiert. Das Zusammenspiel dieser drei Größen, von denen jede für sich eine eigenständige Dimension abbildet, konnte hinsichtlich seiner Prädiktorfunktion zur Erklärung von Intentionen in unterschiedlichen Untersuchungsfeldern bestätigt werden (Ajzen, 2005; Sharma & Jacobs, 2016). Ahmmed, Sharma und Deppeler (2013) griffen diese theoretische Fundierung auf, um inklusive Bereitschaften und Absichten von Lehrpersonen über (1) die Einstellungen zum inklusiven Unterricht (»teacher attitudes«), (2) die wahrgenommenen Selbstwirksamkeitsüberzeugungen in Bezug auf die Gestaltung inklusiver Lerngelegenheiten (»perceived teacher efficacy«) und (3) die subjektive Norm in ihrer Abhängigkeit mit den normativen Überzeugungen des Kollegiums (»perceived school support«) abzubilden (▶ Abb. 1). Lehrpersonen befürworten somit die Beschulung von Kindern mit Beeinträchtigungen in Regelklassen, wenn sie positive Einstellungen, eine hohe Selbstwirksamkeitsüberzeugung und die starke Überzeugung haben, dass die Umsetzung inklusiver Bildung möglich und erstrebenswert ist. Im Folgenden wird der bisherige Forschungsstand in Bezug auf die interessierenden Konzepte genutzt und auf Basis der theoretischen Überlegungen hinsichtlich seines Erkenntnisgewinns für Praxis und Forschung diskutiert.

111

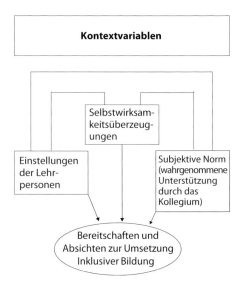

Abb. 1: Modell zur Erklärung potentieller Einflussfaktoren von Absichten und Bereitschaften (Intentionen) zur Umsetzung inklusiver Bildung, modifiziert nach Ajzen (2005) sowie in Anlehnung und freier Übersetzung nach Ahmmed et al. (2013)

5 Einstellungen und Haltungen von Lehrpersonen zur Umsetzung inklusiver Bildung

Einstellungskonzepte erfahren große Aufmerksamkeit, weil ihnen eine handlungsleitende Komponente beigemessen wird (Reusser & Pauli, 2014). Aktuellen Kompetenzmodellen folgend, machen Einstellungen zusammen mit den berufsbezogenen Überzeugungen über das Lehren und Lernen sowie mit den kognitiven Wissensbeständen und Kompetenzen in Diagnostik und Klassenführung die Professionalität einer Lehrperson aus (Wilbert & Bönert, 2016). Verschiedene Studien belegen ihre Funktion als Motor (Hellmich, Görel & Schwab, 2016) oder zentrale Gelingensbedingung für die Umsetzung einer inklusiven Schule (Sermier Dessemontet, Benoit & Bless, 2011). Es zeigte sich jedoch, dass die Einstellungen der Lehrkräfte zur Inklusion nicht frei von Vorbehalten sind (de Boer, Pijl & Minnaert, 2011; Schwab & Seifert, 2014), wenngleich ein gegenwärtiger Trend zu eher positiven Einstellungen verzeichnet wird (Schwab et al., 2012). Zusammenhänge bestehen mit personenbezogenen Merkmalen wie dem Alter der Lehrkräfte (Burke & Sutherland, 2004; Sermier Dessemontet et al., 2011; Forlin, Loreman, Sharma & Earle, 2009) oder mit den Erfahrungen im Umgang mit beeinträchtigten Menschen (Ahmmed et al., 2012; Feyerer, 2014; Malinen et al., 2012). Auch berichten verschiedene Studien Unterschiede in den Einstellungen zur Inklusion zwischen den Professionen der Befragten (Regel- vs. Sonderschullehrkraft) (Kuhl, Moser, Schäfer

& Redlich, 2013; Moser et al., 2014; Feyerer, Dlugosch, Niedermair, Reibnegger, Hecht & Prammer-Semmler, 2014; Hecht, 2017).

Dass Lehrpersonen ihre Einstellungen in eine positive Richtung verändern können, belegen Befunde über die Wirkung der Aus- und Weiterbildung von (angehenden) Lehrkräften (de Boer et al., 2011; Carroll, Forlin & Jobling, 2003; Forlin et al., 2009; Sermier Dessemontet et al., 2011; Hecht, Niedermair & Feyerer, 2016; Kim, 2011). Der empirische Nachweis über tatsächliche Auswirkungen der Einstellungen und ihrer Veränderungen auf das unterrichtliche Handeln steht jedoch noch aus. Erste methodische Versuche, diesen zu erbringen, wurden von Sharma und Sokal (2015) mittels einer Beobachtungsskala unternommen. Die Ergebnisse bestätigen die eingeschlagene Richtung, allerdings ist noch weiterer Forschungsbedarf angezeigt.

Zusammenfassend ist den Untersuchungen zu entnehmen, dass sich die Einstellungen der Lehrkräfte sowohl in Abhängigkeit der Person (Mikroebene) als auch in Abhängigkeit der Bedingungen aus dem Umfeld (Mesoebene) unterscheiden (Sharma & Sokal, 2015) und dass damit eine starke Kontextbezogenheit vorliegt, die nicht unberücksichtigt bleiben darf. Von Interesse für die Professionsforschung im Zuge der gegenwärtigen systembedingten Umorientierungen muss es somit sein, förderliche Bedingungen mit Ausrichtung auf beide Ebenen zu ermitteln, um positive Veränderungsmechanismen ansteuern zu können (Ainscow, 2004). Hierfür lohnt es sich, theoretischen Überlegungen nachzugehen, welche auf die Bedeutungen persönlicher Erwartungen und Wertvorstellungen bei der Generierung von Einstellungen verweisen.

6 Entwicklung von inklusiven Einstellungen aus Sicht der Theorie des geplanten Verhaltens

Die Frage nach der Genese von Einstellungen ist eng mit den Überzeugungen und den persönlichen Erwartungen in Bezug auf das jeweilige Objekt oder Verhalten verknüpft. Sie können eine Person dazu bewegen, ein Verhalten auszuführen oder zu unterlassen. Diesem Prozess zwischengeschaltet ist die Bildung einer Intention, die den stärksten Prädiktor für die Ausführung einer bestimmten Handlung bildet. Ajzen (1991, 2005) formuliert damit die Einstellungen einer Person (»attitudes toward behavior«) als Determinanten von Bereitschaften und Absichten (»intentions«), ein bestimmtes Verhalten (»behavior«) auszuführen. Als eine Funktion von Überzeugungen geben sie den Ausschlag dafür, inwiefern ein Objekt oder Ereignis eher befürwortet oder abgelehnt wird. Dabei wird dem Verständnis eines Erwartungs-Wert-Modells gefolgt, wonach Einstellungen aus spontan erfolgenden Bewertungsprozessen resultieren, die schließlich in eine bestimmte Überzeugung (»behavioral belief«) in Bezug auf ein Objekt oder Verhalten übergehen. Im Prozess der Überzeugungsbildung werden bereits vorhandene Zuschreibungen (Attributionen) mit dem Evaluierungsobjekt bzw. dem zu bewertenden Verhalten verknüpft

(Fishbein & Ajzen, 2003), woraus es abschließend zu einer positiven oder negativen Gesamteinschätzung kommt. Sie wird auf Basis kognitiver oder affektiver Zuschreibungen gebildet, wobei dieser Prozess personenabhängig und je nach Einstellungsobjekt oder Verhalten unterschiedlich ist (Ajzen, 2005). Positive Einstellungen sind umso wahrscheinlicher, je erstrebenswerter die Konsequenzen erscheinen, die erwartet werden (Fishbein & Ajzen, 2003).

Hinsichtlich der Einstellungsgenese zur Inklusion würde dies bedeuten, dass jene Lehrkräfte oder Studierende befürwortend eingestellt sind, die der Umsetzung von inklusivem Unterricht positive Zuschreibungen entgegenbringen und sich davon auch positive Konsequenzen erwarten (z. B. einen sozialen Beitrag für die Gesellschaft leisten, Heterogenität als Herausforderung und Ressource nützen oder im Team arbeiten zu können). Jene hingegen, die inklusive Aufgaben mit unangenehmen Konsequenzen verbinden (z. B. durch vermehrten Zeitaufwand durch Teamarbeit mit Fachkräften, Zusammenarbeit mit Eltern), würden eher ablehnende Einstellungen entwickeln. Wollte man diesen Überlegungen folgend die Einstellungen der Lehrpersonen in eine positive Richtung lenken, müssten diese in der Umsetzung inklusiver Bildung Vorteile für sich und den pädagogischen Wert für die gesamte Lerngruppe erkennen können. Denkbar wäre, inklusive Lerngelegenheiten als identitätsstiftend und als »perspektivenreiches Handlungs- und Erfahrungsfeld« (Markowetz, 2006, S. 135) anerkennen oder als geleisteten Beitrag zur Bildung sozialer Kohäsion schätzen können. Diese oder ähnliche Denkfiguren zu fokussieren und förderliche Rahmenbedingungen daran auszurichten, wäre eine Aufgabe der Aus-, Fort- und Weiterbildung von (angehenden) Lehrkräften sowie der Schul- und Unterrichtsentwicklung. Welches tatsächlich die positiven Erwartungen sind, die Lehrpersonen mit einer inklusiven Schule verbinden und was sie sich von ihr erhoffen, könnten Forschungsfragen in Interviews mit Befürworterinnen und Befürwortern klären.

7 Bedeutung positiver Kompetenzerwartungen für die Umsetzung einer inklusiven Schule

In einem engen Zusammenhang mit dem Einstellungskonzept werden selbstbezogene Überzeugungen in Bezug auf das Lehren und Lernen untersucht. Ebenfalls als handlungs- und richtungsgebend betrachtet (Reusser & Pauli, 2014), interessieren Überzeugungen in die Kompetenz bzw. Selbstwirksamkeit in Bezug auf das Lehren, die gerade in Veränderungsprozessen, wo Schwierigkeiten zu erwarten sind, Orientierung bieten (Bandura, 1997; Schwarzer & Warner, 2011). Indem sie das Vertrauen in die Kompetenz zur Umsetzung inklusiver Bildung umschreiben, geben sie Auskunft über die eingeschätzte Kompetenz der Lehrpersonen, den Herausforderungen mit heterogenen Schülergruppen Kraft eigener Ressourcen und Möglichkeiten begegnen zu können. Sharma et al. (2012) stellten in diesem Zusammenhang fest, dass Lehrpersonen, die sich als hoch selbstwirksam einschätzen, eher dazu tendieren (bzw. positivere Einstellungen haben), Schülerinnen und Schüler mit Beeinträchtigungen in regulären Klassen zu unterrichten. Auch weitere Studien legen diesen Schluss nahe, dass vielmehr die Selbstwirksamkeitsüberzeugungen als die Einstellungen eine hohe prädiktive Kraft für die Bereitschaft zur Gestaltung inklusiver Settings haben (Sermier Dessemontet et al., 2011; Hecht et al., 2016; Malinen et al., 2012). Vor allem die Selbstwirksamkeit zur Kooperation und Zusammenarbeit in einem multiprofessionellen Team, die für inklusive Settings als konstitutiv gilt (Sharma et al., 2012; Ainscow & Sandill, 2010; UNESCO, 1994), scheint in diesem Zusammenhang von besonderer Bedeutung zu sein (Ahmmed et al., 2013).

In Anbindung an diese Evidenz scheint nicht nur eine Vermittlung positiver Einstellungen als Determinanten für inklusive Bereitschaften und Absichten bedeutsam, sondern auch die Stärkung des Vertrauens der Lehrkräfte in die eigene Wirksamkeit zur Bewältigung inklusiver Settings, wozu Aus- und Weiterbildungsformate mit inklusiven Inhalten beitragen können (Carroll et al, 2003; Kopp, 2009; Forlin et al., 2009; Hellmich et al., 2016). Carroll et al. (2003) geben allerdings zu bedenken, dass relevante Themen in Bezug auf inklusive Anforderungen (Teamarbeit, Problemlösungsstrategien oder Beratungskompetenzen) in den Curricula nur spärlich verankert sind. Forlin et al. (2009) weisen deshalb Anschuldigungen zurück, wonach die Verstärkung inklusiver Anstrengungen an die Schulen adressiert wird. Sie fordern dies vielmehr von den Ausbildungsinstitutionen ein:

> »[P]re-service teacher education institutions must acknowledge and embrace their role more fully to ensure that they are producing graduates who have the appropriate knowledge, skills and attitudes together with the confidence to be more proactive in furthering inclusion.« (Forlin et al., 2009, S. 207)

Auch wenn eine Überprüfung der Gegenrichtung, nämlich inwiefern die jeweilige Einstellung eine erhöhte Selbstwirksamkeit bewirkt, noch ausständig ist (Sermier Dessemontet et al., 2011), lässt sich der postulierte Kausalbezug auch theoretisch argumentieren. Mit Bezug auf Ajzen (2005) reichen positive Einstellungen allein – und seien sie noch so positiv – für die Bildung von festen Absichten nicht aus. Ohne die Wahrnehmung persönlicher Handhabe (»perceived behavioral control«) und der erforderlichen Ressourcen zur Umsetzung des Verhaltens sind ein fehlendes Engagement und eine Schwächung der Intention die Folgen. Dabei bringt Ajzen (2005) die Vorstellung der Verhaltenskontrolle mit dem Konzept der Selbstwirksamkeitsüberzeugungen in Verbindung. Er führt auch ähnliche Vorgänge zur Stärkung von Kontrollüberzeugungen an, wie sie für die Genese von Selbstwirksamkeitsüberzeugungen von Bedeutung sind (Bandura, 1997; Tschannen-Moran & Woolfolk Hoy, 2001). Insbesondere Erfolgserfahrungen, Vorbilder und Unterstützung durch Vertrauenspersonen werden als wichtige Voraussetzungen genannt, die zu einer Stärkung der Selbstwirksamkeitsüberzeugungen beitragen können (Bandura, 1997). Folglich wäre es von Bedeutung, Lehrpersonen und Studierenden inklusive Erfahrungsräume zu ermöglichen, damit Unterrichtserfolge in inklusiven Settings gesammelt und positive Beispiele schulischer Inklusion eingesehen werden können (Hecht et al., 2016). Auch die gegenseitige Ermutigung durch vertrauensvolle Kolleginnen und Kollegen, die idealerweise selbst inklusiven Unterricht umsetzen und vorleben, könnten inklusionsbezogene Selbstwirksamkeitsüberzeugungen festigen.

8 Inklusionsbezogene, kollektive Selbstwirksamkeitsüberzeugungen als Forschungsdesiderat

Bedeutsam mit Blick auf eine inklusive Schule scheint auch das Konzept in seiner kollektiven Facette (Bandura, 1997), das bislang aber noch keine Ausrichtung auf inklusive Aufgabenfelder fand. Ihre Bedeutung und Funktion machen sie für die Forschung und Praxis zu inklusiven Schul- und Unterrichtsprozessen besonders interessant. Kollektive Selbstwirksamkeitsüberzeugungen fassen nicht nur das individuelle Vertrauen in die Kompetenz einer gesamten Gruppe, sondern sie kennzeichnen auch die Schulkultur in Bezug auf ihre Ziele und Ambitionen als gemeinsam getragene Norm (Goddard, Hoy & Woolfolk Hoy, 2004; Goddard & Skrla, 2006). Sie nehmen Einfluss auf die Ausdauer und das Engagement bei der Zielverfolgung, zeigen positive Zusammenhänge mit den Leistungen von Schülerinnen und Schülern (Goddard et al., 2004) und durchbrechen den Einfluss sozioökonomischer Faktoren auf deren Leistungen (Bandura, 1997).

In diesem Zusammenhang geht auch die Unterstützung der Schulleitung als kooperationsförderlicher und richtungsweisender Faktor hervor (Altrichter & Feyerer, 2017; Huber, Sturm & Köpfer, 2017; Tschannen-Moran & Gareis, 2015). Urton, Wilbert und Hennemann (2014) konnten zeigen, dass sich Kollegien nicht nur hinsichtlich ihrer individuellen und kollektiven Selbstwirksamkeitsüberzeugungen unterscheiden, sondern auch, dass die Schulleitung mit ihrem Führungsverhalten eine bedeutsame Varianzaufklärung der Einstellung zur Integration und der kollektiven Wirksamkeit in den Kollegien leistet. Skaalvik und Skaalvik (2007) konnten feststellen, dass Unterstützung, Rat und Beistand der Leitung wichtig sind, damit eine Stärkung kollektiver Selbstwirksamkeit gelingt. Dabei spielen auch das Mitentscheidungsrecht und die überzeugende Vermittlung, dass die Lehrkräfte gemeinsam ihre Ziele erreichen können, eine Rolle (Ware & Kitsantas, 2007). Die Autorinnen und Autoren verweisen daher auf die Bedeutung und Funktion normativer Überzeugungen aus dem schulischen Umfeld, die von der Schulleitung wesentlich mitgestaltet werden (Tschannen-Moran & Gareis, 2015) und als Kennzeichen der Schulkultur hervorgehen können (Goddard et al., 2004).

9 Subjektive Normen und normative Überzeugungen als weitere Erklärungsfaktoren für die Bildung von Absichten zur Umsetzung inklusiver Bildung

Mit den Überlegungen zum Kollegium und der Schulleitung wurde die Bedeutung des schulischen Umfelds mit seinen normativen Überzeugungen hinsichtlich gemeinsamer Zielsetzungen und Aspirationen bereits deutlich, überraschenderweise gilt es aber als wenig erforscht (Klassen & Chiu, 2010). Im Zusammenhang mit dem schulischen Umfeld steht die subjektive Norm, die im Rahmen der Theorie des geplanten Verhaltens als dritte Determinante für die Bildung von Intentionen gilt. Sie resultiert aus den normativen Überzeugungen (»normative beliefs«) der Bezugsgruppe, die einen sozialen Druck auf das Individuum (»subjective norm«) ausüben und damit die Entscheidung für oder gegen ein Verhalten beeinflussen können (Ajzen, 2005). Im vorliegenden Fall würde dies bedeuten: Ist ein Lehrerkollegium der Überzeugung, dass eine inklusive Schule das ideale Lernsetting für alle Kinder bereithält, so tendieren die einzelnen Lehrkräfte zu derselben Auffassung. Diese Interdependenz subjektiver und normativer Überzeugungen wäre somit eine mögliche Erklärung dafür, weshalb sich Lehrkräfte (jeweils in Abhängigkeit der normativen Überzeugungen des Kollegiums) in manchen Schulen eher mehr, in anderen Schulen eher weniger in Bezug auf die (Mit-)Gestaltung einer inklusiven Schule engagieren könnten.

Im Rahmen der internationalen Inklusionsforschung wird die subjektive Norm als wahrgenommene schulische Unterstützung für die Umsetzung inklusiver Praxen in Regelklassen konzeptualisiert (Ahmmed et al., 2013). Die Autorinnen und Autoren kommen damit der SALAMANCA-Deklaration nach, die in der Gestaltung und Umsetzung inklusiver Lernsettings eine geteilte Verantwortung sieht:

> »Each school should be a community collectively accountable for the success or failure of every student. The educational team, rather than the individual teacher, should share the responsibility for the education of special needs children.« (UNESCO, 1994, S. 24)

Wenige Kompetenzmodelle fokussieren auf die Aspekte der Teamarbeit und der inklusiven Ansprüche (Kreis, 2015; Lindmeier, 2015). Ihr Augenmerk liegt auf der Interaktionsaktivität zwischen individuellen Lehrpersonen und ihren Schülerinnen und Schülern, womit übersehen wird, dass in inklusiven Settings, »Lernprozesse einzelner Lernender auch von mehreren Lehrpersonen gemeinsam verantwortet und inszeniert werden« (Kreis, 2015, S. 28). Inwiefern es zu solchen kooperativen Aktivitäten kommt, hängt dabei weniger von der einzelnen Lehrperson ab, als von »Aspekten auf Ebene des gesamten Schulteams« (Kreis, 2015, S. 40). Diese Befunde unterstreichen die Relevanz kollegialer Unterstützung, die insbesondere bei der Gestaltung inklusiver Lerngelegenheiten mit erhöhtem Koordinations- und Kooperationsbedarf (Bandura, 1997; Sharma et al., 2012; Kreis, 2015) und damit auch für die Bedeutung subjektiver Normen (in ihrer Abhängigkeit der normativen Überzeugungen und Unterstützung des schulischen Umfelds) gilt. In einer Studie mit Bezug auf die Theorie des geplanten Verhaltens, die inklusive Bereitschaften und Absichten untersuchte, erbrachten alle bisher diskutierten Faktoren starke positive Zusammenhänge, die subjektive Norm aber stellte den stärksten Prädiktor dar (Ahmmed et al., 2013).

10 Zusammenfassung und Ausblick

Ziel dieses Beitrags war es, anhand der Theorie des geplanten Verhaltens zentrale Prozesse der Intentionsbildung von Lehrpersonen zur Umsetzung inklusiver Bildung über ihre Determinanten näher zu beleuchten, um förderliche Bedingungen für die Bildung einer inklusiven Schul- und Unterrichtskultur aufzuzeigen (Sharma & Sokal, 2015). Dies geschah vor dem Hintergrund der gegenwärtigen Entwicklungen, damit inklusive Intentionen gestärkt und Bedenken der Lehrpersonen gegenüber einer inklusiven Schule längerfristig verringert werden können (Forlin et al., 2009). Gleichzeitig wurde versucht, auf Basis der theoretischen Verankerung relevante Prädiktoren aufzuzeigen und neue Forschungsperspektiven zu eröffnen, die für die Entwicklung und Unterstützung auf dem Weg zu einer inklusiven Schule von Bedeutung sind. Die Prozesse wurden aus der Perspektive eines mehrdimensionalen Konstrukts betrachtet, das bisher unverbundene Konzepte der Inklusionsforschung in einen Zusammenhang stellte.

Kritisch eingeräumt werden sollen abschließend verbleibende Forschungsdesiderate. So müssen die Determinanten in der vorliegenden Konzeption hinsichtlich der Aussagekraft für die Bildung von Intentionen zur Gestaltung inklusiver Lerngelegenheiten – und letztendlich auch in Bezug auf die Umsetzung eines inklusiven Lehrverhaltens – erst empirisch bestätigt werden. Denn nach wie vor ist wenig darüber bekannt, inwiefern inklusive Unterrichtskompetenzen erworben werden und ob sich Veränderungen in den Überzeugungen tatsächlich in der Praxis niederschlagen (Jordan et al., 2009). Auch weitere Erklärungsfaktoren sind zum gegenwärtigen Zeitpunkt nicht auszuschließen (Ahmmed et al., 2013). Dennoch weisen erste Untersuchungen in die postulierte Richtung (Sharma & Sokal, 2015), womit das Konzept mit seinen Einflussgrößen eine gute Grundlage für das Verständnis von Prozessen und Maßnahmen bieten kann, um die Entwicklung und Stärkung inklusiver Bereitschaften und Absichten der Lehrpersonen zu unterstützen. Ausgehend von den Überlegungen zu den Einstellungen der Lehrpersonen zur Inklusion, ihren subjektiven Normen und Selbstwirksamkeitsüberzeugungen lassen sich daher unterschiedliche Implikationen für Praxis und Forschung ableiten.

Auf Mikroebene sind es die Einstellungen und Selbstwirksamkeitsüberzeugungen der Lehrpersonen, die mit Blick auf förderliche Prozesse in der Gestaltung von Aus- und Weiterbildungsmaßnahmen interessieren müssen. Damit positive Haltungen gefestigt und Bedenken überwunden werden können, sind vermehrt persönliche Erwartungen an eine inklusive Schule herauszuarbeiten und der pädagogische Wert inklusiver Bildung für alle beteiligten Akteurinnen und Akteure zu unterstreichen. Es muss aber gleichzeitig auch das Vertrauen zur Gestaltung einer inklusiven Schule in Aus- und Weiterbildung durch ressourcenstärkende und inklusiv ausgerichtete Formate aufgebaut werden, was gemäß den theoretischen Annahmen durch Erfolgserfahrungen und gelungene Praxen erzielt werden kann.

Auf der Mesoebene wurde die Bedeutung normativer Überzeugungen des schulischen Umfelds für die Heranbildung subjektiver Normen aufgezeigt und förderliche Bedingungen für die Bildung inklusiver Schulkulturen abgeleitet. In diesem Zusammenhang konnten auch die Bedeutungen der Leitung und ihres Führungsverhaltens für das Kollegium und die Gestaltung normativer Überzeugungen abgeleitet werden (Tschannen-Moran & Gareis, 2015). Insgesamt wurde deutlich, dass die Erforschung und Genese inklusiver Unterrichtskompetenzen und Bereitschaften keine einseitig individualisierende Perspektive erlauben, die den Fokus auf einzelne Fachkräfte legt, sondern die Akteurinnen und Akteure in ihrer Gesamtheit und vor dem Hintergrund des Kontextes betrachtet werden müssen (Ainscow, 2004). Was die Genese inklusiver Bereitschaften und Absichten braucht, ist nicht nur die Zuversicht in die eigenen Kompetenzen, sondern auch das Vertrauen und den Mut, auf die Ressourcen anderer zurückgreifen und Kooperationen nutzen zu können. Damit bedingt sie die Gelegenheit zur Zusammenarbeit auf allen schulischen Ebenen (Ainscow, 2004; UNESCO, 1994) und die Anstrengungen eines gesamten Kollegiums (Urton et al., 2014), was insbesondere für die Weiterentwicklung zu einer inklusiven Schule gilt (Ainscow & Sandill, 2010).

Literatur

Ahmmed, M., Sharma, U. & Deppeler, J. (2013). Variables affecting teachers' intentions to include students with disabilities in regular primary schools in Bangladesh. *Disability and Society, 12*(3), 132–140.

Ainscow, M. & Sandill, A. (2010). Developing inclusive education systems: The role of organisational cultures and leadership, *International Journal of Inclusive Education, 14* (4), 401–416.

Ainscow, M. (2004). *Special needs in the classroom. A teacher education guide.* Paris: UNESCO.

Ajzen, I. (1991). The theory of planned behavior. *Organizational Behavior and Human Decision Processes, 50*(2), 179–211.

Ajzen, I. (2005). *Attitudes, personality and behavior.* Berkshire: University Press.

Altrichter, H. & Feyerer. E. (2017). Schulentwicklung und Inklusion in Österreich. In B. Lütje-Klose, S. Miller, S. Schwab & B. Streese (Hrsg.), *Inklusion: Profile für die Schul- und Unterrichtsentwicklung in Deutschland, Österreich und der Schweiz* (S. 31–42). Münster: Waxmann.

Bandura, A. (1997). *Self-efficacy: The exercise of control.* New York: W. H. Freeman and Company.

BGBl. I Nr.124/2013. Bundesrahmengesetz zur Einführung einer neuen Ausbildung für Pädagoginnen und Pädagogen. Verfügbar über: https://www.ris.bka.gv.at/Dokumente/¬

BgblAuth/BGBLA_2013_I_124/BGBLA_2013_I_124.pdf (Datum des Zugriffs: 13.01. 2017).

BMBF (2015). Verbindliche Richtlinien zur Entwicklung inklusiver Modellregionen. Beilage zum Schreiben des BMBF 36.153/008/I/5/2015. Verfügbar über: https://www.bmb.gv.¬ at/schulen/bw/abs/rl_inklusive_modell_2015.pdf?5l51vi (Datum des Zugriffs: 03.12. 2016).

Böheim-Galehr, G. & Engleitner, J. (2014). Die Vorarlberger Schulen der 10- bis 14-Jährigen: Zentrale Ergebnisse mit Relevanz für die Weiterentwicklung der Schulen der Sekundarstufe. In G. Böheim-Galehr & J. Engleitner (Hrsg.), *Schule der 10- bis 14-Jährigen in Vorarlberg. Projektbericht. Bd. 1* (S. 157–170). Innsbruck: Studienverlag.

Boer, A. de, Pijl, S. P. & Minnaert, A. (2011). Regular primary school teachers' attitudes towards inclusive education: A review of the literature. *International Journal of Inclusive Education, 15*(3), 331–353.

Burke, K. & Sutherland, C. (2004). Attitudes towards inclusion: Knowledge vs. experience. *Education, 125*(2), 163–172.

Carroll, A., Forlin, C. & Joblin, A. (2003). The impact of teacher training in special education on attitudes of Australian preservice general educators towards people with disabilities. *Teacher Education Quarterly, 30*(3), 65–79.

Feyerer, E. (2014). Einstellungen und Haltungen zur inklusiven Schule. *Erziehung und Unterricht, 164*(3-4), 219–227.

Feyerer, E., Dlugosch, A., Niedermair, C., Reibnegger, H., Hecht, P. & Prammer-Semmler, E. (2014). Einstellungen und Kompetenzen von LehramtsstudentInnen und LehrerInnen für die Umsetzung inklusiver Bildung. Forschungsprojekt BMUKK-20.040/0011-I/7/2011. Endbericht. Verfügbar über: http://www.ph-ooe.at/fileadmin/Daten_PHOOE/Inklusive_¬ Paedagogik_neu/Sammelmappe1.pdf (Datum des Zugriffs: 28.07.2017).

Fishbein, M. & Ajzen, I. (2003). Attitudes towards objects as predictors of single and multiple behavioral criteria. In M. A. Hogg (Hrsg.), *Social psychology* (Bd. 1, S. 325–346). London: SAGE.

Forlin, C., Loreman, T., Sharma, U. & Earle, C. (2009). Demographic differences in changing pre-service teachers' attitudes, sentiments and concerns about inclusive education. *International Journal of Inclusive Education, 13*(2), 195–209.

Gasterstädt, J. & Urban, M. (2016). Einstellung zu Inklusion? Implikationen aus Sicht qualitativer Forschung im Kontext der Entwicklung inklusiver Schulen. *Empirische Sonderpädagogik, 8*(1), 54–66.

Goddard, R. D., Hoy, W. K. & Woolfolk Hoy, A. (2004). Collective efficacy beliefs: Theoretical developments, empirical evidence, and future directions. *Educational Researcher, 33*(3), 3–13.

Goddard, R. D. & Skrla, L. (2006). The influence of school social composition on teachers' collective efficacy beliefs. *Educational Administration Quarterly, 42*(2), 216–235.

Hecht, P. (2017). Selbstwirksam in Richtung Inklusion. *Journal für Lehrerbildung, 17*(2), 23–27.

Hecht, P., Niedermair, C. & Feyerer, E. (2016). Einstellungen und inklusionsbezogene Selbstwirksamkeitsüberzeugungen von Lehramtsstudierenden und Lehrpersonen im Berufseinstieg – Messverfahren und Befunde aus einem Mixed-Methods-Design. *Empirische Sonderpädagogik, 8*(1), 86–102.

Hellmich, F., Görel, G. & Schwab, S. (2016). Einstellungen und Motivation von Lehramtsstudentinnen und -studenten in Bezug auf den inklusiven Unterricht in der Grundschule – Ein Vergleich zwischen Deutschland und Österreich. *Empirische Sonderpädagogik, 8*(1), 67–85.

Huber, S., Sturm, T. & Köpfer, T. (2017). Inklusion und Schulleitung – Schulleitende als Gestaltende inklusiver Schulen (auch) in der Schweiz. In B. Lütje-Klose, S. Miller, S. Schwab & B. Streese (Hrsg.), *Inklusion: Profile für die Schul- und Unterrichtsentwicklung in Deutschland, Österreich und der Schweiz* (S. 43–67). Münster: Waxmann.

Jordan, A., Schwartz, E. & McGhie-Richmond, D. (2009). Preparing teachers for inclusive classrooms. *Teaching and Teacher Education, 25*(4), 535–542.

Kim, J.-R. (2011). Influence of teacher preparation programmes on preservice teachers' attitudes toward inclusion. *International Journal of Inclusive Education, 15*(3), 355–377.

Klassen, R. M. & Chiu, M. M. (2010). Effects on teacher's self-efficacy and job satisfaction: Teacher gender, years of experience, and job stress. *Journal of Educational Psychology, 102*(3), 741–756.

Kopp, B. (2009). Inklusive Überzeugungen und Selbstwirksamkeit im Umgang mit Heterogenität – Wie denken Studierende des Lehramts für Grundschulen? Empirische *Sonderpädagogik, 1*(1), 5–24.

Kreis, A. (2015). Professionalisierung in inklusiven Settings. Einblicke in die Studie KosH. In H. Redlich, L. Schäfer, G. Wachtel, K. Zehbe & V. Moser (Hrsg.), *Veränderung und Beständigkeit in Zeiten der Inklusion. Perspektiven Sonderpädagogischer Professionalisierung* (S. 25–43). Bad Heilbrunn: Klinkhardt.

Kuhl, J., Moser, V., Schäfer L. & Redlich, H. (2013). Zur empirischen Erfassung von Beliefs von Förderschullehrerinnen und -lehrern. *Empirische Sonderpädagogik 5*(1), 3–24.

Lindmeier, B. (2015). Professionstheoretische Hinweise für eine inklusionsorientierte Lehrer*innenbildung im sonderpädagogischen Lehramt. In H. Redlich, L. Schäfer, G. Wachtel, K. Zehbe & V. Moser (Hrsg.), *Veränderung und Beständigkeit in Zeiten der Inklusion. Perspektiven Sonderpädagogischer Professionalisierung* (S. 133–143). Bad Heilbrunn: Klinkhardt.

Loremann, T., Earle, C., Sharma, U. & Forlin, C. (2007). The development of an instrument for measuring pre-service teachers' sentiments, attitudes, and concerns about inclusive education. *International Journal of Special Education, 22*(2), 150–160.

Malinen, O.-P., Savolainen, H. & Xu, J. (2012). Beijing in-service teacher's self-efficacy and attitudes towards inclusive education. *Teaching and Teacher Education, 28*(4), 526–534.

Markowetz, R. (2006). Menschen mit geistiger Behinderung zwischen Stigmatisierung und Integration – Behindertensoziologische Aspekte der These »Entstigmatisierung durch Integration!«. In E. Wüllenweber, G. Theunissen & H. Mühl (Hrsg.), *Pädagogik bei geistigen Behinderungen. Ein Handbuch für Studium und Praxis* (S. 142–159). Stuttgart: Kohlhammer.

Moser, V. (2016). Professionsforschung. In I. Hedderich, G. Biewer, J. Hollenweger & R. Markowetz (Hrsg.), *Handbuch Inklusion und Sonderpädagogik* (S. 665–669). Bad Heilbrunn: Klinkhardt.

Moser, V. & Kuhl, J., Redlich, H. & Schäfer, L. (2014). Beliefs von Studierenden sonder- und grundschulpädagogischer Studiengänge. *Zeitschrift für Erziehungswissenschaft, 17*(4), 661–678.

Nikolai, R. (2016). Systembezogene Schulforschung. In I. Hedderich, G. Biewer, J. Hollenweger & R. Markowetz (Hrsg.), *Handbuch Inklusion und Sonderpädagogik* (S. 670–764). Bad Heilbrunn: Klinkhardt.

Pace, E. M. & Aiello, P. (2016). Deciding to act: Teachers' willingness to implement inclusive practices. *Education Sciences & Society, 7*(1), 138–160.

Reusser, K. & Pauli, C. (2014). Berufsbezogene Überzeugungen von Lehrerinnen und Lehrern. In E. Terhart, H. Bennewitz & M. Rothland (Hrsg.), *Handbuch der Forschung zum Lehrberuf* (S. 642–661). Münster: Waxmann.

Schwab, S., Gebhardt, M., Tretter, T., Rossmann, P., Reicher, H., Ellmeier, B., Gmeiner, S. & Gasteiger-Klicpera, B. (2012). Auswirkungen schulischer Integration auf Kinder ohne Behinderung – eine empirische Analyse von LehrerInneneinschätzungen. *Heilpädagogische Forschung, 38*(1), 54–65.

Schwab, S. & Seifert, S. (2014). Einstellungen von Lehramtsstudierenden und Pädagogikstudierenden zur schulischen Inklusion – Ergebnisse einer quantitativen Untersuchung. *Zeitschrift für Bildungsforschung, 5*(1), 73–87.

Schwarzer, R. & Warner, L. M. (2011). Forschung zur Selbstwirksamkeit bei Lehrerinnen und Lehrern. In E. Terhart, H. Bennewitz & M. Rothland (Hrsg.), *Handbuch der Forschung zum Lehrerberuf* (S. 496–510). Münster: Waxmann.

Sermier Dessemontet, R., Benoit, V. & Bless, G. (2011). Schulische Integration von Kindern mit einer geistigen Behinderung. Untersuchung der Entwicklung der Schulleistungen und der adaptiven Fähigkeiten, der Wirkung auf die Lernentwicklung der Mitschüler sowie der Lehrereinstellungen zur Integration. *Empirische Sonderpädagogik, 3*(4), 291–307.

Sharma, U. & Jacobs, K. (2016). Predicting in-service educators' intentions to teach in inclusive classrooms in India and Australia. *Teaching and Teacher Education, 55*, 13–23.

Sharma, U., Loreman, T. & Forlin, C. (2012). Measuring teacher efficacy to implement inclusive practices. *Journal for Research in Special Educational Needs, 12*(1), 12–21.

Sharma, U. & Sokal, L. (2015). Can teachers' self-reported efficacy, concerns, and attitudes toward inclusion scores predict their actual inclusive classroom practices? *Australasian Journal of Special Education, 40*(1), 21–38.

Skaalvik, E. M. & Skaalvik, S. (2007). Dimensions of teacher self-efficacy and relations with strain factors, perceived collective efficacy, and teacher burnout. *Journal of Educational Psychology, 99*(3), 611–625.

Tschannen-Moran, M. & Gareis, C. R. (2015). Faculty trust in the principal: An essential ingredient in high-performing schools. *Journal of Educational Administration, 53*(1), 66–92.

Tschannen-Moran, M. & Woolfolk Hoy, A. (2001). Teacher efficacy: Capturing an elusive construct. *Teaching and Teacher Education, 17*(7), 783–805.

UNESCO (1994). *The Salamanca statement and framework for action on special needs education.* Paris: UNESCO.

Urton, K., Wilbert, J. & Hennemann, T. (2014). Der Zusammenhang zwischen der Einstellung zur Integration und der Selbstwirksamkeit von Schulleitungen und deren Kollegien. *Empirische Sonderpädagogik, 6*(1), 3–16.

Ware, H. W. & Kitsantas, A. (2007). Teacher and collective efficacy beliefs as predictors of professional commitment. *The Journal of Educational Research, 100*(5), 303–310.

Wilbert, J. & Börnert, M. (2016). Unterricht. In I. Hedderich, G. Biewer, J. Hollenweger & R. Markowetz (Hrsg.), *Handbuch Inklusion und Sonderpädagogik* (S. 346–353). Bad Heilbrunn: Klinkhardt.

Einstellungen und Auffassungen von Grundschullehrkräften im Zusammenhang mit dem inklusiven Unterricht in der Grundschule – Ergebnisse aus einer Interviewstudie

Frank Hellmich, Margarita Knickenberg & Gamze Görel

Zusammenfassung

Einstellungen und Auffassungen von Lehrerinnen und Lehrern im Zusammenhang mit der Inklusion in Schule und Unterricht werden als wichtige Voraussetzungen für die innovative Gestaltung inklusiver Lehr-Lernumgebungen in der Schule erachtet. Vor diesem Hintergrund wurden im Rahmen unserer qualitativen Studie $N = 25$ Grundschullehrerinnen und -lehrer zu ihren Einstellungen zur Inklusion sowie zu ihren Auffassungen von inklusivem Unterricht in der Grundschule befragt. Die Ergebnisse geben Hinweise darauf, dass zwei Typen von Grundschullehrkräften anhand der durchgeführten Interviews voneinander unterschieden werden können: Während der eine Typ von Grundschullehrerinnen und -lehrern Inklusion als Gleichberechtigung für alle Kinder in der Schule und in der Gesellschaft erachtet, wird bei dem zweiten Typ eine noch weitgehend traditionelle und an der Integrationsphase orientierte Auffassung deutlich. Diese Grundschullehrkräfte fassen Inklusion in Schule und Unterricht dabei noch immer als das Zusammenlernen von Kindern mit einem oder ohne einen sonderpädagogischen Förderbedarf auf. Die Einstellungen der an der Untersuchung beteiligten Grundschullehrkräfte sind moderat positiv getönt. Die Lehrerinnen und Lehrer betonen in den Interviews, dass sie der Inklusion in Schule und Unterricht generell positiv gegenüber eingestellt sind – allerdings unter der Voraussetzung, dass entsprechende sächliche und personelle Voraussetzungen geschaffen werden, um der Herausforderung ›Inklusion‹ entsprechend erfolgreich begegnen zu können.

1 Einleitung – Theoretischer und empirischer Hintergrund

Im Zuge der Etablierung und der Gestaltung eines inklusiven Bildungswesens in der Bundesrepublik Deutschland sind gegenwärtig noch zahlreiche Fragen unbeantwortet, die zum einen die Entwicklung inklusiven Unterrichts, zum anderen diejenige der inklusiven Schule betreffen. Als ein wichtiges Desiderat wird dabei beispielsweise die zukünftige Aus-, Fort- und Weiterbildung (angehender) Lehrerinnen und Lehrer für die Gestaltung inklusiven Unterrichts betrachtet. So formuliert die Europäische Agentur für Entwicklungen in der sonderpädagogischen Förderung (2012) als wichtige Profile einer Lehrkraft, die in einer inklusiven Schule tätig ist, die »Wertschätzung der Vielfalt der Lernenden«, die »Unterstützung für alle Lernenden«, die kooperative »Zusammenarbeit mit anderen« Kolleginnen und Kollegen (z. B. mit Förderschullehrerinnen und -lehrern, pädagogischen Fachkräften oder Schulpsychologinnen und -psychologen) sowie die »persönliche berufliche Weiterbildung« (S. 8 f.). Ähnlich wie beispielsweise in Modellen professioneller Kompetenzen von Lehrerinnen und Lehrern (vgl. Baumert & Kunter, 2006) werden – neben Fachwissen, pädagogischem Wissen oder fachdidaktischem Wissen – unter der »Wertschätzung der Vielfalt der Lernenden« überfachliche Kompetenzen verstanden, die einerseits »Auffassungen von inklusiver Bildung« sowie die »Einstellung der Lehrkräfte zur Unterschiedlichkeit der Lernenden« (Europäische Agentur für Entwicklungen in der sonderpädagogischen Förderung, 2012, S. 8 f.) betreffen. Insbesondere Einstellungen von Lehrkräften zur Inklusion werden in der gegenwärtigen Diskussion als Dreh- und Angelpunkte für die Etablierung eines inklusiven Bildungssystems erachtet. Sie stellen wichtige Voraussetzungen auf der Ebene der inklusiven Schul- und Unterrichtsentwicklung dar und werden auch als besondere Hürden mit dem Blick auf die Realisierung des gemeinsamen Lernens im inklusiven Unterricht gesehen (Avramidis, Bayliss & Burden, 2000).

Momentan ist noch weitgehend ungeklärt, durch welche Faktoren Einstellungen und Auffassungen von Lehrkräften im Zusammenhang mit dem inklusiven Unterricht konkret beeinflusst werden. Auch ist die Frage unbeantwortet, wie es gelingen kann, Einstellungen von (angehenden) Grundschullehrkräften im Rahmen der Aus-, Fort- und Weiterbildung in einer positiven Weise zu begünstigen (vgl. Sze, 2009). An dieser Stelle setzt der vorliegende Beitrag an. Im Rahmen qualitativer Interviews wurden Grundschullehrerinnen und -lehrer zu ihren Auffassungen von Inklusion in Schule und Unterricht einerseits sowie zu ihren Einstellungen zum inklusiven Unterricht andererseits befragt. Das Ziel der Untersuchung bestand darin, Einstellungen von Grundschullehrkräften sowie deren Auffassungen von inklusivem Lernen in der Grundschule besser zu verstehen und mögliche potentielle Erklärungsmuster hierfür in den Blick zu nehmen.

1.1 Einstellungen von Grundschullehrkräften zum inklusiven Unterricht

Einstellungen von Grundschullehrerinnen und -lehrern gelten als wichtige Determinanten für die Realisierung von inklusivem Lernen in der Grundschule. Unter dem Begriff ›Einstellung‹ werden dabei nach Eagly und Chaiken (1993) Bereitschaften von Individuen verstanden, auf Aspekte des persönlichen Umfelds durch Zuspruch oder Ablehnung wertend zu reagieren: »Attitude is a psychological tendency that is expressed by evaluating a particular entity with some degree of favor or disfavor« (Eagly & Chaiken, 1993, S. 1). Einstellungen werden als multidimensionale Konstrukte aufgefasst, die sich in kognitive, affektiv-emotionale sowie verhaltensbezogene Komponenten untergliedern (vgl. Triandis, 1971). Nach

Oskamp (1991) umfasst die kognitive Einstellungskomponente dabei Meinungen und Überzeugungen über Inklusion und inklusiven Unterricht, die durch geäußerte positive oder negative Wahrnehmungsurteile zu erkennen sind. Gefühle und Emotionen als Ausdruck des Zuspruchs oder der Ablehnung gegenüber dem Thema ›Inklusion‹ kennzeichnen die affektiv-emotionale Dimension von Einstellungen. Darüber hinaus werden Einstellungen, die auf tatsächlich ausgeführtem oder geplantem Verhalten beruhen, der verhaltensbezogenen Dimension zugeordnet.

In den vergangenen Jahren wurden sowohl national als auch international zahlreiche Untersuchungen durchgeführt, bei denen Einstellungen von (angehenden) Lehrerinnen und Lehrern zur Inklusion im Zusammenhang mit verschiedenen persönlichen Ressourcen wie beispielsweise Erfahrungen aus dem integrativen bzw. inklusiven Unterricht oder Selbstwirksamkeitsüberzeugungen in Hinblick auf die Gestaltung des inklusiven Unterrichts betrachtet worden sind. Dabei konnten Zusammenhänge zwischen Einstellungen von Lehrkräften zur Inklusion und ihren Erfahrungen aus dem integrativen bzw. inklusiven Unterricht nachgewiesen werden (Avramidis & Kalyva, 2007; de Boer, Pijl & Minnaert, 2011; Gebhardt et al., 2011; Hellmich & Görel, 2014a, b). Praisner (2003) konnte darüber hinaus zeigen, dass Differenzen in den Einstellungen zum inklusiven Unterricht bei Lehrkräften deutlich mehr durch die Qualität ihrer Erfahrungen als durch deren Quantität erklärt werden können. Dass Selbstwirksamkeit – verstanden als Überzeugung, erforderliches Verhalten ausführen zu können, um ein angestrebtes Ziel zu erreichen (Bandura, 1997) – und Einstellungen zur Inklusion korrelieren, wurde des Weiteren in zahlreichen Studien belegt. Diejenigen Lehrerinnen und Lehrer, die von ihrer Selbstwirksamkeit in Hinblick auf die Gestaltung von inklusivem Unterricht überzeugt waren, zeigten deutlich positivere Einstellungen zur Inklusion als ihre Kolleginnen und Kollegen, die über diese persönlichen Ressourcen nicht verfügten (Ben-Yehuda, Leyser & Last, 2010; Bosse, Henke, Jäntsch, Lambrecht, Vock & Spörer, 2016; Hecht, Niedermair & Feyerer, 2016; Hellmich & Görel, 2014a, b; Sarı, Çeliköz & Seçer, 2009; Savolainen, Engelbrecht, Nel & Malinen, 2012; Soodak, Podell & Lehmann, 1998; Urton, Wilbert & Hennemann, 2015). Neben diesen persönlichen Bestimmungsgrößen sind weitere wichtige Bedingungen – wie beispielsweise personelle und sächliche Ressourcen oder schulische Rahmenbedingungen – für die Entwicklung von Einstellungen zur Inklusion bei Lehrkräften in der Schule nur wenig untersucht. Ergebnisse aus einer qualitativen Studie von Götz, Hauenschild, Greve und Hellmers (2015) geben beispielsweise Hinweise darauf, dass die Einstellungen der insgesamt zwölf im Rahmen von Interviews befragten Grund- und Förderschullehrerinnen und -lehrer durchschnittlich positiv getönt sind und sie Inklusion in Schule und Unterricht prinzipiell befürworten. Im Detail konnten Götz et al. (2015) drei Einstellungskategorien identifizieren: positive, eingeschränkt positive und negative Einstellungen der an der Interviewstudie beteiligten Lehrkräfte. Mit dem Blick auf die Einstellungen der Grundschullehrkräfte konstatieren sie:

> »Lehrerinnen und Lehrer mit einer uneingeschränkt positiven Einstellung sind hier – trotz der Schwierigkeiten, die sie sehen – von Inklusion überzeugt. Negativ eingestellte Befragte schließen das Gelingen von Inklusion prinzipiell aus, während Lehrerinnen und Lehrer mit

einer eingeschränkt positiven Einstellung sich das Gelingen zwar vorstellen können, die Schwierigkeiten jedoch als möglichen ›Genickbruch‹ der momentanen Umsetzung von Inklusion sehen.« (Götz et al., 2015, S. 37)

Damit verdeutlichen die in der Studie von Götz et al. (2015) befragten Grundschullehrkräfte, dass die Rahmenbedingungen für die Gestaltung von inklusivem Unterricht und die Entwicklung inklusiver Schulen – wie beispielsweise Personal, Ausstattung der Klassenräume sowie Fort- und Weiterbildungen zum Thema ›Inklusion‹ – gegenwärtig noch aus ihrer Sicht als unzureichend zu bezeichnen sind.

Zusammenfassend kann festgehalten werden, dass unter qualitativem Gesichtspunkt noch nicht in einer hinreichenden Weise untersucht ist, unter welchen individuellen, unterrichtsbezogenen oder schulischen Gegebenheiten Grundschullehrkräfte der Inklusion positiv, neutral oder möglicherweise negativ gegenübertreten (vgl. hierzu auch Gasterstädt & Urban, 2016; Götz et al., 2015).

1.2 Auffassungen von inklusiver Bildung bei Grundschullehrkräften

Das Verständnis und die Auffassungen von Lehrerinnen und Lehrern zur Inklusion und zur inklusiven Bildung in der Schule werden als wichtige Voraussetzungen im Zusammenhang mit ihrer Einstellungsgenese betrachtet. So wird beispielsweise von der Europäischen Agentur für Entwicklungen in der sonderpädagogischen Förderung (2012) herausgestellt, dass eine »bestimmte *Einstellung* oder Überzeugung […] ein bestimmtes *Wissen* oder Verständnis und schließlich *Fähigkeiten*, um dieses Wissen in einer Situation praktisch umzusetzen« (S. 8) als wichtige Bedingungen verstanden werden können. Ohne Frage sind für die Entwicklung von Einstellungen gegenüber einem Gesellschaftsausschnitt oder einem bildungspolitisch relevanten Thema ein inhaltliches Verständnis sowie eine darauf bezogene Auseinandersetzung in nicht unerheblicher Weise relevant. Bislang ist noch wenig über das Verständnis und die Auffassungen von Inklusion und inklusiver Bildung bei Lehrerinnen und Lehrern bekannt. Lediglich in der qualitativ ausgerichteten Untersuchung von Götz et al. (2015) wird deutlich, dass die Vorstellungen von Inklusion bei den befragten Lehrkräften sehr vage ausfallen. Im Detail zeigte sich, dass »die Grundschullehrerinnen und -lehrer ein engeres Verständnis von Inklusion zeigen als die Förderschullehrerinnen und -lehrer, für die Inklusion eine pädagogische Grundhaltung beschreibt und sich auf die gesamte Gesellschaft bezieht« (S. 37). Hellmich und Görel (2014a) befragten insgesamt $N = 201$ Grundschullehrkräfte zu ihren Auffassungen von Inklusion anhand eines ›Paper-and-Pencil‹-Fragebogens. Die an der Untersuchung beteiligten Lehrkräfte wurden dabei gebeten, zu ihren Auffassungen von Inklusion auf der Grundlage von vorgegebenen Fragebogenaussagen Stellung zu nehmen (z. B. »Inklusion bedeutet, jedem Kind oder Jugendlichen mit sonderpädagogischem Förderbedarf barrierefreie Bildung zu ermöglichen« oder »Inklusion bedeutet, jedem Kind oder Jugendlichen mit sonderpädagogischem Förderbedarf eine optimale Form selbstbestimmter Lebensführung zu ermöglichen«; Hellmich & Görel, 2014a, S. 234).

Die einzelnen Fragebogenaussagen waren dabei orientiert an dem ›Beschluss zur inklusiven Bildung von Kindern und Jugendlichen mit Behinderungen in Schulen‹ des Sekretariats der Ständigen Konferenz der Kultusminister der Länder in der Bundesrepublik Deutschland (2011). Mit Hilfe dieser Fragebogenaussagen haben Hellmich und Görel (2014a) in Erfahrung bringen wollen, ob und inwiefern die an der Studie beteiligten Grundschullehrerinnen und -lehrer bildungspolitischen Aussagen zur Inklusion mit Zuspruch oder Ablehnung begegnen. Die Ergebnisse verdeutlichen, dass die Grundschullehrkräfte den ihnen vorgelegten Fragebogenaussagen im Wesentlichen zustimmen. Damit wird annähernd deutlich, dass ihre Auffassungen von Inklusion dem gegenwärtigen bildungspolitischen Verständnis entsprechen.

1.3 Zusammenhänge zwischen Auffassungen von und Einstellungen zur Inklusion bei Grundschullehrkräften

Auffassungen von inklusivem Unterricht und Einstellungen zur Inklusion in Schule und Unterricht bei Grundschullehrkräften wurden im Rahmen empirischer Untersuchungen in den vergangenen Jahren nur wenig in den Blick genommen – obschon naheliegend ist, dass Einstellungen von Lehrerinnen und Lehrern in Abhängigkeit ihres Verständnisses oder ihrer jeweils individuellen Auffassungen des zu evaluierenden ›Gegenstands‹ nicht unerheblich variieren können (vgl. Eagly & Chaiken, 1993). Zusammenhänge zwischen Einstellungen von (angehenden) Lehrkräften zur Inklusion und ihren Auffassungen zum inklusiven Unterricht konnten in Aspekten in den Untersuchungen von Loreman, Forlin und Sharma (2007), Lang, Grittner, Rehle und Hartinger (2010) sowie von Hellmich und Görel (2014a) verdeutlicht werden. Während Loreman et al. (2007) Zusammenhänge zwischen den Einstellungen von Lehramtsstudentinnen und -studenten und ihren Auffassungen von Inklusion aufzeigen konnten, geben die Befunde von Lang et al. (2010) Hinweise auf das enge Zusammenspiel von Einstellungen zur Jahrgangsmischung und Auffassungen von Heterogenität bei Grundschullehrerinnen und -lehrern. Hellmich und Görel (2014a) befragten im Rahmen einer quantitativ ausgerichteten Studie Grundschullehrkräfte einerseits zu ihren Einstellungen zur Inklusion und andererseits zu ihren Auffassungen von Inklusion. Die ermittelten Befunde verdeutlichten einen schwachen, höchst signifikanten Zusammenhang von $r = .36$ zwischen den Einstellungen der Lehrkräfte zur Inklusion und ihren Auffassungen von Inklusion in Schule und Unterricht.

2 Forschungsfragen

Vor dem dargestellten theoretischen und empirischen Hintergrund werden im Rahmen der vorliegenden Studie zum einen Einstellungen von Grundschullehrkräften zur Inklusion sowie zum anderen ihre Auffassungen von Inklusion und inklusivem Unterricht untersucht. Auch wenn Auffassungen von (angehenden) Lehrerinnen und Lehrern zur Inklusion bereits im Rahmen quantitativ angelegter Studien untersucht worden sind (vgl. Hellmich & Görel, 2014a; Loreman et al., 2007), fehlen gegenwärtig noch detailliertere Einblicke in das Verständnis und die Auffassungen von Grundschullehrkräften von inklusivem Unterricht.

- *Forschungsfrage 1*: Welches Verständnis und welche Auffassungen haben Grundschullehrerinnen und -lehrer von Inklusion und von inklusivem Unterricht in der Grundschule?

Neben Erfahrungen aus dem integrativen bzw. inklusiven Unterricht (Avramidis & Kalyva, 2007; de Boer et al., 2011; Gebhardt et al., 2011; Hellmich & Görel, 2014a; Praisner, 2003) sowie Selbstwirksamkeitsüberzeugungen in Hinblick auf die Gestaltung des inklusiven Unterrichts (Ben-Yehuda et al., 2010; Bosse et al., 2016; Hecht et al., 2016; Hellmich & Görel, 2014a; Sarı et al., 2009; Savolainen et al., 2012; Soodak et al., 1998; Urton et al., 2015) ist bislang weitgehend ungeklärt, welche weiteren Erklärungsfaktoren für Einstellungen von Grundschullehrerinnen und -lehrern zur Inklusion und zum inklusiven Unterricht in den Blick genommen werden müssen. Untersuchungsergebnisse aus qualitativen Studien zu Einstellungen von Lehrerinnen und Lehrern zur Inklusion liegen des Weiteren mit wenigen Ausnahmen kaum vor (Gasterstädt & Urban, 2016; Götz et al., 2015).

- *Forschungsfrage 2*: Wie erklären und begründen Grundschullehrerinnen und -lehrer ihre Einstellungen zur Inklusion und zum inklusiven Unterricht in der Grundschule?

Die Untersuchungsergebnisse von Hellmich und Görel (2014a) sowie Loreman et al. (2007) deuten Zusammenhänge zwischen den Auffassungen von (angehenden) Lehrkräften über Inklusion und ihren Einstellungen zur Inklusion in Schule und Unterricht an. Ungeklärt ist gegenwärtig, ob sich solche Zusammenhänge auch bei einer methodischen Variation – qualitativ *versus* quantitativ – finden lassen.

- *Forschungsfrage 3*: Sind Zusammenhänge zwischen den Auffassungen und den Einstellungen im Zusammenhang mit dem inklusiven Unterricht in der Grundschule bei Lehrerinnen und Lehrern zu entdecken, wenn Daten aus qualitativen Interviews (im Vergleich zu quantitativen Daten) zugrunde gelegt werden?

3 Methode

3.1 Stichprobe

An unserer Studie sind insgesamt $N = 25$ Grundschullehrkräfte – davon 23 Grundschullehrerinnen und zwei Grundschullehrer – aus Nordrhein-Westfalen und

Rheinland-Pfalz beteiligt gewesen. In Tabelle 1 sind Informationen zu der ausge-
wählten Stichprobe verdeutlicht.

Tab. 1: Zusammensetzung der Stichprobe

	N	Min	Max	M	SD
Alter	25	25	57	34.12	9.76
Schuldienst in Jahren	25	0.5	28	7.94	8.01

Hier ist ersichtlich, dass die jüngste Grundschullehrkraft 25 Jahre, wohingegen die
älteste Lehrkraft bereits 57 Jahre alt ist. Entsprechend haben die Grundschullehrerinnen und -lehrer unterschiedlich lange in Grundschulen unterrichtet. Im
Durchschnitt verfügen die Lehrerinnen und Lehrer über ca. acht Jahre Berufser-
fahrung. Die Grundschullehrkraft, die am kürzesten in einer Grundschule unterrichtet hat, blickt auf einen Schuldienst von einem halben Jahr zurück, die Lehrkraft mit den umfangreichsten Erfahrungen leistet ihren Schuldienst seit 28 Jahren
in einer Grundschule ab.

3.2   Erhebungsinstrumente

Die Grundschullehrerinnen und -lehrer wurden anhand eines leitfadengestützten
Interviews einerseits zu ihren persönlichen Ressourcen in Hinblick auf die Gestaltung inklusiven Unterrichts in der Grundschule befragt. Andererseits nahmen sie
Stellung zu ihren Auffassungen von inklusivem Unterricht sowie zu ihren Sichtweisen in Bezug auf die Qualität inklusiven Unterrichts in der Grundschule.

Der Interviewteil zu den persönlichen Ressourcen in Hinblick auf die Gestaltung
inklusiven Unterrichts enthielt Fragen zu ihren Einstellungen zur Inklusion (»Was
denken Sie über Inklusion?«/»Glauben Sie, dass inklusiver Unterricht gut gelingen
kann?«/»Warum glauben Sie, dass Inklusion gelingen bzw. nicht gelingen kann?«/
»Welche Vorteile sehen Sie bei inklusivem Unterricht?«/»Welche Nachteile sehen
Sie bei inklusivem Unterricht?«), zu ihren Selbstwirksamkeitsüberzeugungen (z. B.:
»Was glauben Sie, wie sehr sie den Anforderungen der Inklusion in Schule und
Unterricht gerecht werden können?«), zu ihren fähigkeitsbezogenen Selbstkon-
zepten (z. B.: »Wie schätzen Sie ihre Fähigkeiten in Bezug auf die Gestaltung in-
klusiven Unterrichts ein?«) sowie zu ihrer Motivation für die Beschäftigung mit
Inklusion (z. B.: »Haben Sie Interesse an dem Thema Inklusion?«/»Haben Sie sich
mit dem Thema Inklusion bereits inhaltlich beschäftigt?«).

Darüber hinaus wurden die im Rahmen der Untersuchung befragten Lehrkräfte
gebeten, Stellung zu ihrer Auffassung von Inklusion zu nehmen (»Was bedeutet für
Sie Inklusion?«/»Was bedeutet für Sie inklusiver Unterricht?«) und zu erläutern,
durch welche Merkmale aus ihrer Sicht guter inklusiver Unterricht in der Grundschule bestimmt ist (z. B.: »Was ist für Sie guter inklusiver Unterricht? Durch welche
Merkmale zeichnet sich Ihrer Meinung nach guter inklusiver Unterricht aus?«).

Die inhaltliche Struktur dieser leitfadengestützten Interviews war an einer quantitativ angelegten Untersuchung von Hellmich und Görel (2014a) orientiert. Für diesen Beitrag und zur Beantwortung der in Abschnitt 2 formulierten Forschungsfragen wurden die Interviewausschnitte zu den Fragen zu den Einstellungen der Grundschullehrkräfte zur Inklusion sowie zu ihren Auffassungen von Inklusion in Schule und Unterricht ausgewertet.

3.3 Durchführung der Interviews

Die an der Studie beteiligten Lehrerinnen und Lehrer aus Nordrhein-Westfalen und Rheinland-Pfalz wurden persönlich angesprochen und um die Teilnahme an den Interviews gebeten. Die Interviews wurden von im Vorfeld geschulten Projektmitarbeiterinnen und -mitarbeitern durchgeführt. Die Interviews dauerten durchschnittlich 15 Minuten ($M = 15.31$ Minuten, $SD = 6.32$ Minuten), wobei das kürzeste Interview von einer Dauer von sechs Minuten war und das längste Interview ca. eine halbe Stunde in Anspruch genommen hat ($Min = 6.03$ Minuten, $Max = 31.53$ Minuten). Im Anschluss an die Datenerhebungen wurden die Interviews, die mit Tonbandgeräten aufgezeichnet worden waren, transkribiert.

3.4 Auswertungsmethodische Aspekte

Die Transkripte der mit den Grundschullehrerinnen und -lehrern durchgeführten Interviews wurden anhand der ›Grounded Theory‹ (vgl. Strauss & Corbin, 1996) ausgewertet. Die ›Grounded Theory‹ ermöglicht eine gegenstandszentrierte und theoriegeleitete Auswertung der Interviews und demzufolge eine parallel verlaufende Analyse der zugrundeliegenden Daten einerseits und die Entwicklung von theoretischen Modellen oder Modellausschnitten andererseits. Die ›Grounded Theory‹ ist damit durch induktive und deduktive Schritte gekennzeichnet. Die zuvor aufgestellten Forschungsfragen bzw. die zugrundeliegenden theoretischen Modellannahmen können während der Datenerhebung bestätigt, widerlegt oder weiter ausdifferenziert werden (Böhm, 2000, S. 476). Dementsprechend haben wir die Datenerhebung und -auswertung nach den durchgeführten 25 Interviews abgeschlossen, als eine theoretische Sättigung mit dem Blick auf die Beantwortung unserer Forschungsfragen in den Interviews zu erkennen gewesen ist.

Die Analysen und Auswertungen der Interviewtranskripte erfolgten jeweils in zwei Durchgängen. In einem ersten Schritt wurde ein Kategoriensystem anhand der zu analysierenden Textpassagen festgelegt. In einem zweiten Schritt wurde auf dieser Grundlage ein Leitfaden für die Kodierung der einzelnen Interviewpassagen ausgearbeitet. Um eine hohe Übereinstimmung der Auswerterinnen erzielen zu können, gehörten hierzu auch die Festlegung von Definitionen und das Auffinden von Ankerbeispielen in Bezug auf die einzelnen Kategorien. Nach der Schulung von zwei Auswerterinnen erfolgte schließlich die Kodierung der Interviewtranskripte.

Als Interrater-Reliabilität – ein Maß zur Beurteilung der Übereinstimmungsrate zwischen den beiden Auswerterinnen – wurden bei der Ermittlung der einzelnen Kategorien nach Fleiss und Cohen (1973) Cohen's Kappa-Werte von

$\kappa \geq .70$ festgelegt. Die Interrater-Reliabilität variierte bei den Auswertungen zwischen $\kappa_{Min} = .61$ und $\kappa_{Max} = 1.00$. Der festgelegte Cohen's Kappa-Wert von $\kappa \geq .70$ wurde dabei in sieben von insgesamt 23 Kategorien unterschritten, was – folgt man Döring und Bortz (2016), die als einen adäquaten unteren Wert $\kappa \geq .60$ nennen – als akzeptabel einzustufen ist. Durchschnittlich wurde ein Cohen's Kappa-Wert von $\kappa_M = .82$ ($\kappa_{SD} = .14$) erreicht.

4 Ergebnisse

Im Folgenden werden die auf der Grundlage der durchgeführten Interviews ermittelten Ergebnisse zu den Auffassungen der Grundschullehrkräfte von inklusiver Bildung sowie zu ihren Einstellungen zur Inklusion dargestellt. Darauf folgend gehen wir auf Zusammenhänge zwischen den Auffassungen und den Einstellungen der befragten Lehrerinnen und Lehrer im Zusammenhang mit dem inklusiven Unterricht ein.

4.1 Auffassungen von Inklusion und inklusivem Unterricht

Die an der Studie beteiligten Grundschullehrkräfte antworteten auf die von uns in den Interviews gestellten Fragen »Was bedeutet für Sie Inklusion?« und »Was bedeutet für Sie inklusiver Unterricht?« sehr unterschiedlich. Die Antworten der Grundschullehrerinnen und -lehrer lassen sich allerdings drei Kategorientypen zuordnen: Der erste Typ von Grundschullehrkräften versteht Inklusion als Gleichberechtigung für alle Kinder in der Gesellschaft und im Grundschulunterricht. Der zweite Typ vertritt eine noch weitgehend traditionelle und an der Integrationsphase orientierte Auffassung von Inklusion. Diese Grundschullehrerinnen und -lehrer erachten den inklusiv ausgerichteten Grundschulunterricht noch immer als das Zusammenlernen von Kindern mit einem und ohne einen sonderpädagogischen Förderbedarf. Der dritte Typ von Grundschullehrkräften zeigt auf der Grundlage der von uns durchgeführten Interviews eine Auffassung, die auf der Schnittfläche des ersten und zweiten Typs zu verorten ist. Grundschullehrerinnen und -lehrer des dritten Typs erachten damit zwar Inklusion als eine gleichberechtigte Förderung aller Kinder im Unterricht, sie unterscheiden allerdings zwischen Kindern, die von einem sonderpädagogischen Förderbedarf betroffen sind, und solchen, bei denen dies nicht der Fall ist.

4.1.1 Typ 1: Inklusion bedeutet Gleichberechtigung für alle Kinder

Der erste Typ von Grundschullehrkräften fasst ›Inklusion‹ als die Möglichkeit, eine Gleichberechtigung für alle Kinder unabhängig von ihren individuellen Lernvoraussetzungen in der (Grund-)Schule zu ermöglichen, auf. So antwortete beispielsweise eine Grundschullehrerin in einem Interview auf die von uns gestellte Frage nach ihrer Auffassung von Inklusion und inklusivem Unterricht:

»Bedeutet für mich, dass wir in einer Gesellschaft alle gleiche Chancen haben. [...] Inklusiver Unterricht bedeutet [...], dass alle Kinder die gleiche Chance haben [...], ja, in der Gesellschaft, was zu erreichen. Und das gelingt dann vor allem durch offene Unterrichtsformen.« (Interview 2, Zeilen 13–16)

Eine andere Grundschullehrerin, die eine ähnliche Auffassung von Inklusion vertritt, erklärt:

»Inklusion bedeutet einfach das Mitnehmen von allen Menschen, egal welcher Herkunft, mit welchem Förderbedarf und welchen Lernvoraussetzungen. [...] Inklusiver Unterricht bedeutet für mich, die Chance für jeden Einzelnen und ihn wahrzunehmen in seiner Individualität und das Bestmögliche für diesen Schüler zu ermöglichen.« (Interview 25, Zeilen 9–16)

Eine weitere Grundschullehrerin hebt in ihren Aussagen deutlich hervor, dass alle Kinder unabhängig von ihren individuellen Voraussetzungen das gleiche Recht auf Bildung haben sollten:

»Inklusion bedeutet für mich, dass Menschen alle gleichbehandelt werden, egal welche Voraussetzungen sie mitbringen. [...] Dass Kinder, egal mit welchen Lernvoraussetzungen sie in die Schule kommen, alle die gleiche Chance erhalten, Ziele zu erreichen.« (Interview 3, Zeilen 11–15)

Die Auffassung von Inklusion und inklusivem Unterricht als Gleichberechtigung für alle Kinder – unabhängig von ihren individuellen Lernausgangslagen und individuellen Ressourcen – wird von insgesamt acht Lehrerinnen und Lehrern in den von uns durchgeführten Interviews deutlich (▶ Tab. 2).

4.1.2 Typ 2: Inklusion bedeutet das Zusammenlernen von Kindern mit und ohne Förderbedarf

Der zweite Kategorietyp von Grundschullehrerinnen und -lehrern verdeutlicht eine Auffassung von Inklusion, die nach wie vor eng mit einem Verständnis des mittlerweile abgelösten Integrationsbegriffs verknüpft ist. Die an den Interviews beteiligten Grundschullehrkräfte unterscheiden im Sinne einer Zwei-Gruppen-Theorie zwischen Kindern mit einem und ohne einen sonderpädagogischen Förderbedarf:

»Also, Inklusion bedeutet für mich persönlich, dass Kinder oder Schüler mit ganz verschiedenen Voraussetzungen zusammen in der Schule lernen, d. h. auch Kinder mit verschiedenen Behinderungen in die Regelklasse eingegliedert werden und damit den anderen Kindern, soweit es geht, oder [...] in möglichst vielen Fällen zusammen unterrichtet werden. [...] Inklusiver Unterricht bedeutet, dass der Unterricht so offen und so weitläufig gestaltet sein muss, dass die Kinder da mit ihren verschiedenen Fähigkeiten Anschluss finden, d. h., so ist ja natürlich auch der Unterricht in einer Klasse, die keine Inklusionsklasse ist, oder auch in einer Klasse, wo keine Inklusionskinder unterrichtet werden, aber es muss eben noch breiter werden, dass auch die Kinder, die ja verschiedene, vielleicht auch geistige Behinderungen haben, eine Chance haben, mit den Kindern oder mit anderen Kindern zusammen zu lernen und zu arbeiten und auch den Alltag zu erleben.« (Interview 1, Zeilen 14–24)

Auch in einem anderen Interview wird diese Sichtweise evident:

»Inklusion bedeutet für mich, dass in einer Klasse Kinder unterrichtet werden, die einen sonderpädagogischen Förderbedarf haben, und Kinder, die keinen sonderpädagogischen

Förderbedarf haben, zusammen unterrichtet werden. [...] Inklusiver Unterricht bedeutet für mich, dass Kinder mit unterschiedlichem Leistungsstand und unterschiedlichen Lernvoraussetzungen zusammen unterrichtet werden und zwar in einem Lehrerteam aus Sonderpädagogen und Grundschullehrern.« (Interview 4, Zeilen 9–15)

Insgesamt 15 von den an den Interviews beteiligten Grundschullehrerinnen und -lehrern teilen diese Auffassungen von Inklusion und inklusivem Unterricht in der Grundschule. Aus ihrer Sicht findet inklusiver Unterricht dann statt, wenn Kinder mit einem und ohne einen sonderpädagogischen Förderbedarf im Klassenzimmer gemeinsam lernen (► Tab. 2).

4.1.3   Typ 3: Inklusion bedeutet Gleichberechtigung für Kinder mit und ohne Förderbedarf

In den von uns durchgeführten Interviews wird deutlich, dass sich die Auffassungen von Inklusion und inklusivem Unterricht von zwei Grundschullehrerinnen auf der Schnittfläche der beiden zuerst genannten Typen befinden. Während die beiden Lehrerinnen zwar Inklusion prinzipiell als eine gleichberechtigte Teilhabe aller Kinder unabhängig von ihren individuellen Lernausgangslagen, Bedürfnissen oder individuellen Ressourcen beschreiben, unterscheiden sie zwischen Kindern, die von einem sonderpädagogischen Förderbedarf betroffen sind, und solchen, bei denen dies nicht der Fall ist. So erklärt die eine der beiden Grundschullehrerinnen:

»Inklusion bedeutet für mich zum einen, dass man Menschen mit allen Stärken und Schwächen annimmt und sie in die Gesellschaft integriert, und für mich als Lehrerin bedeutet es, dass ich Kinder mit sonderpädagogischem Förderbedarf genauso unterrichte, wie Kinder ohne diesen Förderbedarf. [...] Das bedeutet, dass, wie ich schon sagte, in meinem Unterricht alle Kinder unterrichtet werden, egal ob sie Lernschwächen, körperliche Behinderungen oder was auch immer haben, zusammen mit den Kindern, die wir als normal entwickelt bezeichnen.« (Interview 5, Zeilen 8–15)

Die andere der beiden Lehrerinnen erläutert ihre Auffassung von Inklusion und von inklusivem Unterricht in einer ähnlichen Weise:

»In erster Linie ist das halt der gemeinsame Unterricht von Schülern mit und Schülern ohne Förderbedarf. Ja, dass alle die gleichen Chancen erhalten sollen, und ja wie gesagt, das würde ich als den Kerngedanken auffassen. [...] Ja, dass man jedes Kind auf seinem eigenen Niveau und mit dem Förderbedarf auch dementsprechend fördern müsste und auch auf jedes Kind auch einzeln einzugehen.« (Interview 17, Zeilen 13–20)

4.2   Einstellungen zum inklusiven Unterricht

Aus den Interviews mit den Grundschullehrerinnen und -lehrern wird deutlich, dass durchschnittlich moderat positive Einstellungen zur Inklusion in Schule und Unterricht identifiziert werden können (► Tab. 2). So erklären insgesamt vier Grundschullehrkräfte, dem Thema ›Inklusion‹ uneingeschränkt positiv gegenüber zu stehen, 14 Lehrerinnen und Lehrer bekunden moderat positive Einstellungen. Lediglich drei Grundschullehrkräfte sind der Inklusion in Schule und Unterricht negativ gegenüber eingestellt. Drei Grundschullehrerinnen und -lehrer verdeutlichen in den jeweiligen Interviews weder positive noch negative Einstellungen zur Inklusion zu haben, sie verhalten sich eher neutral und positionieren sich in Bezug auf dieses Thema nicht. Eine Grundschullehrerin legte sich in Hinblick auf ihre Einstellung zum inklusiven Unterricht in der Grundschule nicht fest und beantwortete die Fragen zu ihrer Einstellung zur Inklusion und zu inklusivem Unterricht damit nicht wertbezogen.

Ihre Einstellungen zur Inklusion – unabhängig davon, ob diese positiv, moderat oder negativ ausgeprägt sind – erklären die an der Studie beteiligten Grundschullehrerinnen und -lehrer über die folgenden Faktoren: ›Erfahrungen aus dem integrativen bzw. inklusiven Unterricht‹ (vorhanden *versus* nicht vorhanden), ›Teilnahme an Fort- und Weiterbildungen zum inklusiven Lernen‹, ›Arbeitsaufwand‹ oder ›persönliche Ressourcen‹. In den Interviews wird bei einer genaueren Betrachtung deutlich, dass diejenigen Lehrerinnen und Lehrer, die über Erfahrungen aus dem inklusiven Unterricht in der Grundschule verfügen, der inklusiven Bildung positiver gegenüberstehen, als diejenigen, bei denen dies nicht der Fall ist. So bekundet eine Grundschullehrerin mit einer positiv getönten Einstellung beispielsweise in Bezug auf ihr Interesse für die Beschäftigung mit dem Thema Inklusion: »Weil ich auch in einer integrativen Schule arbeite und mich über kurz oder lang sowieso damit beschäftigen musste und daher dann auch Interesse dran habe« (Interview 2, Zeilen 36–37). Eine andere Grundschullehrerin begründet ihre eher negative Einstellung zur Inklusion in der folgenden Weise:

> »Was ich von Inklusion halte, erst mal im Moment bin ich da ziemlich skeptisch, was das Thema angeht. Ich habe natürlich nicht die Erfahrung mit dem Thema, weil ich jetzt sechs Jahre nicht in der Schule war und erst im Februar wieder angefangen habe zu arbeiten. Vor sechs Jahren war das noch gar kein Thema und von daher fühle ich mich da erst mal ziemlich unwohl damit und auch verunsichert und noch keine Erfahrungen damit habe und auch keine Fortbildungen oder Sonstiges dazu gemacht habe und von daher kann ich mir im Moment auch nicht wirklich vorstellen, wie sich das Ganze gestalten soll. Wenn ich z. B. quasi ein erstes Schuljahr im Sommer bekomme, dann sollen wir inklusiven Unterricht machen und ja, da fühle ich mich unvorbereitet, was das angeht. Was ich sonst davon halte, wenn es funktioniert und wenn man alle Maßnahmen treffen kann, die wichtig sind, um erfolgreich arbeiten zu können, kann es vielleicht funktionieren. Aber so im Moment habe ich nicht so ein gutes Gefühl dabei.« (Interview 20, Zeilen 14–29)

Auch in diesem Interview wird die Teilnahme an Fort- und Weiterbildungen zum inklusiven Lernen als eine wichtige Voraussetzung für die Umsetzung inklusiven Unterrichts in der Grundschule deutlich. Eine andere Grundschullehrerin begründet ihre eher neutrale Einstellung damit, dass sie für die Herausforderungen, die der inklusive Unterricht mit sich bringt, nicht ausgebildet sei. Auch bekundet sie implizit, den zusätzlichen Arbeitsaufwand nicht aufbringen zu können. So erklärt sie pointiert:

> »Ich habe nur 25 Kinder, aber trotzdem ist es mir nicht möglich, […] allen einen Förderplan z. B. zu schreiben oder auf alle Bedürfnisse einzugehen. Und wenn ich dann noch denke, dass Kinder mit sonderpädagogischem Förderbedarf, mit Behinderungen, mit geistigen Behinderungen vielleicht oder mit, weiß ich nicht, mit Taubheit oder sowas unterrichtet werden sollen, da sehe ich mich, ehrlich gesagt, im Moment nicht dazu in der Lage. […] Weil ich einfach nicht dafür ausgebildet wurde. Ich habe Lehramt studiert und nicht Sonderpädagogik.« (Interview 5, Zeilen 26–32)

Eingeschränkt positive Einstellungen der an der Studie beteiligten Grundschul-lehrkräfte zur Inklusion werden in der Regel über mangelnde sächliche und vor allen Dingen über nicht vorhandene personelle Ressourcen begründet:

> »Insgesamt finde ich das sehr positiv, also den Gedanken find ich toll, dass alle eben gemeinsam am Leben oder am Unterricht teilhaben. Ich finde, es ist nur 'ne Frage, wie es umgesetzt wird. Es muss natürlich geguckt werden, zum einen finanziell, wie ist es vom Personal her. Wenn ich jetzt ständig doppelt besetzt bin, beispielsweise mit einer Sonder-pädagogin in der Klasse, find ich das super, dann geht das auch auf jeden Fall und ist toll. Wenn es aber so wie momentan ist, dass das Geld dafür noch nicht da ist und ich eben alleine in einer Klasse bin und dann mehrere Inklusionskinder habe, dann finde ich das sehr, sehr schwierig, das so umzusetzen, dass ich da allen Kindern gerecht werde. Also, den Gedanken toll, aber die Umsetzung, das muss man dann eben gucken.« (Interview 7, Zeilen 22–30)

4.3 Zusammenhänge zwischen den Auffassungen von inklusiver Bildung und den Einstellungen zur Inklusion

In Tabelle 2 sind Zusammenhänge zwischen den Auffassungen der interviewten Grundschullehrkräfte von inklusiver Bildung und ihren Einstellungen zur Inklu-sion veranschaulicht. Hieraus ist ersichtlich, dass keine substantiellen Zusam-menhänge zwischen den Auffassungen von und den Einstellungen zu inklusiver Bildung bei den Lehrerinnen und Lehrern evident sind.

Tab. 2: Zusammenhänge zwischen den Auffassungen von inklusiver Bildung und den Einstellungen zur Inklusion bei den befragten Grundschullehrkräften

Fall	Auffassungen von inklusiver Bildung			Einstellungen
	Typ 1	Typ 2	Typ 3	
1		X		0
2	X			+
3	X			+
4		X		-
5			X	0
6		X		0
7	X			0 bis +
8		X		0 bis +
9		X		0 bis +
10		X		0 bis +
11		X		0 bis +
12		X		+

Tab. 2: Zusammenhänge zwischen den Auffassungen von inklusiver Bildung und den Einstellungen zur Inklusion bei den befragten Grundschullehrkräften – Fortsetzung

Fall	Auffassungen von inklusiver Bildung			Einstellungen
	Typ 1	*Typ 2*	*Typ 3*	
13		X		0 bis +
14	X			-
15		X		./.
16		X		0 bis +
17			X	0 bis +
18		X		+
19	X			0 bis +
20		X		-
21	X			0 bis +
22	X			0 bis +
23		X		0 bis +
24		X		0 bis +
25	X			0 bis +

Anmerkungen: *Typ 1* = Inklusion als Gleichberechtigung für alle Kinder; *Typ 2* = Inklusion als das Zusammenlernen von Kindern mit und ohne Förderbedarf; *Typ 3* = Inklusion als Gleichberechtigung für Kinder mit und ohne Förderbedarf; »-« = negative Einstellung; »0« = neutrale Einstellung; »0 bis +« = moderat positive Einstellung; »+« = positive Einstellung

Zwischen den Einstellungen (Kodierung: $0 = negative\ Einstellung$, $1 = neutrale\ Einstellung$, $2 = moderat\ positive\ Einstellung$, $3 = positive\ Einstellung$) und den Auffassungen von inklusiver Bildung (Kodierung: $1 = Typ\ 3$, $2 = Typ\ 2$, $3 = Typ\ 1$) besteht eine Korrelation von $r = .03$ ($p = .88$). Demnach liegt auch kein statistisch bedeutsamer Zusammenhang zwischen den Einstellungen der an der Studie beteiligten Lehrerinnen und Lehrer zur Inklusion und ihren Auffassungen von inklusiver Bildung vor.

5 Zusammenfassung, Diskussion und Ausblick

Ausgangspunkte für die von uns in diesem Beitrag dargestellte Interviewstudie bildeten Fragen nach den Einstellungen von Grundschullehrerinnen und -lehrern

136

zur Inklusion in Schule und Unterricht sowie zu ihren Auffassungen von inklusiver Bildung in der Grundschule. Im Detail standen dabei Erklärungen und Begründungen für die jeweils von den Grundschullehrkräften bekundeten Einstellungen zur Inklusion und zu inklusivem Unterricht in der Grundschule im Fokus der Betrachtungen. Darüber hinaus haben wir anhand des qualitativen Interviewdatenmaterials untersucht, über welches Verständnis und welche Auffassungen Grundschullehrerinnen und -lehrer über Inklusion und inklusiven Unterricht verfügen. Schließlich haben wir ausgehend von den Befunden von Hellmich und Görel (2014a), Lang et al. (2010) sowie Loreman et al. (2007) in den Blick genommen, ob und inwiefern Zusammenhänge zwischen den Auffassungen von inklusiver Bildung und den Einstellungen zur Inklusion bei den befragten Grundschullehrerinnen und -lehrern zu beobachten sind.

Die von uns anhand des qualitativen Datenmaterials ermittelten Ergebnisse geben Hinweise darauf, dass die an der Studie beteiligten Grundschullehrkräfte durchschnittlich über moderat positive Einstellungen zur Inklusion verfügen. Ihre Einstellungen zur Inklusion und zu inklusivem Unterricht erklären und begründen die Lehrerinnen und Lehrer dabei sehr unterschiedlich. Ein Großteil der von uns interviewten Grundschullehrkräfte ist der Inklusion in Schule und Unterricht nur bedingt positiv gegenüber eingestellt. Die Lehrerinnen und Lehrer erklären dies im Wesentlichen über den auf sie im inklusiven Unterricht zukommenden Arbeitsaufwand sowie über das noch gegenwärtige Ausbleiben zusätzlicher sächlicher und – vor allen Dingen – personeller Ressourcen (vgl. hierzu auch Götz et al., 2015). So berichten die an der Studie beteiligten Lehrerinnen und Lehrer beispielsweise, dass sie dem inklusiven Unterricht dann positiv gegenüber eingestellt sind, wenn sie dieser Herausforderung gemeinsam mit Förderschullehrkräften im inklusiven Klassenzimmer begegnen können.

Dass Einstellungen zur Inklusion und zu inklusivem Unterricht bei den befragten Grundschullehrkräften eng an vorhandene Erfahrungen aus dem integrativen bzw. inklusiven Unterricht gekoppelt sind, wird in den Interviews ebenfalls deutlich. Lehrkräfte mit Erfahrungen sind dem inklusiven Unterricht in der Grundschule positiver gegenüber eingestellt als Lehrerinnen und Lehrer ohne Erfahrungen aus dem inklusiven oder integrativen Unterricht. Dies konnte auch bereits im Rahmen verschiedener quantitativ ausgerichteter Studien belegt werden (Avramidis & Kalyva, 2007; de Boer et al., 2011; Gebhardt et al., 2011; Hellmich & Görel, 2014a; Praisner, 2003). Die Teilnahme an Fort- oder Weiterbildungen zum Thema ›Inklusion‹ scheint ebenfalls ein Einflussfaktor auf die Einstellungen zur Inklusion bei den befragten Grundschullehrkräften darzustellen. Dieser Befund geht einher mit den Ergebnissen aus einer Studie von Hellmich und Görel (2014b). Hier konnte gezeigt werden, dass Lehrerinnen und Lehrer, die an Fort- und Weiterbildungen zum Thema ›Inklusion‹ teilgenommen hatten, positivere Einstellungen zur Inklusion in Schule und Unterricht sowie eine höher ausgeprägte Motivation hatten, sich mit inklusionsspezifischen Themen zu beschäftigen, als Lehrerinnen und Lehrer, die über diese Voraussetzungen nicht verfügten.

Die von uns im Rahmen dieser Studie erzielten Ergebnisse unterstützen bisherige Annahmen über Einflussfaktoren auf Einstellungen von (Grundschul-)Lehrkräften zur Inklusion in Schule und Unterricht. Neben individuellen Ressourcen von

Lehrerinnen und Lehrern – wie beispielsweise ihren Erfahrungen aus dem integrativen bzw. inklusiven Unterricht oder ihren Selbstwirksamkeitsüberzeugungen in Hinblick auf die Gestaltung inklusiver Lernprozesse – scheinen auf der einen Seite gerade personelle Strukturen wie die Zusammenarbeit mit Förderschullehrkräften und auf der anderen Seite Möglichkeiten der Weiterqualifizierung im Sinne von Fortbildungen zum inklusiven Lernen in der Grundschule wichtige Bedingungen für ihre Einstellungsgenese darzustellen (vgl. Götz et al., 2015; Hellmich & Görel, 2014b). Aufgrund des lediglich hypothesengenerierenden Charakters unserer Studie wird es zukünftig vonnöten sein, neben individuell verankerten Einflussfaktoren auf Einstellungen von Grundschullehrkräften zur Inklusion auch unterrichtsbezogene und schulische Bedingungen im Rahmen quantitativer Untersuchungen zu berücksichtigen. In diesem Zusammenhang wäre dann auch zu prüfen, ob und inwiefern individuelle oder schulische Einflussfaktoren einander möglicherweise bedingen und durch welche Faktoren mehr Varianz in den Einstellungen der (Grundschul-)Lehrkräfte erklärt werden kann.

Die Auffassungen der an unserer Studie beteiligten Lehrkräfte von inklusiver Bildung lassen sich – folgt man den von uns vorgelegten qualitativen Befunden – drei verschiedenen Typen zuordnen: Der erste Typ von Grundschullehrkräften fasst Inklusion als eine Gleichberechtigung aller Kinder in der Schule und gesamtgesellschaftlich gesehen auf, wohingegen der zweite Typ von Lehrkräften über ein eher traditionelles Verständnis von inklusiver Bildung verfügt. Diese Grundschullehrerinnen und -lehrer blicken auf das Gemeinsame Lernen, indem sie nach wie vor im Sinne einer Zwei-Gruppen-Theorie zwischen Kindern mit einem oder ohne einen sonderpädagogischen Förderbedarf unterscheiden. Der dritte Typ, den wir auf der Grundlage der von uns durchgeführten leitfadengestützten Interviews identifizieren konnten, befindet sich auf der Schnittfläche des ersten und des zweiten Typs. Lehrerinnen und Lehrer erklären hier zwar auf der einen Seite ein Inklusionsverständnis, das auf der gleichberechtigten Teilhabe aller Kinder beruht, allerdings wird in Hinblick auf das Gemeinsame Lernen zwischen Kindern mit und ohne Förderbedarf unterschieden.

Insgesamt verdeutlichen diese Ergebnisse, dass gegenwärtig bei (Grundschul-)Lehrkräften sehr verschiedene Auffassungen von Inklusion und inklusiver Bildung vorhanden sind. Fraglich ist – und dies lassen unsere Befunde offen –, wie sich diese verschiedenen Typen von Auffassungen der von uns befragten Grundschullehrerinnen und -lehrer erklären lassen und wie sie jeweils entstanden sind. An dieser Stelle lassen sich allerhöchstens Spekulationen formulieren: So ist es beispielsweise möglich, dass die Auffassungen der Grundschullehrkräfte jeweils in Abhängigkeit ihrer bisherigen Erfahrungen aus dem integrativen oder inklusiven Unterricht oder ihren Teilnahmen an Fort- und Weiterbildungen variieren. Vermutlich werden Lehrerinnen und Lehrer des ersten Typs (»Inklusion bedeutet Gleichberechtigung für alle Kinder.«) dabei am ehesten auf Erfahrungen aus dem integrativen bzw. inklusiven Unterricht in der Grundschule zurückblicken und sich mit dem Thema ›Inklusion‹ befasst haben. Der zweite Typ (»Inklusion bedeutet das Zusammenlernen von Kindern mit und ohne Förderbedarf.«) wird hingegen weniger über entsprechende Erfahrungen verfügen und sich im Rahmen der Fort- und Weiterbildung (und darüber hinaus) nur wenig mit inklusionsspezifischen Fragestellungen beschäftigt haben. Diese hypothetischen Annahmen müssten zukünftig im Rahmen umfassend angelegter quantitativer Studien – bestmöglich in längsschnittlicher Perspektive – in den Blick genommen werden.

Entgegen den Erwartungen wurde durch die Befunde unserer qualitativen Interviewstudie deutlich, dass die Auffassungen der interviewten Grundschullehrkräfte von Inklusion und inklusiver Bildung nicht mit ihren Einstellungen von Inklusion zusammenhängen. Dieser Nachweis war hingegen im Rahmen quantitativer Untersuchungen durch Hellmich und Görel (2014) sowie Loreman et al. (2007) erbracht worden. Lang et al. (2010) fanden ebenfalls Zusammenhänge zwischen Einstellungen zu pädagogischen Konzepten – d. h. in diesem Fall zur Jahrgangsmischung in der Grundschule – und den Auffassungen von Heterogenität bei Grundschullehrkräften. Dieser unerwartete Befund aus unserer Interviewstudie müsste im Rahmen weiterführender Studien genauer in den Blick genommen werden.

Literatur

Avramidis, E., Bayliss, P. & Burden, R. (2000). Student teachers' attitudes towards the inclusion of children with special educational needs in the ordinary school. *Teaching and Teacher Education, 16*(3), 277–293.

Avramidis, E. & Kalyva, E. (2007). The influence of teaching experience and professional development on Greek teachers' attitudes towards inclusion. *European Journal of Special Needs Education, 22*(4), 367–389.

Bandura, A. (1997). *Self-efficacy – The exercise of control.* New York: Freeman.

Baumert, J. & Kunter, M. (2006). Stichwort: Professionelle Kompetenz von Lehrkräften. *Zeitschrift für Erziehungswissenschaft, 9*(4), 469–520.

Ben-Yehuda, S., Leyser, Y. & Last, U. (2010). Teacher educational beliefs and sociometric status of special educational needs (SEN) students in inclusive classrooms. *International Journal of Inclusive Education, 14*(1), 17–34.

Böhm, A. (2000). Theoretisches Codieren: Textanalyse in der Grounded Theory. In U. Flick, E. von Kardoff & I. Steinke (Hrsg.), *Qualitative Forschung. Ein Handbuch* (S. 475–485). Reinbek bei Hamburg: Rowohlt.

Boer, A. de, Pijl, S. P. & Minnaert, A. (2011). Regular primary schoolteachers' attitudes towards inclusive education: A review of the literature. *International Journal of Inclusive Education, 15*(3), 331–353.

Bosse, S., Henke, T., Jäntsch, C., Lambrecht, J., Vock, M. & Spörer, N. (2016). Entwicklung der Einstellung zum inklusiven Lernen und der Selbstwirksamkeit von Grundschullehrkräften. *Empirische Sonderpädagogik, 8*(1), 103–116.

Döring, N. & Bortz, J. (2016). *Forschungsmethoden und Evaluation.* Heidelberg: Springer.

Eagly, A. H. & Chaiken, S. (1993). *The psychology of attitudes.* Fort Worth, TX: Harcourt Brace Jovanovich.

Europäische Agentur für Entwicklungen in der sonderpädagogischen Förderung (2012). *Inklusionsorientierte Lehrerbildung. Ein Profil für inklusive Lehrerinnen und Lehrer.* Odense: Selbstverlag.

Fleiss, J. L. & Cohen, J. (1973). The equivalence of weighted kappa and the intraclass correlation coefficient as measures of reliability. *Educational and Psychological Measurement, 33*(3), 613–619.

Gasterstädt, J. & Urban, M. (2016). Einstellung zu Inklusion? Implikationen aus Sicht qualitativer Forschung im Kontext der Entwicklung inklusiver Schulen. *Empirische Sonderpädagogik, 8*(1), 54–66.

Gebhardt, M., Schwab, S., Reicher, H., Ellmeier, B., Gmeiner, S., Rossmann, P. & Gasteiger Klicpera, B. (2011). Einstellungen von LehrerInnen zur schulischen Integration von Kindern mit einem sonderpädagogischen Förderbedarf in Österreich. *Empirische Sonderpädagogik, 3*(4), 275–290.

Götz, J., Hauenschild, K., Greve, W. & Hellmers, S. (2015). Einstellungen von Lehrerinnen und Lehrern zur inklusiven Grundschule. In D. Blömer, M. Lichtblau, A.-K. Jüttner, K. Koch, M. Krüger & R. Werning (Hrsg.), *Gemeinsam anders lehren und lernen – Perspektiven auf inklusive Bildung* (S. 34–39). Wiesbaden: Springer/VS.

Hecht, P., Niedermair, C. & Feyerer, E. (2016). Einstellungen und inklusionsbezogene Selbstwirksamkeitsüberzeugungen von Lehramtsstudierenden und Lehrpersonen im Berufseinstieg – Messverfahren und Befunde aus einem Mixed-Methods-Design. *Empirische Sonderpädagogik, 8*(1), 86–102.

Hellmich, F. & Görel, G. (2014a). Erklärungsfaktoren für Einstellungen von Lehrerinnen und Lehrern zum inklusiven Unterricht in der Grundschule. *Zeitschrift für Bildungsforschung, 4*(3), 227–240.

Hellmich, F. & Görel, G. (2014b). Einstellungen zur Inklusion und Vorerfahrungen aus dem »Gemeinsamen Unterricht« bei Lehrkräften in der Grundschule. In M. Lichtblau, D. Blömer, A.-K. Jüttner, K. Koch, M. Krüger & R. Werning (Hrsg.), *Forschung zu inklusiver Bildung. Gemeinsam anders lehren und lernen* (S. 48–61). Bad Heilbrunn: Klinkhardt.

Lang, E., Grittner, F., Rehle, C. & Hartinger, A. (2010). Das Heterogenitätsverständnis von Lehrkräften im jahrgangsgemischten Unterricht der Grundschule. In J. Hagedorn, V. Schurt, C. Steber & W. Waburg (Hrsg.), *Ethnizität, Geschlecht, Familie und Schule* (S. 315–331). Wiesbaden: VS.

Loreman, T., Forlin, C. & Sharma, U. (2007). An international comparison of pre-service teacher attitudes towards inclusive education. *Disability Studies Quarterly, 27*(4). DOI: http://dx.doi.org/10.18061/dsq.v27i4.53.

Oskamp S. (1991). *Attitudes and Opinions.* Englewood Cliffs, NJ: Prentice Hall.

Praisner, C. L. (2003). Attitudes of elementary school principals toward the inclusion of students with disabilities. *Exceptional Children, 69*(2), 135–145.

Sarı, H., Çeliköz, N. & Seçer, Z. (2009). An analysis of pre-school teachers' and student teachers' attitudes to inclusion and their self-efficacy. *International Journal of Special Education, 24*(3), 29–44.

Savolainen, H., Engelbrecht, P., Nel, M. & Malinen, O. P. (2012). Understanding teachers' attitudes and self-efficacy in inclusive education: Implications for preservice and in-service teacher education. *European Journal of Special Needs Education, 27*(1), 51–68.

Sekretariat der Ständigen Konferenz der Kultusminister der Länder in der Bundesrepublik Deutschland (2011). *Inklusive Bildung von Kindern und Jugendlichen mit Behinderungen in Schulen (Beschluss der Kultusministerkonferenz vom 20.10.2011).* Verfügbar über: https://www.kmk.org/fileadmin/Dateien/veroeffentlichungen_beschluesse/2011/2011_10_¬ 20-Inklusive-Bildung.pdf (Datum des Zugriffs: 23.10.2017).

Soodak, L. C., Podell, D. M. & Lehman, L. R. (1998). Teacher, student, and school attributes as predictors of teachers' responses to inclusion. *Journal of Special Education, 31*(4), 480–497.

Strauss, A. & Corbin, J. (1996). *Grounded Theory: Grundlagen Qualitativer Sozialforschung.* Weinheim: Beltz/PVU.

Sze, S. (2009). A literature review: Pre-service teachers' attitudes toward students with disabilities. *Education, 130*(1), 53–56.

Triandis, H. C. (1971). *Einstellungen und Einstellungsänderungen.* Weinheim & Basel: Beltz.

Urton, K., Wilbert, J. & Hennemann, T. (2015). Die Einstellung zur Integration und die Selbstwirksamkeit von Lehrkräften. *Psychologie in Erziehung und Unterricht, 62*(2), 147–157.

III   Lernen in der inklusiven Schule

Binnendifferenzierung im inklusiven Unterricht: Ein Vergleich der Schüler- und Beobachterperspektive[1]

Thorsten Henke, Stefanie Bosse & Nadine Spörer

1 Einleitung

Die empirische Unterrichtsforschung der letzten Jahrzehnte hat gezeigt, dass das konkrete unterrichtliche Handeln von Lehrerinnen und Lehrern die Lernentwicklung ihrer Schülerinnen und Schüler unterstützt. Dabei haben sich vor allem drei Aspekte, die als Basisdimensionen bezeichnet werden können, als bedeutsam für den Lern- und Interessenzuwachs herauskristallisiert (Klieme, Lipowsky & Rakoczy, 2006): Bezogen auf die einzelne Schülerin bzw. den einzelnen Schüler sollten Unterrichtssituationen kognitiv aktivierend und zugleich schülerorientiert gestaltet sein. Darüber hinaus sollte der Unterricht einer klaren Struktur folgen und das Lernen der gesamten Klasse durch transparente Verhaltensregeln im Sinne eines guten Klassenmanagements gefördert werden. Der Bezug auf das Lernen der einzelnen Schülerinnen und Schüler führt dazu, dass das Ausmaß der Heterogenität einer Klasse ein besonderes Gewicht erhält. Je unterschiedlicher die Lernausgangslagen und Interessen der Schülerschaft sind, desto vielfältiger wird das methodisch-didaktische Vorgehen sein, um der Heterogenität der Klasse gerecht zu werden. Daher werden in inklusiv lernenden Klassen Maßnahmen zur Differenzierung der Lernangebote als besonders relevantes Qualitätsmerkmal des Unterrichts bewertet (Prengel, 2013; Trautmann & Wischer, 2008).

Vor diesem Hintergrund stellt sich die Frage, in welchem Umfang Lehrerinnen und Lehrer ihren Unterricht differenziert gestalten. Konkret geht es darum, mittels Arbeits- und Sozialformen, Materialien sowie thematisch eine Adaption an die Lernausgangslagen der Schülerinnen und Schüler im Unterricht zu erreichen (Klieme & Warwas, 2011). In Abgrenzung zu äußeren Formen der Differenzierung, bei denen ausgewählte Schülerinnen und Schüler z. B. zusätzliche Lerngelegenheiten in Form von Förderstunden erhalten, zählen diese Varianten zur Binnendifferenzierung, da sie innerhalb des Unterrichts einer Klasse umgesetzt werden können.

Inwieweit ein Unterricht differenzierend gestaltet wird, kann auf verschiedene Weise erfasst werden. So können Lehrerinnen und Lehrer einerseits und Schülerinnen und Schüler andererseits um entsprechende Einschätzungen gebeten werden. Beide Gruppen sind in das Unterrichtsgeschehen involviert. Infolgedessen werden häufig externe Beobachterinnen und Beobachter als neutrale Beurteiler-

---

1 Diese Studie wurde durch eine Sachbeihilfe der Deutschen Forschungsgemeinschaft (Kennzeichen SP 1269/4-1) unterstützt.

innen und Beurteiler hinzugezogen. Fauth, Decristan, Rieser, Klieme und Büttner (2014a, b) haben diese drei Perspektiven im Hinblick auf die Basisdimensionen untersucht. Sie kommen unter anderem zu dem Ergebnis, dass Unterrichtsqualität von den drei Gruppen unterschiedlich wahrgenommen wird.

Das Ziel des vorliegenden Beitrags ist es, das Wissen um die Perspektivunterschiede zu vertiefen, indem unterschiedliche Unterrichtsfächer und Schülergruppen betrachtet werden. Dazu wurden im Rahmen einer Längsschnittstudie inklusiv lernende Grundschulkinder sowie externe Beobachterinnen und Beobachter gebeten, die Binnendifferenzierung im Deutsch- und im Mathematikunterricht einzuschätzen. Zudem wurde untersucht, inwiefern Maßnahmen der Binnendifferenzierung von unterschiedlich leistungsstarken Schülerinnen und Schülern wahrgenommen wurden.

2   Theorie

Untersucht man in der empirischen Bildungsforschung inklusives Lernen, dann wird typischerweise die Ausgestaltung und Wirksamkeit des gemeinsamen Unterrichts von Kindern mit einem und ohne einen sonderpädagogischen Förderbedarf betrachtet (Grosche, 2015). Konzeptionell ist ein solcher gemeinsamer Unterricht nicht auf diese Heterogenitätsdimension beschränkt, sondern umfasst weitere Dimensionen wie z. B. die soziale und familiäre Herkunft, die Religionszugehörigkeit oder den Migrationshintergrund. Das zentrale Merkmal des gemeinsamen Unterrichts ist dabei die voraussetzungslose Teilhabe aller Kinder am Unterrichtsgeschehen ihrer Klasse (Textor, 2015). Die Ausgangslage, dass Kinder mit sehr unterschiedlichen Voraussetzungen Teil ein- und derselben Klassengemeinschaft sind, stellt hohe Anforderungen an die Qualität des Unterrichts (Prengel, 2013).

2.1   Definition und Dimensionalität von Unterrichtsqualität

Bei der Unterrichtsqualität handelt es sich um ein Metakonstrukt, das dazu dient, das unterrichtliche Handeln derart zu optimieren, dass eine positive Entwicklung aller Schülerinnen und Schüler hinsichtlich ihrer kognitiven und psychosozialen Merkmale erreicht wird (Clausen, 2002). Dabei ist jedoch offen, welche Merkmale genau für einen guten Unterricht kennzeichnend sind. Zwar existiert eine Reihe von Merkmalskatalogen, jedoch variieren diese zum Teil deutlich in der Breite und Anzahl der verwendeten Indikatoren (Hasselhorn & Gold, 2013; Praetorius, 2014). Eine im deutschsprachigen Raum populäre Systematik (Praetorius, 2014), die für sich in Anspruch nimmt, diese Merkmalskataloge empirisch fundiert zu subsumieren, sind die Basisdimensionen von Unterrichtsqualität von Klieme et al. (2006). Das Modell der Basisdimensionen umfasst dabei die drei Merkmalsbereiche Klassenführung, Schülerorientierung sowie kognitive Aktivierung (Klieme et al., 2006). Geht man davon aus, dass im inklusiven Unterricht Maßnahmen der individuellen Förderung genutzt werden, um sehr unterschiedlichen Schülerinnen und Schülern Lernangebote zu unterbreiten (Klieme & Warwas, 2011; Prengel, 2013; Textor, 2015), so sollte sich dies vor allem positiv auf die Einschätzungen zu den Basisdimensionen ›Schülerorientierung‹ und ›kognitive Aktivierung‹ auswirken. Der Ansatz der individuellen Förderung folgt dabei im Wesentlichen der Idee der proximalen Entwicklungszonen (Vygotsky, 1934/1978). Eine optimale Lernentwicklung wird demnach dann erreicht, wenn es gelingt, eine Passung zwischen dem individuellen Lernstand der Kinder und Jugendlichen, den Lernzielen und den Lernangeboten herzustellen und damit die Lernenden weder zu über- noch zu unterfordern. Somit sollten Schülerinnen und Schüler, die individualisierte Lernangebote erhalten, den Unterricht als schülerorientiert wahrnehmen und sich kognitiv angeregt fühlen. Die individuelle Förderung kann dabei höchst unterschiedlich organisiert werden. Klieme und Warwas (2011) folgend, zählen hierzu zum einen Formen des offenen Unterrichtens und Maßnahmen zur Stärkung der Schülerinnen- und Schülerautonomie, binnendifferenzierende Angebote durch mikro- und makroadaptives Unterrichten sowie die Bereitstellung kompensatorischer Förderungen mittels Trainings- und Zusatzangeboten.

2.2 Binnendifferenzierung, Unterrichtsqualität und Schülercharakteristika

Die Binnendifferenzierung durch adaptiven Unterricht wird als ein bedeutsamer Aspekt der individuellen Förderung betrachtet (Klieme & Warwas, 2011). Die empirischen Befunde, die Hattie (2013) in seiner Metastudie zusammengetragen hat, ergaben allerdings für die Maßnahmen »Individualisierung« ($d = 0.23$) und »Interne Differenzierung« ($d = 0.16$) im Durchschnitt eher schwache Zusammenhänge zu den Leistungen von Schülerinnen und Schülern. Betrachtet man die Schülercharakteristika genauer, so ändert sich das Bild. Klieme und Warwas (2011) legen dar, dass insbesondere Kinder im unteren Leistungsspektrum durch einen binnendifferenzierten Unterricht in ihrer Lernentwicklung unterstützt werden können. Kinder im mittleren und oberen Bereich des Leistungsspektrums scheinen hingegen weniger stark von entsprechenden Maßnahmen zu profitieren (Klieme & Warwas, 2011). Wie Warwas, Hertel und Labuhn (2011) in ihrer Befragung von $N = 26$ Grundschullehrerinnen und -lehrern zeigen konnten, ist die Differenzierung durch individualisiertes Aufgabenmaterial die am häufigsten eingesetzte Methode der Binnendifferenzierung. In der ›Internationalen Grundschul-Lese-Untersuchung‹ (IGLU; Lankes, Plaßmeier, Bos & Schwippert, 2003) zeigte sich jedoch, dass nur in wenigen Klassen überhaupt eine Differenzierung des Lernmaterials stattfand.

Fragt man nach den Wirkungen bestimmter Unterrichtsmaßnahmen, so rücken Einschätzungen zur Unterrichtsqualität in den Fokus der Untersuchungen. Roßbach (2002) fand in seiner Studie zum Zusammenhang von Unterrichtsqualität und Schülerleistungen in $N = 214$ Grundschulklassen der zweiten Jahrgangsstufe keine bis schwache direkte Zusammenhänge zwischen den Leistungen der Schülerinnen und Schüler und der durch Beobachtungen gewonnenen Einschätzung der Unterrichtsqualität, z. B. zum Klassenmanagement oder einem schülerorientierten Klima.

Hinsichtlich des Einflusses der Unterrichtsqualität auf die motivationalen Merkmale von Grundschülerinnen und Grundschülern konnten Fauth et al. (2014a) an einer längsschnittlichen Stichprobe von $N = 1070$ Kindern in $N = 54$ Klassen zeigen, dass Kinder, die hohe Werte auf der Basisdimension ›Schülerorientierung‹ berichteten, in der Folge zwar höhere Ausprägungen auf motivationalen, nicht jedoch auf kognitiven Maßen aufwiesen. Eine Besonderheit der Studie von Fauth et al. (2014b) war, dass der Einfluss der Beliebtheit einer Lehrkraft kontrolliert wurde. In einer weiteren Analyse an derselben Datenbasis zeigte sich, dass eine hohe Unterrichtsqualität auf allen drei Basisdimensionen mit einem signifikanten Anstieg im Gebrauch von metakognitiven Lernstrategien einherging (Rieser, Naumann, Decristan, Fauth, Klieme & Büttner, 2016). Die Ergebnisse einer Interventionsstudie von Lipowsky, Rakoczy, Pauli, Drollinger-Vetter, Klieme und Reusser (2009) mit $N = 913$ Schülerinnen und Schülern der Sekundarstufe legen den Schluss nahe, dass die Merkmale des Unterrichts als Moderatoren der individuellen Merkmale der Schülerinnen und Schüler wirkten. In der Studie zeigte sich, dass der Zusammenhang zwischen dem Mathematikinteresse und der -leistung umso stärker ausfiel, je schülerorientierter und kognitiv aktivierender der Unterricht war.

Insgesamt lässt sich festhalten, dass die direkte Wirkung von binnendifferenzierenden Maßnahmen auf die Leistungen von Schülerinnen und Schülern im Durchschnitt begrenzt ist, wobei schwächere Schülerinnen und Schüler eher zu profitieren scheinen als stärkere Schülerinnen und Schüler. Zudem ist anzunehmen, dass binnendifferenzierter Unterricht zu einer qualitätsvolleren Einschätzung des Unterrichts führt und einen positiven Effekt auf die Lernmotivation von Schülerinnen und Schülern entfalten kann.

2.3   Erfassung der Unterrichtsqualität

Soll die Unterrichtsqualität insgesamt oder eine ihrer Facetten erfasst werden, dann stellt sich die Frage, welche Datenquellen hierfür genutzt werden. In der Unterrichtsforschung werden überwiegend die Urteile von Lehrerinnen und Lehrern, Schülerinnen und Schülern und geschulten externen Beobachterinnen und Beobachtern genutzt (Fauth et al., 2014a; Praetorius, 2014). Die Perspektiven von Lehrenden und Lernenden bieten sich vor allem deshalb an, weil sie die unmittelbaren Akteure des Unterrichtsgeschehens sind. Aufgrund dieser direkten Eingebundenheit in den Unterricht gelten sie jedoch oft als wenig objektiv (Fauth et al., 2014a). Externe und geschulte Beobachterinnen und Beobachter hingegen stellen deshalb vermeintlich den »Goldstandard« für die Beurteilung von Unterrichtsqualität dar (Göllner, Wagner, Klieme, Lüdtke, Nagengast & Trautwein, 2016). Um eine hinreichende Reliabilität der Messung der Unterrichtsqualität durch Beobachterinnen und Beobachter sicherstellen zu können, sind jedoch abhängig von der erfassten Dimension bis zu neun aufeinanderfolgende Messungen erforderlich (Clausen, 2002; Praetorius, Pauli, Reusser, Rakoczy & Klieme, 2014). Da dies mit einem entsprechend hohen zeitlichen und finanziellen Aufwand verbunden ist, sind die Schülerinnen und Schüler als mögliche Datenquellen für die Beurteilung der Unterrichtsqualität in den Fokus der Bildungsforschung gerückt (Göllner et al., 2016). Anhand der Basisdimensionen von Unterricht konnten sowohl Fauth et al. (2014a, 2014b) als auch Praetorius (2014) zeigen, dass bereits Grundschülerinnen und Grundschüler sehr gut in der Lage sind, die Qualität ihres Unterrichts einzuschätzen. In den Untersuchungen von Fauth und Kollegium (2014a, 2014b) ließen sich beispielsweise die Basisdimensionen der Unterrichtsqualität mithilfe einer konfirmatorischen Faktorenanalyse in den Schülerurteilen empirisch replizieren. Die Schülerinnen und Schüler sind also durchaus in der Lage, die Dimensionen von Unterricht zu erkennen und separat einzuschätzen.

Sowohl die Analysen von Praetorius (2014) als auch die von Fauth und Kollegium (2014a, 2014b) ergaben schließlich, dass die Einschätzungen der Beobachterinnen und Beobachter und die der Schülerinnen und Schüler zur Unterrichtsqualität deutlich voneinander abwichen. Obgleich stets derselbe Gegenstand, der Unterricht, beurteilt wurde, kamen Beurteilerinnen und Beurteiler sowie Schülerinnen und Schüler zu sehr divergierenden Resultaten. Ein solcher Befund zeigte sich bereits in der Erhebung von Clausen (2002), der für die Übereinstimmung zwischen externen Beobachterinnen und Beobachtern und Schülerinnen und Schülern Korrelationen zwischen $r = -.22$ und $r = .45$ berichtet.

2.4 Desiderata und Fragestellungen

Mit der Ausweitung inklusiven Unterrichts geht eine Steigerung der Heterogenität der Schülerschaft einher, auf die Lehrerinnen und Lehrer mit differenzierenden Unterrichtsangeboten eingehen können. Um die Auswirkung solch binnendifferenzierender Maßnahmen zu bestimmen, ist es notwendig, deren Ausmaß im Unterricht zu erfassen. Die bisherigen Forschungsergebnisse zeigten, dass es im Hinblick auf die drei Basisdimensionen (Klieme et al., 2006) erkenntnisreich ist, die Einschätzungen von externen Beobachterinnen und Beobachtern mit denen der involvierten Schülerinnen und Schüler zu vergleichen. Bisherige Studien konnten zeigen, dass die Einschätzungen dieser Personengruppen deutlich voneinander abweichen (Fauth et al., 2014a, 2014b). In diesem Zusammenhang ist denkbar, dass sich die Wahrnehmungen der Schülerinnen und Schüler über die Zeit verändern, bedingt durch ein stärkeres Wahrnehmen von Leistungsdifferenzen innerhalb einer Klasse. Darüber hinaus ist bislang unklar, ob leistungsstärkere und leistungsschwächere Schülerinnen und Schüler die Qualität des Unterrichts unterschiedlich einschätzen. So ist zu vermuten, dass leistungsschwächere Schülerinnen und Schüler im inklusiven Unterricht häufiger von explizit wahrnehmbaren Formen der Unterrichtsdifferenzierung betroffen sind (Henke, Bosse, Lambrecht, Jäntsch, Jaeuthe & Spörer, 2017). Im Kontext inklusiven Lernens zeigten Beobachtungsstudien, dass Schülerinnen und Schüler mit einem sonderpädagogischen Förderbedarf häufiger als ihre Mitschülerinnen und -schüler Kontakt zu unterstützendem pädagogischen Personal haben (Webster & Blatchford, 2013). Zudem werden sie häufiger durch separierende Arbeitsplätze vom allgemeinen Unterrichtsgeschehen getrennt (Webster & Blatchford, 2015).

Die vorliegende Untersuchung greift die genannten Desiderata auf und untersucht die Einschätzungen von Grundschulkindern und externen Beobachterinnen und Beobachtern bezogen auf das Unterrichtsmerkmal Binnendifferenzierung. Folgende Fragenstellungen werden betrachtet: (1) Gibt es einen Zusammenhang zwischen der Differenzierungseinschätzung der Beobachterinnen und Beobachter und den Schülerinnen und Schülern in den Fächern Deutsch und Mathematik? Geht man davon aus, dass die Schülerinnen und Schüler – je länger sie im Klassenverbund sind – auch präziser einschätzen können, welche unterrichtlichen Differenzierungsmaßnahmen von ihrer Lehrkraft ergriffen wurden, dann stellt sich die Frage nach der Stabilität: (2) Wie stabil sind die Differenzierungseinschätzungen über die Zeit? Möglicherweise besteht darüber hinaus ein Zusammenhang zwischen der Leistung der Schülerinnen und Schüler und dem Ausmaß der Differenzierungsangebote. Daraus ergibt sich schließlich die Frage: (3) Nehmen leistungsstärkere und leistungsschwächere Schülerinnen und Schüler das Ausmaß der Differenzierung unterschiedlich wahr?

3   Methode

3.1   Stichprobe und Design

Zur Untersuchung der Fragen wurden Daten einer längsschnittlichen Beobachtungsstudie analysiert, deren Ziel es war, zu ermitteln, wie inklusiver Unterricht auf die Kompetenzentwicklung von Grundschulkindern einwirkt. Hierfür wurden im Land Brandenburg $N = 233$ Schülerinnen und Schüler aus zehn Klassen von inklusiv arbeitenden Grundschulen über zwei Schuljahre hinweg begleitet. In den Klassen lernten Kinder mit unterschiedlichen Voraussetzungen und Fähigkeiten. Auf die Feststellung eines sonderpädagogischen Förderbedarfs in den Bereichen ›Lernen‹, ›Emotionale und soziale Entwicklung‹ sowie ›Sprache‹ wurde seitens der Schulen verzichtet bzw. entsprechende Verfahren nur auf expliziten Elternwunsch initiiert. Die Schulen erhielten pauschale Ressourcen und darüber hinaus Fortbildungen und Beratungen im Hinblick auf inklusives Unterrichten.

Die Beobachtung der Klassen erfolgte sowohl im Deutsch- als auch im Mathematikunterricht computerbasiert (Henke & Spörer, 2014) durch externe Beobachterinnen und Beobachter zu drei Messzeitpunkten. Die ersten Beobachtungen fanden im Mai und Juni des Jahres 2015 statt. Alle Schülerinnen und Schüler besuchten zu diesem Zeitpunkt die vierte Jahrgangsstufe. Die Klassen wurden erneut im ersten Halbjahr (zweiter Messzeitpunkt) sowie im zweiten Halbjahr (dritter Messzeitpunkt) der fünften Jahrgangsstufe beobachtet. Nach jedem Beobachtungszyklus wurden ca. einen Monat später die fachlichen Kompetenzen und die unterrichtsbezogenen Einschätzungen der Schülerinnen und Schüler erhoben. Im Mittel wurden $N_{t1} = 21.20$ ($SD = 4.08$), $N_{t2} = 22.00$ ($SD = 2.91$), $N_{t3} = 21.10$ ($SD = 3.31$) Schülerinnen und Schüler pro Klasse beobachtet und getestet. Die

Grundschulkinder waren zu Beginn der Untersuchung im Durchschnitt zehn Jahre alt ($M = 10.31$, $SD = 0.43$). Tabelle 1 informiert über weitere individuelle Merkmale der Schülerinnen und Schüler zu den drei Messzeitpunkten.

Tab. 1: Deskriptiva der Stichprobe

	t1		t2		t3	
	N	**%**	**N**	**%**	**N**	**%**
N gesamt	233		220		211	
Geschlecht						
weiblich	119	51.0	111	50.5	112	53.1
männlich	112	48.1	106	48.1	99	46.9
fehlende Angaben	2	0.9	3	1.4	0	0
Geburtsland						
Deutschland	219	94.0	207	94.1	208	98.6
Ausland	12	5.1	10	4.5	3	1.4
fehlende Angaben	2	0.9	3	1.4	0	0

Anmerkungen: $N =$ Anzahl der Kinder, t $=$ Messzeitpunkt

3.2 Instrumente

In Vorbereitung der Unterrichtsbeobachtungen durchliefen alle Beobachterinnen und Beobachter ein Training, in dem die Zuordnung von Beobachtungen zu Kategorien vermittelt und der computergestützte Ablauf anhand von Beispielvideos geübt wurde.

Die Unterrichtsbeobachtungen umfassten pro Klasse und Messzeitpunkt jeweils zehn Deutsch- und zehn Mathematikstunden. Pro Unterrichtsstunde wurden die Beobachtungen insofern rhythmisiert, dass der oder die Beobachtende nach 20 Minuten und nach 40 Minuten computerbasiert verschiedene Qualitätsdimensionen des Unterrichts eingeschätzt hat. Eine dieser Dimensionen zielte auf die Binnendifferenzierung im Unterricht. Die hierfür verwendeten fünf Items stammten von Helmke (2012) und konnten auf einer Likert-Skalierung von 0 $=$ *trifft nicht zu* bis 3 $=$ *trifft zu* eingeschätzt werden. Sie wurden separat für den Deutsch- und für den Mathematikunterricht eingeschätzt (z. B. »*Die Kinder können zwischen verschiedenen Aufgaben wählen*«). Die Reliabilität der Differenzierungsskala war zu allen drei Messzeitpunkten zufriedenstellend bis gut, sowohl für das Fach Deutsch (Cronbach's $\alpha_{t1} = .90$, $\alpha_{t2} = .74$, $\alpha_{t3} = .82$) als auch für das Fach Mathematik (Cronbach's $\alpha_{t1} = .86$, $\alpha_{t2} = .75$, $\alpha_{t3} = .84$).

Die Erfassung der Schülermerkmale und Schülereinschätzungen zur Binnendifferenzierung erfolgte mittels eines Fragebogens im Klassenverband. Diese Erhebungen wurden manualbasiert durch geschulte Mitarbeiterinnen und Mitarbeiter durchgeführt. Zur Erfassung der fachlichen Kompetenzen im Lesen wurde der Leseverständnistest ELFE 1-6 von Lenhard und Schneider (2006) eingesetzt. Dieser Speed-Test erfasst mittels 20 Items das Textverständnis der Kinder. Dabei werden jeweils zu einem kurzen Text vier Aussagen präsentiert, von denen nur eine zum Text passt. Die innere Konsistenz der Skala war zu allen drei Messzeitpunkten gut bis sehr gut (Cronbach's $\alpha_{t1} = .87$, $\alpha_{t2} = .91$, $\alpha_{t3} = .89$). Um Aussagen zu den Rechenfähigkeiten der Kinder vorzunehmen, wurde die Subskala ›Addition‹ des Heidelberger Rechentests (HRT 1-4) von Haffner, Baro, Parzer und Resch (2005) verwendet. Die Schülerinnen und Schüler hatten die Aufgabe, innerhalb von zwei Minuten so viele Additionsaufgaben wie möglich zu lösen (z. B. »$26 + 13$«). Der Subtest umfasst im Original 40 Items, deren Schwierigkeit sich auf einen Einsatz in den Jahrgangsstufen eins bis vier beziehen. Um Deckeneffekte beim Einsatz des Tests in der fünften Jahrgangsstufe zu vermeiden, haben wir in der vorliegenden Erhebung den Subtest zum zweiten und dritten Messzeitpunkt um 20 Aufgaben erweitert. Die Reliabilitätskennwerte waren gut bis sehr gut (Cronbach's $\alpha_{t1} = .88$, $\alpha_{t2} = .90$, $\alpha_{t3} = .88$).

Schließlich wurden die Schülerinnen und Schüler um Einschätzungen des Mathematik- und Deutschunterrichts gebeten, die auf die Binnendifferenzierung des Unterrichts abzielten. Hierfür wurden die gleichen fünf Items wie für die Unterrichtsbeobachtungen verwendet, mit dem Unterschied, dass den Items die jeweilige Fachspezifik vorangestellt wurde (z. B. »*Bei uns im Mathematikunterricht können wir zwischen unterschiedlichen Aufgaben wählen*«). Die Schülerinnen und Schüler konnten zwischen 0 = *stimmt gar nicht* und 3 = *stimmt genau* wählen. Die innere Konsistenz der gebildeten Skalen war zu allen drei Messzeitpunkten zufriedenstellend, sowohl für das Fach Deutsch (Cronbach's $\alpha_{t1} = .71$, $\alpha_{t2} = .76$, $\alpha_{t3} = .75$) als auch für das Fach Mathematik (Cronbach's $\alpha_{t1} = .61$, $\alpha_{t2} = .60$, $\alpha_{t3} = .66$).

3.3 Statistisches Vorgehen

Alle Berechnungen wurden mit dem Statistikprogramm SPSS 24 bzw. R (3.3.3) durchgeführt. Das Signifikanzniveau wurde auf $p < .05$ (zweiseitig) festgelegt. Die Daten aus den Unterrichtsbeobachtungen wurden pro Messzeitpunkt und für die Fächer Deutsch und Mathematik getrennt aufbereitet. Pro Fach und Klasse wurde aus den Differenzierungsitems einer Unterrichtsstunde eine Skala gebildet. Danach wurde der Mittelwert aus allen zehn Unterrichtsstunden gebildet. So ergaben sich pro Messzeitpunkt für jede Klasse ein Deutsch- und ein Mathematikwert für die Skala ›Differenzierung‹, die sodann mit den korrespondierenden Einschätzungen der Schülerinnen und Schüler korrelativ analysiert wurden.

4 Ergebnisse

Im ersten Schritt der Datenauswertung wurde die längsschnittliche Entwicklung der Einschätzungen der Schülerinnen und Schüler sowie der Beobachterinnen und Beobachter zur Binnendifferenzierung im Unterricht analysiert. Hierzu wurden getrennt nach Unterrichtsfächern sowie Messzeitpunkten die Mittelwerte, Standardabweichungen und die Intraklassenkorrelationen (ICC) errechnet (▶ Tab. 2). Bei der Interpretation der errechneten Kennwerte ist zu beachten, dass es sich im Fall der Beobachtungen um wiederholte Messungen in knapper Folge über einen kurzen Zeitraum handelt. Die einzelnen Messungen zum Grad der Binnendifferenzierung sind innerhalb von Klassen respektive Beobachtenden geschachtelt. Die Standardabweichung informiert somit darüber, wie weit die einzelnen Messungen über alle Klassen hinweg streuen. Bei der Berechnung der ICC wiederum wird diese Gesamtstreuung in eine Streuung zwischen den Klassen und eine Streuung innerhalb der Klassen zerlegt. Die ICC selbst gibt dann an, wie hoch der Anteil der Streuung zwischen den Klassen an der Gesamtstreuung ist. Der Wertebereich der ICC liegt zwischen 0 und 1 und kann damit analog zu Prozentwerten interpretiert werden. Ein hoher Wert bedeutet, dass die Messungen zum Grad der Binnendifferenzierung sehr klassenspezifisch ausfallen, da die Gesamtvarianz weniger durch Unterschiede in den Beobachtungen innerhalb einer Klasse zustande kommen als vielmehr durch Unterschiede zwischen den Klassen.

Bezüglich der Einschätzungen der Schülerinnen und Schüler handelt es sich um Messungen auf interpersoneller Ebene. Hier sind die einzelnen Datenpunkte zwar ebenfalls innerhalb von Klassen geschachtelt, jedoch handelt es sich hierbei um die Wahrnehmungen verschiedener Personen und nicht um Messungen der Wahrnehmungen ein und derselben Person über einen festen Zeitraum. Damit verschiebt sich auch die Bedeutung der ICC. Ein hoher Wert bei der ICC informiert nun über den Grad der Übereinstimmung, mit der die Schülerinnen und Schüler einer Klasse die Binnendifferenzierung einschätzen. Ein hoher Wert bedeutet demzufolge, dass ein Großteil der Streuung in den Messwerten durch Unterschiede zwischen den Klassen zu erklären ist und weniger durch unterschiedliche Sichtweisen der Schülerinnen und Schüler. Ein hoher Wert ist somit zeitgleich ein Indikator für eine hohe Übereinstimmung in den Schülerurteilen einer Klasse.

Tab. 2: Deskriptive Kennwerte für die Einschätzung der Binnendifferenzierung

		Beobachter/innen			Schüler/innen		
Messzeitpunkt	Fach	*M*	*SD*	ICC	*M*	*SD*	ICC
1	Deutsch	0.82	0.89	.57	1.70	0.58	.42
1	Mathematik	0.72	0.82	.55	1.83	0.51	.39
2	Deutsch	0.72	0.77	.55	1.61	0.57	.35
2	Mathematik	0.68	0.69	.47	1.67	0.49	.31

Tab. 2: Deskriptive Kennwerte für die Einschätzung der Binnendifferenzierung – Fortsetzung

		Beobachter/innen			Schüler/innen		
Messzeitpunkt	Fach	*M*	*SD*	ICC	*M*	*SD*	ICC
3	Deutsch	0.77	0.77	.31	1.67	0.56	.24
3	Mathematik	0.75	0.79	.62	1.69	0.51	.19

Anmerkungen: *M* = Mittelwert, *SD* = Standardabweichung, ICC = Intraklassenkorrelation

Tabelle 2 ist zu entnehmen, dass sich die Einschätzungen der Beobachterinnen und Beobachter und die der Schülerinnen und Schüler über die drei Messzeitpunkte hinweg kaum veränderten. Auch zwischen den Fächern ergaben sich kaum Unterschiede in der Einschätzung des Grades an wahrgenommener Binnendifferenzierung. Die Einschätzungen der Beobachterinnen und Beobachter bewegten sich mit Werten zwischen 0.68 und 0.82 deutlich unterhalb des theoretischen Mittels der Skala von 1.5. Die Schülerinnen und Schüler hingegen lagen mit ihren Einschätzungen zwischen 1.61 und 1.83 knapp über dem theoretischen Mittel und schätzten das Ausmaß der Binnendifferenzierung in ihrer Klasse somit stets als ausgeprägter ein als die Beobachterinnen und Beobachter. Auch die Streuung der Messwerte erwies sich über die Messzeitpunkte und Unterrichtsfächer hinweg sowohl bei den Schülerinnen und Schülern als auch bei den Beobachterinnen und Beobachtern als eher gleichbleibend. Jedoch fielen die Unterschiede zwischen den Einschätzungen der Beobachterinnen und Beobachter größer aus als die Unterschiede zwischen den Schülerinnen und Schülern. Mit Blick auf die ICC zeigte sich darüber hinaus, dass ein Großteil der Streuung sowohl bei den Schülerinnen und Schülern als auch bei den Beobachterinnen und Beobachtern auf Unterschiede zwischen den Klassen zurückzuführen war. Beispielsweise entfielen 57 % der Streuung zum ersten Messzeitpunkt im Fach Deutsch bei den Beobachterinnen und Beobachtern auf Unterschiede zwischen den Klassen, bei den Schülerinnen und Schülern waren es 42 %. Anders formuliert bedeutet das, dass die Kinder einer Klasse einander sehr ähnliche Urteile zum Grad der Differenzierung abgaben und die durch die Beobachterinnen und Beobachter eingeschätzten Unterrichtsstunden durchaus Schwankungen unterworfen waren, diese jedoch vergleichsweise eng um den Mittelwert für die Klasse streuten.

Die niedrigen Mittelwerte können in Kombination mit der großen Standardabweichung und den hohen ICC-Werten auch als Hinweis darauf gelesen werden, dass es Klassen gab, in denen nie differenziert wurde, und dass es Klassen gab, in denen sehr umfänglich differenziert wurde. Eine Klasse, in der nie differenziert wird, hätte einen Mittelwert und eine klasseninterne Streuung von Null und würde zur Gesamtstreuung nur durch ihren Abstand zu den anderen Klassen beitragen, was sodann zu einer hohen ICC führt. Betrachtet man die ICC der Schülerinnen und Schüler, so fielen diese insbesondere zu den ersten zwei Messzeitpunkten sehr hoch aus. Das kann als Hinweis darauf verstanden werden, dass die Schülerinnen und Schüler die Binnendifferenzierung in ihrer Klasse sehr einheitlich wahrnahmen.

Zum dritten Messzeitpunkt sanken die ICCs bei gleichbleibender Standardabweichung um ca. zehn Prozentpunkte. Relativ betrachtet wurden sich die Schülerinnen und Schüler somit unähnlicher in ihren Urteilen.

Um zu prüfen, ob sich die Klassenmittelwerte zur Einschätzung der Binnendifferenzierung in den Unterrichtsfächern Deutsch und Mathematik über die Zeit verändern (Fragestellung 2), wurden die jeweils aufeinanderfolgenden Messzeitpunkte miteinander korreliert. Im Gegensatz zum vorherigen Analyseschritt wurde nun nicht die potenzielle Veränderung des Stichprobenmittelwertes betrachtet, sondern die Rangstabilität der Klassenmittelwerte überprüft. Tabelle 3 ist zu entnehmen, dass die auf den Einschätzungen der Schülerinnen und Schüler basierenden Messungen zur Binnendifferenzierung über die Messzeitpunkte hinweg hoch miteinander korrelierten. Im Fall der Beobachterinnen und Beobachter war die Befundlage weniger eindeutig. Hier ergab sich eine hohe und statistisch bedeutsame Korrelation nur für das Fach Deutsch zwischen dem ersten und zweiten Messzeitpunkt, während die Einschätzungen des zweiten und dritten Messzeitpunkts, die innerhalb eines Schuljahres lagen, nicht systematisch zusammenhingen ($r = .06$). Bezüglich des Faches Mathematik zeigten sich insgesamt mittelhohe Korrelationen, die als nicht statistisch signifikant ausgewiesen wurden. Hierbei ist jedoch zu bedenken, dass die Korrelationen auf zehn Messwertpaaren beruhen und damit nur sehr starke Effekte signifikant werden können (▶ Tab. 3).

Tab. 3: Korrelationen zwischen den Messzeitpunkten für die Einschätzung der Binnendifferenzierung auf Klassenebene

Fach	Beobachter/innen		Schüler/innen	
	r_{t1-t2}	r_{t2-t3}	r_{t1-t2}	r_{t2-t3}
Deutsch	.95*	.06	.93*	.89*
Mathematik	.55	.54	.92*	.84*

Anmerkungen: r = Korrelationskoeffizient, t = Messzeitpunkt, * = p < .05

Im dritten Schritt der Datenanalyse wurde die Übereinstimmung zwischen den Einschätzungen der Schülerinnen und Schüler und denen der Beobachterinnen und Beobachter getrennt nach Fächern und Messzeitpunkten ermittelt. Wie auch bei der Ermittlung der Rangstabilitäten zwischen den Messzeitpunkten im vorangegangenen Analyseschritt wurden die auf Klassenebene aggregierten Messwerte verwendet. Insgesamt korrelierten die Angaben der Beobachterinnen und Beobachter sowie der Schülerinnen und Schüler zur Binnendifferenzierung auf einem mittleren bis hohen Niveau (▶ Tab. 4). Wie auch im vorangegangenen Analyseschritt ist zu beachten, dass aufgrund der Analyseeinheit die Testpower nur für große Effektstärken ausreicht.

Im letzten Schritt der Analyse wurde geprüft, ob es einen Zusammenhang zwischen der Wahrnehmung des Grads der Binnendifferenzierung und der Leistung der Schülerinnen und Schüler gab (Fragestellung 3). Im Gegensatz zu den vorange-

Tab. 4: Korrelationen auf Klassenebene für die Einschätzung der Binnendifferenzierung durch die Beobachterinnen und Beobachter und die Schülerinnen und Schüler

Fach	r_{t1}	r_{t2}	r_{t3}
Deutsch	.62	.82*	.55
Mathematik	.72*	.84*	.60

Anmerkungen: r = Korrelationskoeffizient, t = Messzeitpunkt, * = p < .05

gangenen Analysen wurden die Zusammenhänge nun auf Individualebene ermittelt. Um neben querschnittlichen Zusammenhängen auch einen Eindruck von eventuell zeitverzögerten Effekten zu bekommen, wurden alle Korrelationen zwischen den Leistungen der Schülerinnen und Schüler und ihren Einschätzungen zur Binnendifferenzierung im Unterricht getrennt nach Unterrichtsfächern ermittelt (▶ Tab. 5).

Tab. 5: Korrelationen zwischen der Leistung der Schülerinnen und Schüler und ihren Einschätzungen zur Binnendifferenzierung des Unterrichts

	(1)	(2)	(3)	(4)	(5)	(6)
(1) Leistung t1	–	.91*	.85*	−.13	−.15*	−.16*
(2) Leistung t2	.81*	–	.86*	−.17*	−.11	−.15*
(3) Leistung t3	.82*	.83*	–	−.08	−.06	−.16*
(4) Differenzierung t1	.03	−.07	−.05	–	.63*	.55*
(5) Differenzierung t2	.04	−.02	.00	.59*	–	.64*
(6) Differenzierung t3	−.06	−.15*	−.07	.51*	.59*	–

Anmerkungen: t = Messzeitpunkt; oberhalb der Diagonalen sind die Kennwerte für das Fach Deutsch dargestellt, unterhalb sind die Kennwerte für das Fach Mathematik zu finden, * = p < .05

Sowohl im Fach Deutsch als auch im Fach Mathematik korrelierten die Einschätzungen der Schülerinnen und Schüler zum Grad der Binnendifferenzierung positiv über die Messzeitpunkte. Schülerinnen und Schüler, die zu einem Messzeitpunkt den Unterricht als hoch differenzierend einschätzten, taten dies mit hoher Wahrscheinlichkeit auch zu den anderen beiden Messzeitpunkten. Obgleich die Korrelationen auf Individualebene durchgängig niedriger ausfielen als auf Klassenebene, lagen sie mit Werten von $r > .55$ im Bereich mittlerer bis starker Effekte. Noch höher fielen die Korrelationen in den beiden Fächern für die Leistungen über die Zeit aus. Mit Werten von $r > .81$ waren die Leistungen der Schülerinnen und Schüler hoch rangstabil, d. h., Schülerinnen und Schüler, die zu einem Messzeitpunkt eine hohe Punktzahl erzielten, erreichten diese mit hoher Wahrscheinlichkeit auch zu den anderen Messzeitpunkten. Weit weniger stark fielen die Korrelationen zwischen den erreichten Leistungen der Schülerinnen und Schüler und ihrer Einschätzung der Binnendifferenzierung im Unterricht aus. Alle Korrelationen, die sich statistisch bedeutsam von Null unterschieden, waren negativ, d. h., Schülerinnen und Schüler mit einem niedrigen Ergebnis im Leistungstest nahmen den Unterricht als differenzierender wahr als Schülerinnen und Schüler mit hohen Ergebnissen im Leistungstest. Betrachtete man im Fach Deutsch nur die Korrelationen des ersten und zweiten Messzeitpunktes, dann zeigte sich, dass die Einschätzungen zur Binnendifferenzierung und die Leistungen in keinem querschnittlichen, sondern vielmehr in einem zeitversetzten Zusammenhang standen. Für den dritten Messzeitpunkt konnte dieses Muster nicht repliziert werden, hier ergab sich ein signifikant negativer Zusammenhang zwischen der Leistung der Schülerinnen und Schüler und ihrer Einschätzung zur Binnendifferenzierung.

Für das Fach Mathematik wurde nur eine der neun möglichen Korrelationskombinationen aus Leistung und Einschätzung zur Binnendifferenzierung signifikant. Damit gab es im Fach Mathematik keine querschnittlichen Zusammenhänge und nur eine zeitversetzte Korrelation.

5 Diskussion

Schulische Inklusion und Binnendifferenzierung – diese Begriffe sind eng miteinander verbunden (Prengel, 2013; Textor, 2015). Bestrebungen von Schulen, die Qualität ihrer inklusiven Unterrichtsangebote Schritt für Schritt zu verbessern, berühren daher häufig Fragen der Umsetzung unterrichtsintegrierter Differenzierung. Betrachtet man somit Binnendifferenzierung als zentrales Element inklusiven Lernens und als Thema schulischer Entwicklungs- und Evaluationsprozesse, stellt sich die Frage, wie das Ausmaß der Binnendifferenzierung erfasst wird. Ausgehend von Befunden zur Einschätzung der Unterrichtsqualität sollte in der vorliegenden Untersuchung daher betrachtet werden, ob Differenzierungsmaßnahmen von unterschiedlichen Personengruppen unterschiedlich stark wahrgenommen werden und welche Faktoren diese Einschätzungen beeinflussen. Zur Beantwortung wurden zehn inklusiv lernende Grundschulklassen zu drei Messzeitpunkten innerhalb von eineinhalb Schuljahren begleitet. Der Fokus lag dabei auf dem Deutsch- und Mathematikunterricht, der durch Beobachterinnen und Beobachter hinsichtlich binnendifferenzierender Maßnahmen bewertet wurde. Außerdem wurden die Schülerinnen und Schüler um ihre Einschätzungen zur Binnendifferenzierung in den beiden Fächern gebeten. Inwiefern es hierbei zu Differenzen zwischen den Beobachterinnen und Beobachtern und den Grundschulkindern kam, wurde genauso untersucht wie die zeitliche Stabilität der Einschätzungen und Zusammenhänge zu Schülercharakteristika. Es zeigten sich drei Hauptbefunde:

Erstens haben die Beobachterinnen und Beobachter in den Klassen weniger Binnendifferenzierung wahrgenommen als die Schülerinnen und Schüler. Dieser Befund zeigte sich über die drei Messzeitpunkte hinweg und sowohl für das Fach

Deutsch als auch für das Fach Mathematik. Dennoch ergab sich eine klare Systematik zwischen den Schüler- und Beobachtereinschätzungen, denn in Klassen, in denen die Beobachterinnen und Beobachter ein höheres Ausmaß an Binnendifferenzierung wahrnahmen, schätzten auch die Schülerinnen und Schüler dasselbe Merkmal positiver ein. Wie ist dieses Ergebnis einzuordnen? In der Untersuchung von Fauth et al. (2014a) zeigte sich deskriptiv, dass die Schülerinnen und Schüler zwei der drei Basisdimensionen positiver einschätzen als die Beobachterinnen und Beobachter. Somit reiht sich das Ergebnis unserer Studie, das im Kontext inklusiven Lernens ermittelt wurde, gut in die Befundlage zum bisherigen Regelunterricht ein. Im Hinblick auf die Korrelation von Schüler- und Beobachtereinschätzung ergaben sich in der Studie von Fauth et al. (2014a) nur für das Unterrichtsqualitätsmerkmal ›Klassenführung‹ ein signifikanter Zusammenhang in einer Höhe von $r = .52$. Die Autorinnen und Autoren argumentieren, dass dieses Ergebnis mit einer guten Beobachtbarkeit durch entsprechende Indikatoren zu erklären sei (Fauth et al., 2014a). In der vorliegenden Studie kann davon ausgegangen werden, dass mit den gewählten Items das Konstrukt der Binnendifferenzierung auf der Ebene von Unterrichtshandlungen klar beschrieben und somit sowohl von den Beobachterinnen und Beobachtern als auch von den Schülerinnen und Schülern reliabel eingeschätzt werden konnte. Entsprechend hoch fielen die Zusammenhänge aus, die insgesamt über den bisher berichteten Korrelationen zu gut beobachtbaren Qualitätsmerkmalen lagen (Fauth et al., 2014a). Mit Bezug auf Clausen (2002) sei darauf hingewiesen, dass keine der beiden Personengruppen als bessere bzw. weniger gut geeignete Informationsquelle gelten darf, sondern dass vielmehr unterschiedliche Perspektiven darauf beruhen, dass das Verständnis des zu beurteilenden Konstrukts variiert. Dies sollte somit als Bereicherung für die Erfassung binnendifferenzierender Maßnahmen bzw. von Unterrichtsqualität im Allgemeinen gedeutet werden.

Der zweite Befund bezieht sich auf die Streuung der Differenzierungswahrnehmung. Zunächst war hier ein wichtiges Ergebnis, dass die Höhe der Streuung sowohl bei den Beobachterinnen und Beobachtern als auch den Schülerinnen und Schülern bezogen auf die Gesamtstichprobe vergleichbar blieb. Zerlegt man diese Varianz in Anteile zwischen und innerhalb von Klassen, so zeigten sich unterschiedliche Muster zwischen der Beobachter- und Schülerperspektive. Während die ICC-Kennwerte der Beobachterinnen und Beobachter zu allen Messzeitpunkten auch im Vergleich zu anderen Studien (Lüdtke, Trautwein, Kunter & Baumert, 2006) gleichbleibend hoch ausfielen, nahmen die ICC-Kennwerte der Schülerinnen und Schüler über die Zeit kontinuierlich ab. Schülerinnen und Schüler nahmen den Unterricht im Verlauf der Zeit also unterschiedlicher wahr. Demzufolge wird über die Zeit gesehen aus der individuellen Sicht einer Schülerin bzw. eines Schülers eher ein dynamisches als statisches Bild von Binnendifferenzierung im inklusiven Unterricht deutlich.

Und schließlich betrifft der dritte Befund die Zusammenhänge der Differenzierungswahrnehmung durch die Schülerinnen und Schüler mit ihren jeweiligen Deutsch- bzw. Mathematikleistungen. Hier zeigten sich Fächerunterschiede dahingehend, dass sich insbesondere im Deutschunterricht zeitversetzte Zusammenhänge ergaben. So nahmen Schülerinnen und Schüler, die zum ersten Messzeitpunkt schwächere Leseverständnisleistungen zeigten, zum darauffolgenden Messzeitpunkt vermehrt Differenzierung im Unterricht wahr. Dieses Muster ergab sich auch vom zweiten zum dritten Messzeitpunkt. In Mathematik konnten diese zeitversetzten Zusammenhänge nur für rechenschwächere Schülerinnen und Schüler des zweiten Messzeitpunkts und die Einschätzung der Binnendifferenzierung zum dritten Messzeitpunkt bestätigt werden. Im Vergleich zu ihren leistungsstärkeren Peers erfassten Schülerinnen und Schüler mit Problemen im Verstehen von Texten oder im Rechnen somit in einem stärkeren Ausmaß, ob vereinfachte oder Zusatzaufgaben verteilt wurden bzw. auf das unterschiedliche Lerntempo reagiert wurde. Geht man davon aus, dass leistungsschwächere Schülerinnen und Schüler im inklusiven Unterricht häufiger von explizit wahrnehmbaren Formen der Binnendifferenzierung betroffen sind (Henke et al., 2017; Webster & Blatchford, 2013, 2015), so weisen die zeitversetzten Korrelationen möglicherweise auf erfolgte Adaptionen im Unterricht hin. Zugleich scheint es so zu sein, dass Schülereinschätzungen einer ›Trägheit‹ unterliegen und sich entsprechende Einschätzungen erst dann ändern, wenn Differenzierungsmaßnahmen nicht nur punktuell, sondern wiederholend stattfinden.

Die Befunde dieser Untersuchung sind mit Limitationen verknüpft. Die erste Einschränkung bezieht sich auf die Stichprobengröße. Die Schülerdaten wurden aggregiert, sodass in den Vergleich mit den Beobachterdaten gemittelte Einschätzungen von zehn Einheiten in die Analysen eingingen. Für die Absicherung gegenüber Zufallseffekten ist die Testpower möglicherweise zu gering.

Die zweite Limitation betrifft den Kreis der Beobachterinnen und Beobachter. Während sich die Zusammensetzung der Gruppe der Schülerinnen und Schüler über die drei Messzeitpunkte kaum veränderte, gab es bei den Beobachterinnen und Beobachtern nur teilweise eine Konstanz im Sinne gleichbleibender Ratings pro Klasse.

Abschließend kann zusammengefasst werden, dass die vorliegenden Vergleiche wertvolle Hinweise für die Erfassung von Unterrichtsmerkmalen liefern. Geschulte Beobachterinnen und Beobachter sind nicht per se genauer in ihren Einschätzungen als die Schülerschaft, die in das Unterrichtsgeschehen involviert ist. Beide Perspektiven sind mit Vor- und Nachteilen behaftet und erlangen ihre Bedeutung, wenn das Ziel des Forschungsprozesses darauf ausgerichtet ist, die Perspektiven zu vergleichen und Ursachen für ihre Entstehung zu diskutieren (Clausen, 2002). Bezogen auf die inklusive Unterrichts- und Schulentwicklung gilt es in der Praxis und aus forschungsmethodischer Sicht, das zeitliche Ausmaß solcher Entwicklungsprozesse nicht zu unterschätzen. Insofern ist es insbesondere relevant, frühzeitige Einschätzungen von Schülerinnen und Schülern einzuholen, um individuelle Veränderungen bezogen auf die Wahrnehmung der Unterrichtsqualität berücksichtigen zu können.

Literatur

Clausen, M. (2002). *Unterrichtsqualität: eine Frage der Perspektive? Empirische Analysen zur Übereinstimmung, Konstrukt- und Kriteriumsvalidität.* Münster: Waxmann.

Fauth, B., Decristan, J., Rieser, S., Klieme, E. & Büttner, G. (2014a). Grundschulunterricht aus Schüler-, Lehrer- und Beobachterperspektive: Zusammenhänge und Vorhersage von Lernerfolg. *Zeitschrift für Pädagogische Psychologie, 28*(3), 127–137.

Fauth, B., Decristan, J., Rieser, S., Klieme, E. & Büttner, G. (2014b). Student ratings of teaching quality in primary school: Dimensions and prediction of student outcomes. *Learning and Instruction, 29*(1), 1–9.

Grosche, M. (2015). Was ist Inklusion? In P. Kuhl, P. Stanat, B. Lütje-Klose, C. Gresch, H. A. Pant, & M. Prenzel (Hrsg.), *Inklusion von Schülerinnen und Schülern mit sonderpädagogischem Förderbedarf in Schulleistungserhebungen* (S. 17–39). Wiesbaden: Springer.

Göllner, R., Wagner, W., Klieme, E., Lüdtke, O., Nagengast, B. & Trautwein, U. (2016). Erfassung der Unterrichtsqualität mithilfe von Schülerurteilen: Chancen, Grenzen und Forschungsperspektiven. In Bundesministerium für Bildung und Forschung (Hrsg.), *Forschungsvorhaben in Ankopplung an Large-Scale-Assessments* (S. 63–82). Berlin: Bundesministerium für Bildung und Forschung.

Haffner, J., Baro, K., Parzer, P. & Resch, F. (2005). HRT 1-4: *Heidelberger Rechentest.* Göttingen: Hogrefe.

Hasselhorn, M. & Gold, A. (2013). *Pädagogische Psychologie: erfolgreiches Lernen und Lehren* (3., vollst. überarb. und erw. Aufl.). Stuttgart: Kohlhammer.

Hattie, J. (2013). *Lernen sichtbar machen.* Überarbeitete deutschsprachige Ausgabe von »Visible Learning«, besorgt von W. Beywl und K. Zierer. Baltmannsweiler: Schneider Hohengehren.

Helmke, A. (2012). *Unterrichtsqualität und Lehrerprofessionalität. Diagnose, Evaluation und Verbesserung des Unterrichts* (4. Aufl.). Seelze-Velber: Klett/Kallmeyer.

Henke, T., Bosse, S., Lambrecht, J., Jäntsch, C., Jaeuthe, J. & Spörer, N. (2017). Mittendrin oder nur dabei? Zum Zusammenhang zwischen sonderpädagogischem Förderbedarf und sozialer Partizipation von Grundschülerinnen und Grundschülern. *Zeitschrift für Pädagogische Psychologie, 31*(2), 111–123.

Henke, T. & Spörer, N. (2014). *Computer unterstützte niedrig inferente Beobachtung (CU-NIB, Version 1.0)* [Software]. Potsdam: Universität Potsdam.

Klieme, E., Lipowsky, F. & Rakoczy, K. (2006). Qualitätsdimensionen und Wirksamkeit von Mathematikunterricht. Theoretische Grundlagen und ausgewählte Ergebnisse des Projekts »Pythagoras«. In M. Prenzel & L. Allolio-Näcke (Hrsg.), *Untersuchungen zur Bildungsqualität von Schule. Abschlussbericht des DFG-Schwerpunktprogramms* (S. 127–146). Münster: Waxmann.

Klieme, E. & Warwas, J. (2011). Konzepte der individuellen Förderung. *Zeitschrift für Pädagogik, 57*(6), 805–818.

Lankes, E.-M., Plaßmeier, N., Bos, W. & Schwippert, K. (2003). Lehr- und Lernbedingungen in einigen Ländern der Bundesrepublik Deutschland und im internationalen Vergleich. In W. Bos, E.-M. Lankes, M. Prenzel, K. Schwippert, R. Valtin & G. Walther (Hrsg.), *IGLU. Einige Länder der Bundesrepublik Deutschland im nationalen und internationalen Vergleich* (S. 22–48). Münster: Waxmann.

Lenhard, W. & Schneider, W. (2006). *ELFE 1–6: Ein Leseverständnistest für Erst- bis Sechstklässler.* Göttingen: Hogrefe.

Lipowsky, F., Rakoczy, K., Pauli, C., Drollinger-Vetter, B., Klieme, E. & Reusser, K. (2009). Quality of geometry instruction and its short-term impact on students' understanding of the Pythagorean Theorem. *Learning and Instruction, 19*(6), 527–537.

Lüdtke, O., Trautwein, U., Kunter, M. & Baumert, J. (2006). Analyse von Lernumwelten: Ansätze zur Bestimmung der Reliabilität und Übereinstimmung von Schülerwahrnehmungen. *Zeitschrift für Pädagogische Psychologie, 20*(1/2), 85–96.

Praetorius, A.-K. (2014). *Messung von Unterrichtsqualität durch Ratings*. Münster: Waxmann.

Praetorius, A.-K., Pauli, C., Reusser, K., Rakoczy, K. & Klieme, E. (2014). One lesson is all you need? Stability of instructional quality across lessons. *Learning and Instruction, 31*(1), 2–12.

Prengel, A. (2013). *Inklusive Bildung in der Primarstufe. Eine wissenschaftliche Expertise des Grundschulverbandes*. Frankfurt am Main: Grundschulverband.

Rieser, S., Naumann, A., Decristan, J., Fauth, B., Klieme, E. & Büttner, G. (2016). The connection between teaching and learning: Linking teaching quality and metacognitive strategy use in primary school. *British Journal of Educational Psychology, 86*(4), 526–545.

Roßbach, H.-G. (2002). Unterrichtsqualität im 2. Schuljahr – Ergebnisse einer empirischen Untersuchung. *Unterrichtswissenschaft, 30*(3), 230–245.

Textor, A. (2015). *Einführung in die Inklusionspädagogik*. Bad Heilbrunn: Klinkhardt/UTB.

Trautmann, M. & Wischer, B. (2008). Das Konzept der Inneren Differenzierung – eine vergleichende Analyse der Diskussion der 1970er Jahre mit dem aktuellen Heterogenitätsdiskurs. In M. Meyer, M. Prenzel & S. Hellekamps (Hrsg.), *Perspektiven der Didaktik* (S. 159–172). Wiesbaden: VS.

Vygotsky, L. S. (1934/1978). *Mind in society: The development of higher psychological processes*. Cambridge, MA.: Harvard University Press.

Warwas, J., Hertel, S. & Labuhn, A. S. (2011). Bedingungsfaktoren des Einsatzes von adaptiven Unterrichtsformen im Grundschulunterricht. *Zeitschrift für Pädagogik, 57*(6), 854–867.

Webster, R. & Blatchford, P. (2013). *The making a statement project: A study of the teaching and support experienced by pupils with a statement of special educational needs in mainstream primary schools*. London: University of London, Institute of Education.

Webster, R. & Blatchford, P. (2015). Worlds apart? The nature and quality of the educational experiences of pupils with a statement for special educational needs in mainstream primary schools. *British Educational Research Journal, 41*(2), 324–342.

Lernverlaufsdiagnostik im inklusiven Anfangsunterricht Lesen – Verschränkung von Lernverlaufsdiagnostik, Förderplanung und Wochenplanarbeit

Jana Jungjohann & Markus Gebhardt

1 Inklusiver Unterricht und seine Herausforderungen

Sowohl international als auch national ist Konsens, dass inklusiver Unterricht ein erfolgreiches Lernen für Kinder und Jugendliche mit und ohne sonderpädagogischen Unterstützungsbedarf ermöglicht (Gebhardt, 2015). Schülerinnen und Schüler mit sonderpädagogischem Unterstützungsbedarf erreichen im inklusiven Unterricht höhere Kompetenzen als in leistungshomogeneren Förderschulklassen (Lindsay, 2007; Myklebust, 2002) und Kinder ohne Förderbedarf zeigen keine systematisch schlechteren Kompetenzen im gemeinsamen Unterricht (Gebhardt, Heine & Sälzer, 2015). Diese Ergebnisse bedeuten allerdings nicht, dass ein guter inklusiver Unterricht von selbst entsteht. Durch die höhere Leistungsheterogenität und auch behinderungsspezifische Bedürfnisse bringen inklusive Klassen neue Herausforderungen mit sich. Inklusive Klassen zeichnen sich dadurch aus, dass Schülerinnen und Schüler mit unterschiedlichen Lernvoraussetzungen und Lernbedürfnissen in einer Klassengemeinschaft aufeinandertreffen und gemeinsam lernen (Preuss-Lausitz, 2016). Alle Kinder und Jugendlichen benötigen einen Unterricht, der zu ihren Lernbedürfnissen passt und ihnen ein Lernen entsprechend ihres Kompetenzniveaus ermöglicht. Die Schülerinnen und Schüler starten mit unterschiedlichen Lernvoraussetzungen in die Schulzeit und erreichen verschiedene Kompetenzstufen (vertikale Heterogenität). Des Weiteren sind ihre Lernprozesse durch individuelle Interessen, Lernwege und Zugangsweisen zu Aufgaben geprägt (horizontale Heterogenität; Scholz, 2016). Diese interindividuellen Unterschiede müssen in den Facetten des inklusiven Unterrichts Berücksichtigung finden.

Inklusive Klassenstrukturen benötigen eine differenzierte Betrachtung des Curriculums, wodurch alle Kinder Lernfortschritte in Abhängigkeit von ihren Fähigkeiten erreichen. Einem erfolgreichen Leseerwerb wird hierbei eine elementare Stellung für den schulischen Verlauf zugeschrieben (Korhonen, Linnanmäki & Aunio, 2014), denn es besteht die Gefahr, dass durch eine unzureichende Lesefähigkeit der weitere Unterricht und das Lernen im Allgemeinen beeinträchtigt werden. Besonders in den ersten Grundschuljahren müssen Motivationsverluste und die Manifestierung von Schwierigkeiten im Leseerwerb verhindert werden (Diehl, 2014). Eine Differenzierung im Anfangsunterricht Lesen berücksichtigt spezifische Vorläuferfähigkeiten, fachwissenschaftliche Theorien, aktuelle Entwicklungsprozesse sowie typische Probleme im Leseerwerb. Individuelle Schwierigkeiten müssen frühzeitig aufgedeckt werden, sodass eine zielgerichtete Förderplanung initiiert werden kann.

Eine spezifische Förderung verlangt von den Lehrkräften, dass sie über die individuellen Lernprozesse und Förderziele Bescheid wissen und entsprechende pädagogische Angebote bereitstellen können (Prengel, 2015). Informationen über den Lernverlauf während des Lernprozesses erhalten Lehrkräfte mittels formativer Lernverlaufsdiagnostik. Formative Lernverlaufsdiagnostik misst in regelmäßigen Abständen curriculumsrelevante Konstrukte und zeichnet den Lernverlauf über die Zeit hinweg ab. Sie setzt während des Lernprozesses an und gibt Aufschluss über zukünftige Lernschritte. Dies ermöglicht eine Evaluation des inklusiven Unterrichts, bei dem der Lernstoff eine hierarchisierte Struktur erhält und die Schülerinnen und Schüler individuelle Lernziele sowie Lernwege vor Augen haben. Individualisiertes Lernen kann am besten realisiert werden, indem Differenzierung und offene sowie kooperative Lernformen in einem hohen Maß Bestandteile sind (Heimlich, 2016). Die beteiligten Lehrkräfte treiben durch vermittelnde Tätigkeiten das Lernen der Schülerinnen und Schüler gezielt an, um einen ausgewogenen Zustand zwischen eigenständigem Entwickeln und angeleitetem Lernen zu schaffen. Diese Ausgewogenheit trägt das Konzept des individualisierten Unterrichts. Der Unterricht setzt zwar an den aktuellen Leistungen der Kinder an, stellt jedoch dann die »Zone der nächsten Entwicklung« in den Mittelpunkt des Lernens (Vygotskij, 1987). Eine Umsetzung der Diagnostik des Lernverlaufs, der Förderplanung und des individualisierten Unterrichts werden als Prozesse verstanden, die eng ineinandergreifen. Hierbei arbeiten die Lehrkräfte als multiprofessionelles Team, in welchem jede Fachkraft ihre fachdidaktische, pädagogische und/oder sonderpädagogische Expertise einbringt.

Nachfolgend wird am Beispiel des Anfangsunterrichts Lesen die Verschränkung zwischen Lernverlaufsdiagnostik, Förderplanung und inklusivem Unterricht aufgezeigt. Dafür werden zunächst die Grundzüge des basalen Leseerwerbs mit dem Blick auf kritische Entwicklungsschritte vorgestellt (▶ Kap. 2). Daran anknüpfend folgen eine allgemeine Beschreibung der formativen Lernverlaufsdiagnostik (▶ Kap. 6) sowie die Vorstellung der frei verfügbaren Onlineplattform LeVuMi (Lern-Verlaufs-Monitoring; ▶ Kap. 7). Gemeinsam mit LeVuMi werden die konkrete Förderplanung im Bereich Lesen und ihre Evaluation auf der Basis von Lernverlaufsdaten mit ihren einzelnen Komponenten vorgestellt.

2 Basaler Leseerwerb im Anfangsunterricht

Das übergeordnete Ziel des Leseerwerbs ist es, Informationen aus Texten in einem angemessenen Tempo herauszufiltern und weiter verarbeiten zu können (Perfetti, 1985). Damit das Ziel des sinnentnehmenden Lesens auf Textebene erreicht werden kann, müssen Schulanfängerinnen und Schulanfänger zunächst hierarchieniedrigere (basale) Teilprozesse des Lesens erwerben. Unter hierarchieniedrigeren Prozessen wird zusammengefasst das Erlernen des technischen Lesens verstanden. Dafür müssen alle Kinder zunächst Vorläuferfähigkeiten wie beispielsweise die phonologische Bewusstheit und ihr Sprachgefühl festigen, sichere Buchstabenkenntnisse erwerben, eine Einsicht in die Phonem-Graphem-Struktur des Deutschen erlangen, Grapheme und Wörter phonologisch rekodieren sowie Wörter im Laufe der Zeit automatisieren (Klicpera, Schabmann & Gasteiger-Klicpera, 2010). Unterschiede im Leseerwerb entstehen durch kindspezifische Voraussetzungen und äußere Einflussfaktoren (Diehl, 2011). Die Kinder starten mit sehr unterschiedlichen Vorerfahrungen in Bezug auf den Schriftspracherwerb in die Schulzeit. Manche Kinder bringen vielfältige Lese- und Schreiberfahrungen bereits mit. Ihnen ist vorgelesen worden und sie haben durch ältere Geschwister bereits einzelne Buchstaben kennengelernt. Andere Kinder kennen nur wenige deutsche Wörter, Kinderlieder und Kinderreime. Ihnen fällt es schwer, Wörter durch Klatschen zu durchgliedern oder altersgemäße Bilder zu benennen. Kinder mit Bedarf an sonderpädagogischer Unterstützung im Bereich Sprache und Kommunikation bringen zudem geringere sprachliche Fähigkeiten mit, die sie zusätzlich in der Sprachverarbeitung hemmen.

Probleme im basalen Leseerwerb

Kinder mit einem sonderpädagogischen Förderbedarf und Schwierigkeiten im basalen Leseerwerb durchlaufen grundsätzlich die gleichen Schritte wie Kinder ohne Probleme. Allerdings begegnen sie dabei unterschiedlichen Stolpersteinen und entwickeln besondere Bedürfnisse. Diese Schwierigkeiten können mehreren typischen Problemen im Leseerwerb zugeordnet werden. Viele Kinder kommen früh mit Schrift in Kontakt und versuchen bereits im Vorschulalter, einzelne geschriebene Wörter anhand von ihrer Gestalt logographisch zu erlesen. Dabei orientieren sie sich an der Wortform und an markanten Graphemen. Spätestens in der Grundschulzeit lernen sie unser Schriftsystem kennen und erlangen eine Einsicht in die Struktur der Schriftsprache. Sie müssen das logographische Lesen ablegen und einzelne Phoneme mit Graphemen verknüpfen. Lesen Kinder anhaltend logographisch, äußert es sich besonders beim Erlesen von unbekannten Wörtern und Pseudowörtern. Die Kinder bemerken veränderte Schreibweisen häufig nicht und orientieren sich dominierend an den Anfangsgraphemen (Fischer & Gasteiger-Klicpera, 2013; Scheerer-Neumann, 2015).

Eine sichere Buchstabenkenntnis ist eine grundlegende Voraussetzung für den Übergang in die alphabetische Strategie. Zu Beginn lesen die Kinder überwiegend einzelheitlich. Ihr Lesen ist stark gedehnt und sie verbinden die Buchstaben rein mechanisch. Hinweise auf eine unsichere Phonem-Graphem-Korrespondenz sind vorhanden, wenn Kinder sehr viel Zeit für den Phonemabruf benötigen oder ähnliche Grapheme und Phoneme häufig verwechseln (Fischer & Gasteiger-Klicpera, 2013; Scheerer-Neumann, 2006). Festigungsübungen, in denen einzelne Buchstaben hochfrequent präsentiert werden, stärken die Buchstabenkenntnisse. Im Laufe des Erwerbs müssen die Kinder die Laute miteinander verbinden und sich ihre Aussprache in Kombination mit anderen Graphemen erschließen. Leseschwache Kinder benötigen über das erste Schuljahr hinaus Zeit, um das Prinzip der Lesesynthese zu verinnerlichen (Klicpera & Gasteiger-Klicpera, 1993). Komplexe Wörter können nur erlesen werden, wenn ein Verständnis für die Silbenstruktur aufgebaut wurde (Scheerer-Neumann, 2015). Sind Schwierigkeiten in diesem Bereich vorhanden, setzen Kinder an falschen Stellen Pausen und segmentieren innerhalb einer Silbe.

Im Verlauf des Leseerwerbs differenziert sich das mentale Lexikon der Kinder weiter aus und sie speichern immer mehr Wörter im Langzeitgedächtnis ab. Der so aufgebaute Sichtwortschatz erleichtert das Lesen, da Wörter und einzelne Morpheme ganzheitlich erlesen werden können. Die ganzheitliche Lesestrategie ist ein wichtiger Schritt zur Steigerung der Lesegeschwindigkeit und zur Entlastung des Arbeitsgedächtnisses. Kinder mit Schwierigkeiten im Leseerwerb verlassen sich häufig zu früh auf ihre mentalen Repräsentationen, auch wenn diese noch nicht als sichere Lesestrategie ausreichen (Scheerer-Neumann, 2006). Die Ausbildung einer angemessenen Lesegeschwindigkeit sowie die Automatisierung stellen weitere große Hürden dar. Die zuvor erlernten Teilprozesse müssen vereint werden.

Das Lesen leseschwacher Kinder ist häufig fehleranfällig und sie korrigieren sich nur selten selbst. Sie brauchen Sicherheit in allen basalen Dekodierprozessen sowie einen großen Sichtwortschatz, um ihr Lesetempo adäquat zu steigern. Unabhängig davon, in welchen Teilprozessen des Lesens Kinder besondere Unterstützung benötigen, brauchen sie mehr Zeit für den Leseerwerb (Klicpera & Gasteiger-Klicpera, 1993).

3 Formative Lernverlaufsdiagnostik der basalen Lesefertigkeiten

Formative Lernverlaufsdiagnostik wurde erstmalig von der Forschergruppe um Stanley Deno entwickelt, um den Lernfortschritt von Kindern mit sonderpädagogischem Förderbedarf während des Lernprozesses zu erheben (Deno, 1985). Dafür wird in kurzen und regelmäßigen Abständen mit zeitlich begrenzten Messungen ein für das Curriculum relevantes Konstrukt erhoben (Gebhardt, Diehl & Mühling, 2016b). Die Lernverlaufsdaten dienen als Ausgangsbasis für die Förderplanung. Für den Bereich der basalen Lesekompetenz gilt stellvertretend das flüssige laute Lesen als robuster Indikator (Deno, Mirkin & Chiang, 1982; Fuchs, Fuchs, Hosp & Jenkins, 2001). Um das sinnentnehmende Lesen zu erfassen, wird beispielsweise mit der MAZE-Technik gearbeitet (Walter, 2009). Die MAZE-Technik stellt Texte zur Verfügung, in denen sinngebende Targetwörter aus mehreren Distraktoren ausgewählt werden müssen. Variationen arbeiten mit einzelnen unzusammenhängenden Sätzen. Die Lernverlaufsmessungen dauern dabei in der Regel nur wenige Minuten, damit sie im Unterricht leicht durchgeführt werden können und nicht zu viel Unterrichtszeit in Anspruch nehmen. Sie erfüllen die Gütekriterien und weisen bei den Messungen, bei den Auswertungen und bei den Interpretationen eine hohe Ökonomie und Praktikabilität auf. Zudem erfassen sie Veränderungen im Lernen sensibel. Je nach Instrument können unterschiedlich viele Messungen innerhalb eines Schuljahres durchgeführt werden. Viele Instrumente bieten mehrere Parallelversionen an, sodass wöchentliche Messungen möglich sind. Die einzelnen Messergebnisse werden über die Zeit hinweg in einem Graph abgebildet, sodass eine individuelle Lernverlaufskurve entsteht. Diese Lernverlaufskurven können schnell ausgewertet werden und zeigen auf einen Blick, ob eine Schülerin oder ein Schüler einen Lernzuwachs hat. Häufig können die individuellen Lernverlaufskurven mit einer normierten Vergleichsgruppe verglichen werden.

Auf dem deutschsprachigen Markt gibt es für den Anfangsunterricht im Bereich Lesen bisher nur wenige Verfahren, um den Lernverlauf ökonomisch und standardisiert zu erheben (siehe Jungjohann, Gegenfurtner & Gebhardt, 2018). Die vorhandenen Instrumente sind entweder lediglich als Papierversion verfügbar oder kostenpflichtig. Papierbasierte Lernverlaufsmessungen haben den Nachteil, dass die Lehrkräfte die Testungen händisch auswerten müssen und den Schülerinnen und Schülern keine unmittelbaren Rückmeldungen über ihre Leistungen geben können. Dieser Vorgang nimmt sehr viel Zeit und Engagement der Lehrkräfte in Anspruch. Einige wenige Instrumente sind computergestützt und nutzen das Internet. Diese Instrumente sind in vielen Aspekten zeitökonomischer, da sie beispielsweise die Auswertungen automatisch generieren und in einer leicht verständlichen Form präsentieren. Zudem kann so den Kindern unmittelbar Feedback über ihre Leistungen gegeben werden. Internetbasierte Lernverlaufsinstrumente sind nicht an bestimmte Endgeräte gebunden und sind im Unterrichtsalltag flexibler.

4 Förderdiagnostik und Förderplanung beim Leseerwerb

Der Kreislauf der Förderplanung umfasst vier zentrale Phasen: die Feststellung des individuellen Förderbedarfs, die Planung von unterrichtlichen Interventionen mit konkreten Arbeitsmaterialien, die Umsetzung in Übungsphasen und die kontinuierliche Evaluation der Fördermaßnahmen. An diesem Prozess beteiligen sich Regelschullehrkräfte und sonderpädagogische Lehrkräfte im Team. Ebenso sollten Kinder sowie Eltern eingebunden werden. Die Onlineplattform LeVuMi (**Lern**-**Ve**rlaufs-**M**onitoring) ist aktuell das einzige deutschsprachige Instrument, welches eine kostenlose und internetbasierte Nutzung anbietet. Sie ist als offenes Forschungskonzept gestaltet (Gebhardt et al., 2016b). Im Folgenden werden die Tests, Informationsangebote und Fördermaterialien der Plattform aus dem Bereich Lesen genauer vorgestellt, um die Verknüpfung zwischen Förderplanung und dem Einsatz eines Lernverlaufsinstruments praxisnah zu verdeutlichen.

4.1 Feststellung des individuellen Förderbedarfs mit LeVuMi

4.1.1 Nutzung der Plattform LeVuMi

Lehrkräfte können sich eigenständig einen anlegen und danach den vollen Umfang der Plattform für beliebig viele Klassen nutzen. Für eine niederschwellige Benutzung der Plattform stehen ein Benutzerhandbuch und eine Testklasse zur Verfügung. Das Benutzerhandbuch beschreibt Lernverlaufsmessungen im Allgemeinen und die Konstruktion der LeVuMi-Lesetests im Speziellen (Gebhardt, Diehl & Mühling, 2016a). Zudem enthält es bebilderte Hilfestellungen für die Bedienung und Interpretation. Die Testklasse bietet Spielraum für eine intuitive Einarbeitung. Zusätzlich beantworten Online-Videos typische Fragen rund um die Bedienung. Auf der Plattform können die Lehrkräfte zunächst in dem Lehrer-Account einzelne Klassen mit den dazugehörigen Schülerinnen und Schülern anlegen. Innerhalb einer Klasse können verschiedene Testarten auf unterschiedlichen Niveaustufen angelegt werden, die unmittelbar oder zu einem späteren Zeitpunkt online durchgeführt werden können. Nach der Durchführung speichert die Plattform das aktuelle Ergebnis und pflegt es automatisch in die Auswertung ein. Über die Zeit hinweg entsteht für jede Schülerin und jeden Schüler eine oder mehrere Lernverlaufskurven, die Aufschluss über mögliche Förderziele geben.

4.1.2 Die Testarten

Die Plattform LeVuMi stellt Messungen zur Erhebung der Buchstabenkenntnisse, der Leseflüssigkeit sowie zum basalen sinnentnehmenden Lesen bereit. Die Konstruktion der Tests orientiert sich größtenteils an robusten Indikatoren, die in einem hohen Maß mit unterschiedlichen Teilkompetenzen der Lesekompetenz korrelieren (Fuchs, 2004). In den lehrerzentrierten Leseflüssigkeitstests wird geprüft, wie viele Silben, Wörter oder Pseudowörter ein Kind richtig laut vorlesen kann. Innerhalb dieses Speedtests werden die Reaktionszeit sowie die Richtigkeit der Antworten dokumentiert. Die schülerzentrierten Tests zum sinnentnehmenden Lesen präsentieren den Kindern mehrere einzeln stehende Sätze hintereinander, in denen jeweils ein Wort fehlt. Die Sätze haben unterschiedliche grammatikalische Strukturen, und es fehlen verschiedene sinngebende Bedeutungseinheiten in der Prädikat-Argument-Struktur (Christmann, 2015).

Alle Tests stehen auf unterschiedlichen Niveaustufen zur Verfügung, sodass sie stets dem aktuellen Leistungsstand des Kindes entsprechen. Diese Art der Testkonstruktion stellt besonders in inklusiven Klassen eine Entlastung dar. Für die Arbeit mit zieldifferent unterrichteten Schülerinnen und Schülern müssen keine Tests oder Materialien aus niedrigeren Schulstufen ausgewählt werden. Alle Kinder arbeiten mit den gleichen Testformaten auf unterschiedlichen Niveaustufen. Dadurch können sie sich gegenseitig bei der Bedienung unterstützen. Durch zufällige Ziehungen, teils unter Berücksichtigung der Itemschwierigkeit, stehen für jede

Messung neue Parallelversionen zur Verfügung. Somit sind keine Einschränkungen in der Testhäufigkeit gegeben.

Empfohlen wird die Erhebung zu mindestens vier Messzeitpunkten innerhalb eines Schuljahres, damit eine Lernverlaufskurve über das Schuljahr hinweg aufgezeigt werden kann. Je häufiger die aktuelle Lernfähigkeit erhoben wird, desto kleinschrittiger wird der Verlaufsgraph über die Zeit hinweg. Umso einfacher wird die Interpretation sowie die Verknüpfung der Daten mit konkreten Unterrichts- bzw. Förderstunden. Grundsätzlich können die Lehrkräfte selbst entscheiden, wie oft eine Schülerin oder ein Schüler pro Schuljahr getestet wird.

4.1.3   Durchführung der Tests im Unterricht

Für die Messungen im Unterricht müssen die unterschiedlichen Durchführungen beachtet werden. Die Tests zur Leseflüssigkeit werden in einer Eins-zu-Eins-Situation gemeinsam mit einer Lehrkraft durchgeführt. Die meisten anderen Tests, wie auch die zum sinnentnehmenden Lesen, können die Kinder am Computer oder am Tablet eigenständig bearbeiten. Als Vorbereitung bestimmt die Lehrkraft für jede Schülerin und jeden Schüler die Testart, die Niveaustufe und den Messzeitpunkt in ihrem Lehrer-Account. Da diese Daten über die Onlineplattform gespeichert werden, ist die Vorbereitung ortsungebunden. Sie ist an jedem Computer, Tablet oder Smartphone mit Internetanschluss möglich.

Für die Durchführung der Leseflüssigkeitstests ist es notwendig, dass das Kind gemeinsam mit der Lehrkraft Zugriff auf einen internetfähigen Computer hat. Die Lehrkraft startet die Testung im Beisein des Kindes über ein individuelles Testfenster. Das Kind liest eine Minute lang Silben, Wörter oder Pseudowörter – so gut es kann – laut vor. Gleichzeitig tippt die Lehrkraft über die Tastatur ein, ob die Items richtig oder falsch vorgelesen wurden. Darauf folgend beendet die Plattform die Testung und speichert die Daten automatisch. Für die sinnentnehmenden Lesetests schaltet die Lehrkraft die Bearbeitung frei, sodass die Schülerinnen und Schüler diese in ihrem Schüler-Log-In-Bereich einsehen können. Die Kinder starten und führen den Test eigenständig durch. Auch diese Messungen werden nach Ablauf der Zeit automatisch beendet, ausgewertet und gespeichert. Unmittelbar nach der Beendigung eines jeden Tests erhalten die Kinder Rückmeldungen zu den von ihnen erbrachten Leistungen.

Inzwischen stehen (fast) allen Schulen entweder Computer direkt in den Klassenräumen oder in einem separaten Computerraum zur Verfügung. Wenn ein internetfähiger Computer im Klassenraum vorhanden ist, können Messungen ohne zusätzlichen Aufwand durchgeführt werden. Es muss lediglich der Schüler- bzw. Lehrer-Account aufgerufen werden. Die Bearbeitungsdauer wird nur um wenige Minuten zusätzlich zur eigentlichen Messzeit erhöht. Da kein Log-Out über die Zeit verursacht wird, können die Testfenster bereits vor dem Unterricht geöffnet werden. Steht der Computer außerhalb des Klassenraums zur Verfügung, muss die Betreuung der Klasse während der Einzeltestungen gesichert werden. Vorteilhaft an einem Computerraum mit mehreren Geräten ist, dass die schülerzentrierten Messungen von mehreren Schülerinnen und Schülern gleichzeitig und somit als Gruppentests durchgeführt werden können.

4.1.4 Auswertung der Lernverlaufskurven

Die Onlineplattform LeVuMi wertet alle Messungen automatisch aus. Somit fallen für die Lehrkräfte kein zusätzlicher Arbeitsaufwand an. Zu allen Testarten wird eine quantitative Klassenübersicht angeboten. In dieser Klassenübersicht werden die Lernverlaufskurven aller Schülerinnen und Schüler in einem Graphen angezeigt. Der Graph bildet die Anzahl richtig gelesener Items über die verschiedenen Messzeitpunkte hinweg ab. Für jede Testart und Niveaustufe werden einzelne Graphen konstruiert. Die Lehrkraft kann an diesen Graphen »auf einen Blick« ablesen, welches Kind sich positiv entwickelt, einen einmaligen oder anhaltenden Leistungseinbruch zeigt oder in der Leseentwicklung stagniert. Treten systematische Veränderungen in mehreren Verläufen auf, sollten potentielle Störfaktoren während der Messsituationen als Gründe für den Verlauf hinterfragt werden. Zusätzlich können die Rohdaten aller Schülerinnen und Schüler für jeden einzelnen Messzeitpunkt angezeigt werden.

Neben der quantitativen Klassenübersicht werden weitere Auswertungen für jede Schülerin und jeden Schüler einzeln angeboten. In einer Tabelle wird qualitativ angegeben, wie viele und welche Items zu welchem Messzeitpunkt richtig oder falsch gelöst wurden und wie hoch die Lösungswahrscheinlichkeit ist. Nach der dritten Testung errechnet die Plattform zusätzlich die niedrigste und die höchste Lösungswahrscheinlichkeit, mit der ein Kind ein Item richtig vorlesen kann. Ergänzend werden die individuellen Leistungen sowie das durchschnittliche Niveau der Klasse in vier Abstufungen in einem individuellen Verlaufsgraphen angezeigt.

4.1.5 Interpretation der Lernverlaufsdaten für die Förderplanung

Die Schüleransicht liefert differenzierte Erkenntnisse über die Entwicklung einer einzelnen Schülerin bzw. eines einzelnen Schülers. Für die Interpretation müssen die Anzahl der falsch gelösten Items, die Anzahl der bearbeiteten Items sowie die Lösungswahrscheinlichkeit in Zusammenhang gebracht werden. Diese Informationen geben Aufschluss über die Dekodiergenauigkeit und über die Lesegeschwindigkeit.

Das Landesinstitut für Schule und Medien Berlin-Brandenburg (2017) hat im ›Lehrerheft 2 Deutsch‹ drei Leseschwierigkeitsprofile innerhalb der alphabetischen Strategie beschrieben. Diese Profile bilden den Grundstein für Entscheidungen über pädagogische Förderangebote und können mit LeVuMi leicht identifiziert werden. Das erste Profil beschreibt Kinder, die deutlich verlangsamt lesen und dabei nur wenige Lesefehler machen. Diese Kinder weisen eine sehr hohe Lösungswahrscheinlichkeit auf und bearbeiten in der vorgegebenen Zeit deutlich weniger Items als ihre soziale Bezugsgruppe. Das zweite Profil beschreibt Kinder, die viele Lesefehler machen und eine mittlere bis geringe Lösungswahrscheinlichkeit aufweisen. Im Alltag zeigen sie zwar ein angemessenes Lesetempo, welches allerdings durch die vielen Lesefehler getrübt wird. In der Summe bearbeiten sie in LeVuMi etwa gleich viele Items pro Messung wie ihre Mitschülerinnen und Mitschüler. Diese Kinder lesen meist noch logographisch und wenden die alphabetische Strategie inkonsequent an. Das dritte Leseschwierigkeitsprofil fasst Kinder zusammen, die die schwerwiegendsten Probleme zeigen. Sie bearbeiten sowohl weniger Items und machen gleichzeitig viele Lesefehler. Diese Kinder befinden sich zu Beginn der alphabetischen Strategie und haben noch keinen Zugang zum erfolgreichen Lesen erlangt. Zum Lesen nutzen sie selbst entwickelte Ratestrategien und nicht die Graphem-Phonem-Korrespondenz.

Die Leseschwierigkeitsprofile geben Aufschluss darüber, welche grundsätzlichen Förderimplikationen passen. Langsame Leserinnen und Leser müssen sich mehr auf Übungen mit größeren Verarbeitungseinheiten und zur Automatisierung konzentrieren. Kinder, die fehleranfällig lesen, sollten eine bessere Diskriminierungsfähigkeit durch die Arbeit mit orthographisch ähnlichen Wörtern aufbauen.

Als weitere Informationsquelle dienen die Testarten von LeVuMi. Jede Testart lässt Rückschlüsse auf unterschiedliche Teilkompetenzen des basalen Lesens zu. Bei der Interpretation der Daten muss stets beachtet werden, welche spezifischen Lernverlaufskurven Rückschlüsse ermöglichen. In Tabelle 1 sind die Zusammenhänge zwischen Testart, Entwicklungsbereichen des basalen Lesens und den möglichen Problembereichen verdeutlicht.

Tab. 1: Zusammenhänge zwischen Testart, Entwicklungs- und Problembereichen in LeVuMi

Testart in LeVuMi	Entwicklungsbereiche des basalen Lesens	Rückschlüsse auf Problembereiche
Buchstaben erkennen	reine Buchstabenkenntnis	mangelnde Buchstabenkenntnis
Silben lesen	Graphem-Phonem-Korrespondenz, phonologisches Rekodieren	phonologisches Rekodieren und Synthetisieren
Wörter lesen	Wortabruf aus dem mentalen Lexikon	Wortautomatisierung, Lesegeschwindigkeit
Sichtwortschatz lesen	Wortabruf aus dem mentalen Lexikon	Aufbau eines Sichtwortschatzes, Wortautomatisierung, Lesegeschwindigkeit
Pseudowörter lesen	Lesesynthese, Silbensegmentierung	anhaltendes logographisches Lesen, Silbensegmentierung
Satz lesen	sinnentnehmendes Lesen	Sinnkonstruktion von Sätzen in Abhängigkeit der Prädikat-Argument-Struktur

4.2 Planung von unterrichtlichen Interventionen

Für die konkrete Förderplanung müssen die diagnostischen Informationen über die individuelle Leseentwicklung eines Kindes mit Fachwissen über den Leseerwerb und mit fachdidaktischen Entscheidungen zusammengefügt werden. Die Erkenntnisse aus den Lernverlaufsdaten bilden den Grundstein für die Förderziel-

und Fördermaßnahmenplanung. Die Lehrkräfte treffen somit sowohl pädagogische, sonderpädagogische als auch didaktische Entscheidungen, um die unterrichtlichen Fördermaßnahmen festzulegen.

Den Prozess der Förderplanung unterstützt die Onlineplattform LeVuMi mittels des frei herunterladbaren Lehrerhandbuchs »Förderansätze im Lesen mit LeVuMi« und konkreten Fördermaterialien für den Unterricht (Jungjohann, Gebhardt, Diehl & Mühling, 2017). Dieses Lehrerhandbuch bereitet fachwissenschaftliches, fachdidaktisches und sonderpädagogisches Wissen für die unterrichtliche Förderung praxisnah auf, sodass sie gemeinsam mit den Informationen aus den Lernverlaufsdaten eine fundierte Basis für Förderentscheidungen darstellt. Die Onlineplattform LeVuMi stellt bewusst kein umfassendes Förderkonzept bereit, sondern erläutert wichtige Entwicklungsbereiche des Leseerwerbs, leitet mögliche Förderziele ab und analysiert transparent typische Übungsaufgaben aus dem Unterricht. Es dient als Informationsangebot und wird als Leitfaden zur Festlegung von Fördermaßnahmen verstanden. Die Informationen über und die Materialien zur Förderung werden in sechs Förderbausteinen zusammengefasst, die in Abbildung 1 veranschaulicht sind. Jeder Förderbaustein spiegelt jeweils einen zentralen Entwicklungsbereich im basalen Leseerwerb wider und greift unmittelbar mit den Testarten von LeVuMi ineinander (▶ Abb. 1).

Abb. 1: Förderbausteine und Entwicklungsbereiche von LeVuMi

In allen Förderbausteinen werden zunächst die Entwicklungsbereiche erläutert. Dafür werden das zentrale Ziel des Entwicklungsbereichs definiert und kleinschrittigere Förderziele sowie die resultierenden Anforderungen an die Lernenden beschrieben. Besonderheiten wie beispielsweise einflussnehmende Vorläuferfähigkeiten, die Struktur der deutschen Schrift, typisches Vorgehen in deutschen Erstleselehrgängen sowie notwendige Voraussetzungen für das Erreichen eines Förderziels sind in diese Beschreibungen integriert. Ein zweiter Abschnitt thematisiert Schwierigkeiten von leseschwachen Kindern beim Erlernen der Entwicklungsbereiche. Zu diesem Zweck werden typisches Verhalten von Kindern mit Leseschwierigkeiten beschrieben und Überprüfungsmöglichkeiten aufgezeigt. Darauf aufbauend sind Konsequenzen für den Anfangsunterricht im Lesen abgeleitet. Dabei liegt stets ein Fokus auf der Förderung von leseschwachen Kindern.

169

Abschließend werden die zentralen Erkenntnisse über einen Entwicklungsbereich stichpunktartig zusammengefasst. Die Idee dieses Materials ist, dass die Lehrkräfte diese Fachinformationen mit den Leseschwierigkeiten zusammenführen, um Förderziele festzulegen und zu begründen.

Nachdem die Förderziele für eine Schülerin oder einen Schüler festgelegt wurden, müssen die Lehrkräfte Fördermaterialien für den Unterricht bereitstellen. Wichtig bei der Festschreibung von Fördermaßnahmen ist, dass die Lernmaterialien linguistisch und didaktisch zum Lernstand des Kindes passen. Ungeeignetes Material kann schnell überfordern und demotivieren, sodass sich eine negative Einstellung gegenüber dem Lesen entwickeln kann (Diehl, 2014; Schabmann & Klingebiel, 2010). In dem Förderhandbuch finden sich zu jedem Entwicklungsbereich mehrere exemplarische Übungsaufgaben. Bei jeder Übungsaufgabe werden die Intention, der Anspruch und das Förderpotential herausgearbeitet. Additiv erfahren die Lehrkräfte, wie sie die Übungsaufgaben variieren und an die Bedürfnisse der Schülerinnen und Schüler anpassen können. Mit ansteigendem Schwierigkeitsgrad und unterschiedlichem Strukturierungsgrad können verschiedene Förderziele fokussiert werden. Jede Beschreibung schließt mit einer Rückkopplung zu den Niveaustufen von LeVuMi ab. Dieser Rückschluss zeigt der Lehrkraft, in welchem Stadium des Leseerwerbs eine Übungsaufgabe sinnvoll angewendet werden kann.

Nachdem die Lehrkräfte zielgerichtete Übungsformate ausgewählt haben, können entweder die Kopier- oder Formatvorlagen genutzt werden. Für die beschriebenen Übungsformate gibt es auf LeVuMi mehrere Arbeitsblätter in verschiedenen Niveaustufen als fertige Kopiervorlagen. Hierbei entspricht das Wortmaterial der Aufgaben den Ansprüchen der Niveaustufen. Die Arbeitsblätter wurden möglichst einfach gestaltet. Auf diese Weise werden die Kinder nicht überfordert und können sich auf das Wesentliche der Aufgabe konzentrieren. Da für eine unterrichtliche Förderung ein Arbeitsblatt pro Aufgabentyp und Niveaustufe nicht ausreicht, stellt die Onlineplattform strukturierte Formatvorlagen als bearbeitbare Word-Datei zur Verfügung. Diese können für unterrichtliche Zwecke und als Anregungen frei genutzt werden, um weitere individualisierte Fördermaßnahmen zu generieren.

4.3 Übungsphasen im Wochenplanunterricht

Ziel in der inklusiven Schule ist es, dass Förderziele und konkrete Fördermaßnahmen transparent im kollegialen Austausch besprochen werden. Dabei ist es wichtig, dass alle beteiligten Personen die Entscheidungen nachvollziehen und verstehen können. Ziel ist es zudem, dass die Förderung Aufgabe aller Pädagoginnen und Pädagogen ist. So sollten die Förderziele auch in Abwesenheit der sonderpädagogischen Lehrkraft verfolgt werden.

Es bietet sich an, die Förderungen während individueller Lernzeiten, wie z. B. Wochenplanarbeitsphasen, in den Unterricht als festen Bestandteil für alle Schülerinnen und Schüler zu implementieren. Der Wochenplanunterricht als Teil des ›Offenen Unterrichts‹ ist besonders in leistungsheterogenen Grundschulklassen weit verbreitet (Peschel, 2005). Er stellt eine praktikable Lösung dar, die vielschichtige Differenzierung und Individualisierung aufzufangen. Der Wochenplan strukturiert das Arbeitsverhalten der einzelnen Schülerinnen und Schüler. Sowohl Einzelarbeitsphasen als auch Partner- oder Gruppenaufgaben können integriert werden. Jeder Wochenplan kann Wahl- und Pflichtaufgaben enthalten. Je nach Lernbedürfnis können die Lehrkräfte differenzierte Aufgaben und Zielsetzungen darin festschreiben. Die Kinder bewältigen dann ihre Aufgaben nach eigenem Tempo in ritualisierten Wochenplanarbeitsphasen. Die Reihenfolge bestimmen sie dabei selbst. Der Wochenplan übermittelt den Kindern ihre Aufgabengebiete und dient gleichzeitig als Kontrollinstanz für das eigene Lernen. Es ist vorgesehen, dass die Kinder bewältigte Aufgaben als erledigt markieren. Dadurch behalten die Kinder und die Erwachsenen das Lernen im Blick und können täglich Fortschritte erleben. Die geplanten Fördermaßnahmen zum Leseerwerb können als Pflichtaufgaben in den Wochenplan integriert werden. Den Kindern fällt die Zuordnung der LeVuMi-Materialien leicht, da alle die gleiche Struktur aufweisen.

4.4 Evaluation der Fördermaßnahmen

Im Wochenplanunterricht können nicht nur die Fördermaßnahmen durchgeführt werden, sondern ebenfalls die parallel laufenden Messungen. Die Häufigkeit der Messungen kann leicht über die Festschreibung im Wochenplan rhythmisiert werden. In den individuellen Lernphasen können sich die Lehrkräfte zum einen Zeit für einzelne Schülerinnen und Schüler einräumen und mit ihnen die Messungen der Leseflüssigkeit durchführen. Zum anderen können die Kinder selbst entscheiden, in welcher Lernphase sie mit LeVuMi arbeiten möchten.

Die Veränderungen im Lernverlauf geben Anlass zur Überprüfung der Fördermaßnahmen. Stagniert der Lernverlauf eines Kindes, müssen die Förderplanung und die Lernsituation unmittelbar überprüft werden. Zunächst müssen äußere Umstände ausgeschlossen werden, die sich negativ auf die aktuelle Lernleistung auswirken könnten. Beispiele wären emotionale Belastungen, die durch das schulische oder familiäre Umfeld eines Kindes bedingt sind. Anschließend wird die aktuelle Lernsituation in der Klasse analysiert. Dabei stehen die aktive und effektive Lernzeit, die Lernumgebung sowie die Fördermaßnahmen im Fokus. Sollte nur eine Bedingung für das kindliche Lernen unpassend sein, kann es den Lernprozess maßgeblich beeinträchtigen. Sind alle Einflussfaktoren als Gründe ausgeschlossen, benötigt das Kind mehr Übungsphasen für einen Lernerfolg. Für die Lernverlaufsmessungen resultiert, dass die Messintervalle vergrößert werden sollten. Zeigt ein Kind einen Lernzuwachs, so kann mit der Förderung fortgefahren werden. Die Lernverlaufsdaten können dann im Hinblick auf die Erreichung der aktuellen und die Festlegung neuer Förderziele genutzt werden.

5 Fazit

Das Potential digitaler und onlinebasierter Instrumente für den Bereich des Lernens im Generellen als auch in der Diagnostik hat sich aufgrund der technischen Schwierigkeiten und der fehlenden technischen Unterstützung für Lehrkräfte noch nicht entfaltet. Auch wenn es erste Ansätze der Digitalisierung im schulischen Bereich gibt, sind noch nicht alle Lehrkräfte von dem Nutzen und der Einsetzbarkeit der neuen Möglichkeiten ausreichend überzeugt, um Lernverlaufsdiagnostik regelmäßig einzusetzen. Jedoch ermöglicht erst eine flächendeckende technische Umsetzung die Einsetzbarkeit. Erst danach kann eine Veränderung der Arbeitsweisen bei den Lehrkräften durch zielgerichtete Überzeugungsarbeit erfolgen. Durch diese Schritte werden sich onlinegestütztes Lernen und innovative Diagnostik in der Schulland-schaft durchsetzen.

Literatur

Christmann, U. (2015). Kognitionspsychologische Ansätze des Lesens. In U. Rautenberg & U. Schneider (Hrsg.), Lesen. Ein interdisziplinäres Handbuch (S. 21–45). Berlin: de Gruyter.

Deno, S. L., Mirkin, P. & Chiang, B. (1982). Identifying valid measures of reading. Exceptional Children, 49(1), 36–45.

Deno, S. L. (1985). Curriculum-based measurement: The emerging alternative. Exceptional Children, 52(3), 219–232.

Diehl, K. (2011). Innovative Lesediagnostik – Ein Schlüssel zur Prävention von Lese-Rechtschreibschwierigkeiten. Zeitschrift für Heilpädagogik, 62(5), 164–172.

Diehl, K. (2014). Lesekompetenz formativ evaluieren mit dem IEL-1. Inventar zur Erfassung der Lesekompetenzen von Erstklässlern. In M. Hasselhorn, W. Schneider & U. Trautwein (Hrsg.), Lernverlaufsdiagnostik (S. 145–164). Göttingen: Hogrefe.

Fischer, U. & Gasteiger-Klicpera, B. (2013). Prävention von Leseschwierigkeiten. Diagnose und Förderung im Anfangsunterricht. Didaktik Deutsch, 18(35), 62–81.

Fuchs, L. S. (2004). The past, present, and future of curriculum-based measurement research. School Psychology Review, 33(2), 188–192.

Fuchs, L. S., Fuchs, D., Hosp, M. K. & Jenkins, J. R. (2001). Oral reading fluency as an indicator of reading competence. A theoretical, empirical, and historical analysis. Scientific Studies of Reading, 5(3), 239–259.

Gebhardt, M. (2015). Gemeinsamer Unterricht von Schülerinnen und Schülern mit und ohne sonderpädagogischen Förderbedarf. Ein empirischer Überblick. In E. Kiel, E. Fischer, U. Heimlich, J. Kahlert & R. Lelgemann (Hrsg.), Inklusion im Sekundarbereich (S. 39–52). Stuttgart: Kohlhammer.

Gebhardt, M., Diehl, K. & Mühling, A. (2016a). Lern-Verlaufs-Monitoring LEVUMI Lehrerhandbuch. Version 01. Verfügbar über: https://www.levumi.de/assets/LEVUMI_¬Lehrerhandbuch-e4be8726eacb0121247626010d57c010.pdf (Datum des Zugriffs: 24.07. 2017).

Gebhardt, M., Diehl, K. & Mühling, A. (2016b). Online-Lernverlaufsmessung für alle Schülerinnen und Schüler in inklusiven Klassen. Zeitschrift für Heilpädagogik, 66(10), 444–453.

Gebhardt, M., Heine, J.-H. & Sälzer, C. (2015). Schulische Kompetenzen von Schülerinnen und Schülern ohne sonderpädagogischen Förderbedarf im gemeinsamen Unterricht. Vierteljahresschrift für Heilpädagogik und ihre Nachbargebiete, 84(3), 246–258.

Heimlich, U. (2016). Gemeinsamer Unterricht im Rahmen inklusiver Didaktik. In U. Heimlich & F. B. Wember (Hrsg.), Didaktik des Unterrichts im Förderschwerpunkt Lernen. Ein Handbuch für Studium und Praxis (3. Aufl., S. 69–80). Stuttgart: Kohlhammer.

Jungjohann, J., Gegenfurtner, A. & Gebhardt, M. (2018). Systematische Review von Lernverlaufsmessung im Bereich der frühen Leseflüssigkeit. Empirische Sonderpädagogik, 10(1), 100–118.

Jungjohann, J., Gebhardt, M., Diehl, K. & Mühling, A. (2017). Förderansätze im Lesen mit LEVUMI. Dortmund: Technische Universität Dortmund. https://doi.org/10.17877/DE290R-18042.

Klicpera, C. & Gasteiger-Klicpera, B. (1993). Lesen und Schreiben. Entwicklung und Schwierigkeiten – Die Wiener Längsschnittuntersuchung über die Entwicklung, den Verlauf und die Ursachen von Lese- und Schreibschwierigkeiten in der Pflichtschulzeit. Bern: Huber.

Klicpera, C., Schabmann, A. & Gasteiger-Klicpera, B. (2010). Legasthenie – LRS. Modelle, Diagnose, Therapie und Förderung (3., aktual. Aufl.). München: Reinhardt.

Korhonen, J., Linnanmäki, K. & Aunio, P. (2014). Learning difficulties, academic well-being and educational dropout: A person-centred approach. Learning and Individual Differences, 31(1), 1–10.

Landesinstitut für Schule und Medien Berlin-Brandenburg (2017). ILea – Individuelle Lernstandsanalysen. Landesinstitut für Schule und Medien Berlin-Brandenburg. Verfügbar über: http://bildungsserver.berlin-brandenburg.de/unterricht/lernstandsanalysen-vergleichsarb/ilea/ (Datum des Zugriffs: 25.07.2017).

Lindsay, G. (2007). Educational psychology and the effectiveness of inclusive education/ mainstreaming. The British Journal of Educational Psychology, 77(1), 1–24.

Myklebust, J. O. (2002). Inclusion or exclusion? Transitions among special needs students in upper secondary education in Norway. European Journal of Special Needs Education, 17 (3), 251–263.

Perfetti, C. A. (1985). Reading ability. New York: Oxford University Press.

Peschel, F. (2005). Offener Unterricht. Ideen, Realität, Perspektive und ein praxiserprobtes Konzept zur Diskussion. Baltmannsweiler: Schneider Hohengehren.

Prengel, A. (2015). Didaktische Diagnostik als Element alltäglicher Lehrerarbeit – »Formatives Assessment« im inklusiven Unterricht. In B. Amrhein (Hrsg.), Diagnostik im Kontext inklusiver Bildung. Theorien, Ambivalenzen, Akteure, Konzepte (S. 1–17). Bad Heilbrunn: Klinkhardt.

Preuss-Lausitz, U. (2016). Integration und Inklusion von Kindern mit Behinderungen – Ein Weg zur produktiven Vielfalt in einer gerechten Schule. In H. Faulstich-Wieland, H. U. Grunder, K. Kansteiner & H. Moser (Hrsg.), Umgang mit Heterogenität und Differenz (S. 161–180). Baltmannsweiler: Schneider Hohengehren.

Schabmann, A. & Klingebiel, K. (2010). Entwicklung von Lesekompetenz. In C. Spiel (Hrsg.), Bildungspsychologie (S. 106-110). Göttingen: Hogrefe.

Scheerer-Neumann, G. (2006). Leseschwierigkeiten. In U. Bredel, H. Günther, P. Klotz & G. Siebert-Ott (Hrsg.), Didaktik der deutschen Sprache. Ein Handbuch (Bd. 1, 2. Aufl., S. 551–567). Paderborn: Schöningh.

Scheerer-Neumann, G. (2015). Lese-Rechtschreib-Schwäche und Legasthenie. Grundlagen, Diagnostik und Förderung. Stuttgart: Kohlhammer.

Scholz, I. (2016). Das heterogene Klassenzimmer. Differenziert unterrichten (2. Aufl.). Göttingen: Vandenhoeck & Ruprecht.

Vygotskij, L. S. (1987). Ausgewählte Schriften. Arbeiten zur psychischen Entwicklung der Persönlichkeit. Köln: Pahl-Rugenstein.

Walter, J. (2009). Eignet sie die Messtechnik »MAZE« zur Erfassung von Lesekompetenzen als lernprozessbegleitende Diagnostik? Heilpädagogische Forschung, XXXV(2), 62–75.

IV Möglichkeiten der Qualifizierung von angehenden Lehrkräften für den inklusiven Unterricht

»Fachdidaktik und DaZ united« – Ein Forschungs- und Entwicklungsprojekt zur Implementation eines Lehrkonzepts für die erste und zweite Lehrerinnen- und Lehrerausbildungsphase zu Deutsch als Zweitsprache und zur Durchgängigen Sprachbildung im naturwissenschaftlich-technischen Sachunterricht

Eva Blumberg, Constanze Niederhaus, Bernd Schnittker, Sophia Schwind, Amra Havkic & Julia Settinieri

1   Einleitung

In diesem Beitrag wird ein Forschungs- und Entwicklungsprojekt vorgestellt, das auf die Optimierung in der ersten (Hochschule) und zweiten Phase (Vorbereitungsdienst) der Lehrerinnen- und Lehrerausbildung im Bereich der Durchgängigen Sprachbildung im (naturwissenschaftlich-technischen) Sachunterricht abzielt. Nach Darlegung der Ausgangslage zur Durchgängigen Sprachbildung im Kontext inklusiver und fachspezifischer Unterrichtsentwicklung im naturwissenschaftlichen Sachunterricht wird das Konzept des »Scaffolding« als theoretischer Rahmen und verbindender fachdidaktischer Ansatz erläutert. Ausgehend von der aktuellen Situation und den vorliegenden empirischen Befunden zur Lehrerinnen- und Lehrerausbildung im Bereich Deutsch als Zweitsprache (DaZ) wird anschließend das Projekt »Fachdidaktik und DaZ united« vorgestellt.

2   Aktuelle Ausgangslage: Durchgängige Sprachbildung im Kontext inklusiver und fachspezifischer Unterrichtsentwicklung

2.1   DaZ und Durchgängige Sprachbildung im Kontext schulischer Inklusion

National wie international steht das schulische Bildungssystem vor der Herausforderung, eine inklusive Bildung zu ermöglichen (United Nations, 2006). Angesichts der politischen und insbesondere bildungspolitischen Entwicklungen in Deutschland hinsichtlich Inklusion und der Zuwanderung geflüchteter Menschen sehen sich Lehrkräfte aller Schulformen einer zunehmend heterogenen Schülerschaft gegenüber. Dabei geht es im Sinne eines weiten Inklusionsverständnisses, das auch die Autorinnen und der Autor dieses Beitrags vertreten, eben nicht nur um körperliche oder geistige Beeinträchtigungen bzw. klassische sonderpädagogische Förder-/Unterstützungsbedarfe, sondern vielmehr um das Einschließen *aller* Facetten von Heterogenität bzw. Vielfalt (Hinz, 2015). Denn »unabhängig von ihrer Herkunft und ihren sozialen, ökonomischen Benachteiligungen, ihrer Herkunfts- oder Familiensprache, ihrer Hautfarbe, ihrem Geschlecht, ihrer sexuellen und anderen Orientierungen, ihrem Glaubensbekenntnis oder ihrer Behinderung« (Riemer, 2017, S. 175) müssen allen Menschen respektive allen Schülerinnen und Schülern ohne Einschränkung soziale Partizipation und barrierefreie Bildungsteilhabe ermöglicht werden. So zählt auch das »Merkmal Mehrsprachigkeit« zu diesen Heterogenitätsdimensionen (Avci, Holland & Linden, 2013; von Saldern, 2013), wobei Riemer (2017) davor warnt, Mehrsprachigkeit als Form von Behinderung zu pathologisieren und sie »in die Nähe eines Sondertatbestands sonderpädagogischer Förderung zu rücken« (S. 175). Gleichwohl fordert jedoch das Merkmal der Mehrsprachigkeit spezielle und an die diesbezüglichen Lernvoraussetzungen der Schülerinnen und Schüler angepasste Unterstützungsmaßnahmen (Baumann & Becker-Mrotzek, 2014).

Der Begriff ›Heterogenität‹ scheint sich als zentral herauszukristallisieren, wenn es darum geht, Parallelen und Anknüpfungspunkte zwischen schulischer Inklusion und der Förderung mehrsprachiger Schülerinnen und Schüler mit einer anderen Familiensprache als Deutsch auszumachen (Settinieri, 2017). Dieser bildet auch den Ausgangspunkt für das didaktische Grundkonzept der Durchgängigen Sprachbildung. Eingebettet in ein weites Inklusionsverständnis ist dessen Implementierung Teil einer inklusiven Schul- und Unterrichtsentwicklung. Durchgängige Sprachbildung und Inklusion weisen zusammenfassend zahlreiche theoretische Parallelen und Schnittstellen auf (Grosche & Fleischhauer, 2017) und werden als schulische Querschnittsaufgaben mit teilweise ähnlichen Zielsetzungen modelliert (Settinieri, 2017), sowohl mit Blick auf die Lernenden als auch mit Blick auf die Ausbildung der Lehrenden.

2.2 Herausforderungen und Potentiale naturwissenschaftlich-technischen Sachunterrichts

Grundsätzlich bietet jedes fachliche Lernen – unabhängig vom Unterrichtsfach, von der Schulstufe oder Schulform – Möglichkeiten zur gleichzeitigen sprachlichen Förderung und damit zur Durchgängigen Sprachbildung (Leisen, 2017; Tajmel & Hägi-Mead, 2017; Wildemann & Fornol, 2016). Den zentralen fachspezifischen Kontext des hier vorgestellten Forschungs- und Entwicklungsprojekts bildet der naturwissenschaftliche Lernbereich des Grundschulfachs Sachunterricht.

Als vielperspektivisches Kernfach neben Deutsch und Mathematik bereitet der Sachunterricht die Grundschulkinder unter anderem mit fachpropädeutischer Funktion in den fünf Perspektiven (naturwissenschaftlich, technisch, historisch, sozialwissenschaftlich und geografisch) auf das Lernen in den korrespondierenden Unterrichtsfächern der weiterführenden Schulen vor (Gesellschaft für Didaktik des

Sachunterrichts, 2013). Innerhalb dieser sachunterrichtlichen Vielperspektivität verfolgt das naturwissenschaftliche Lernen, orientiert an der internationalen Konzeption der »Scientific Literacy« (American Association for the Advancement of Science, 2015), multiple Zielsetzungen, die über den Aufbau fachlich-inhaltlicher und methodischer naturwissenschaftlicher Kompetenzen hinaus auch die Förderung motivationaler und selbstbezogener Einstellungen gegenüber den Naturwissenschaften einschließen, vor allem mit Blick auf ein lebenslanges Interesse an der Auseinandersetzung mit naturwissenschaftlichen Fragestellungen. Um *allen* Kindern ein erfolgreiches frühes naturwissenschaftliches und technisches Lernen zu ermöglichen, sollte eine entsprechende multikriteriale Zielerreichung auch die Förderung sprachlicher Kompetenzen mitberücksichtigen, denn sachliche und sprachliche Durchdringung bedingen einander (Ministerium für Schule und Weiterbildung des Landes Nordrhein-Westfalen, 2008), und jeder naturwissenschaftliche Kompetenzbereich impliziert in hohem Maße Sprachhandlungen (Tajmel, 2011).

Um beim naturwissenschaftlichen Lernen ihre individuelle proximale Zone der Entwicklung (Vygotsky, 1978), d. h. im Sinne eines kumulativen Kompetenzaufbaus ein immer ausdifferenzierteres und vernetzteres konzeptuelles naturwissenschaftliches Verständnis sowie eine weiter entwickelte naturwissenschaftliche Methodenkompetenz zu erreichen, müssen die Lernenden zur erfolgreichen Auseinandersetzung mit einem naturwissenschaftlichen Phänomen kognitiv aktiviert werden (Möller, Lange & Hardy, 2012) und es im Laufe des Unterrichts auch bleiben. Neben den fachlichen sind es vor allem sprachliche Anforderungen, die die Schülerinnen und Schüler zur Aufrechterhaltung ihres Lernprozesses bewältigen müssen. Dazu gehören im (naturwissenschaftlich-technischen) Sachunterricht Bereiche des (Fach-)Wortschatzes, grammatischer Strukturen sowie des rezeptiven (Hören und Lesen) und produktiven (Sprechen und Schreiben) Sprachgebrauchs in verschiedenen sprachlichen Registern (Alltags-, Bildungs- und Fachsprache), der Umgang mit kontinuierlichen und diskontinuierlichen Textsorten sowie die Beherrschung von Operatoren (Benholz & Rau, 2011; Handt & Weis, 2015).

Dass nach wie vor Ungleichheiten in Bezug auf die Lernchancen von Kindern mit Deutsch als Erstsprache und migrationsbedingt mehrsprachigen Kindern bestehen, bestätigen die aktuellen Ergebnisse der TIMS-Studie von 2015. Zwar ist eine positive Entwicklung mit signifikanten Verbesserungen in den Gruppen der Kinder mit einem und beiden Elternteilen mit Migrationshintergrund zu verzeichnen, jedoch zeigt sich ein immer noch deutlicher signifikanter Vorteil der Kinder ohne Elternteil mit Migrationshintergrund (Wendt, Schwippert & Stubbe, 2016).

Zur Förderung migrationsbedingt mehrsprachiger Kinder rückt das Potential des naturwissenschaftlich-technischen Sachunterrichts in den Vordergrund, um eine handlungsorientierte und forschend-entdeckende Auseinandersetzung mit naturwissenschaftlichen Phänomenen zu ermöglichen und dabei sinnliche Zugangs- und Aneignungsweisen einzubeziehen. Bewährte Lehr-Lernansätze für ein frühes multikriteriell erfolgreiches naturwissenschaftliches Lernen orientieren sich an einer konstruktiv-genetischen Auffassung vom Wissenserwerb, wobei der Lehrende die Eigenaktivität der Lernenden zum Aufbau eines naturwissenschaftlichen Verständnisses unterstützt (Köhnlein, 1984; Möller, Lange & Hardy, 2012; Soostmeyer, 1988; Spreckelsen, 2004). Um einen solchen naturwissenschaftlich-technischen Sachunterricht sprachbildend durchzuführen, müssen (Sachunterrichts-)Lehrkräfte in der Lage sein, aufbauend auf den fachlich und sprachlich diagnostizierten Lernständen der Kinder einen sprachsensiblen Fach-/Sachunterricht zu planen und durchzuführen, der bei Berücksichtigung der individuellen Lernvoraussetzungen und -ausgangsbedingungen eine multiple fachlich und sprachlich verknüpfte Förderung aller Kinder verfolgt. Dazu benötigen die (angehenden) Lehrkräfte sowohl diagnostische Kompetenzen zur Einschätzung des sprachlichen und fachlichen Lernstands als auch Planungskompetenzen zur unterrichtsintegrierten Sprachförderung (Grosche & Fleischhauer, 2017). Ein möglicher theoretischer Ansatz, der Lehrende und Lernende sowie ihr fachliches und sprachliches Lehren und Lernen verbindet, wird nachfolgend vorgestellt.

3 Ein verbindender fachdidaktischer Ansatz: Das Konzept des »Scaffolding« als Schnittstelle zwischen naturwissenschaftlicher Sachunterrichts- und Zweitsprachdidaktik

Das theoretische Konzept des »Scaffolding«, das heute in vielen Fachdidaktiken wiederzufinden ist, wurde ursprünglich aus der Erstspracherwerbsforschung heraus entwickelt (Wood, Bruner & Ross, 1976) und umfasst im Einklang mit Vygotskys (1978) Theorie zum Erreichen der Zone der proximalen Entwicklung vorübergehende Unterstützungsmaßnahmen, sogenannte »Scaffolds«, von Lehrenden oder Peers für die Lernenden.

Für die naturwissenschaftliche Sachunterrichtsdidaktik unterscheidet Möller (2012) nach Reiser (2004) zwischen strukturierenden und problematisierenden Scaffoldingmaßnahmen. Mit Blick auf den erfolgreichen Aufbau naturwissenschaftlicher Kompetenzen geht es zentral darum, die Lernenden ausgehend von ihrem individuellen Vorwissen zur Auseinandersetzung mit naturwissenschaftlichen Phänomenen zu motivieren, sie zum eigenen und gemeinsamen Denken herauszufordern, eigene Explorations- und Konstruktionsprozesse anzuregen und darüber kognitive Aktivierung auszulösen. In der DaZ-Didaktik gliedert sich das Konzept des »Scaffolding«, das ursprünglich von Gibbons (2002, 2006) stammt und adaptiert wurde, in insgesamt vier sogenannte Bausteine, wobei die Bedarfs- und Lernstandsanalyse sowie die Unterrichtsplanung das Makro-Scaffolding und die Unterrichtsinteraktionen das Mikro-Scaffolding bilden (Kniffka, 2015). Um Grundschulkinder gleichzeitig in ihrer fachlichen und sprachlichen Entwicklung zu unterstützen, ist ein verknüpfter Einsatz der Scaffoldingmaßnahmen aus diesen beiden Fachdidaktiken erforderlich.

Ein entsprechendes Scaffolding setzt bereits auf der Makro-Ebene vor der Durchführung mit der Planung des Unterrichts an und sollte eine fachliche und sprachliche Analyse der Kompetenzen der Lernenden sowie der Anforderungen des

Unterrichtsgegenstands miteinschließen. Zur Analyse des Lernstands ist fachlich z. B. zum naturwissenschaftlichen Sachunterrichtsthema »Luft braucht Platz« einerseits das fachlich-inhaltliche Vorwissen der Schülerinnen und Schüler zu den physikalischen Eigenschaften der Luft zu explorieren, andererseits sind ihre fachlich-methodischen Vorkenntnisse zum Experimentieren festzustellen. Zudem ist der sprachliche Lernstand zu diagnostizieren: Je nach Altersgruppe bzw. spezifischen Lernvoraussetzungen der Kinder können dabei unterschiedliche Bereiche im Vordergrund stehen, wie z. B. die Lese- oder Schreibkompetenz oder die Beherrschung des (Fach-)Wortschatzes. Die angestrebten fachlichen und sprachlichen Lernziele sind bei der fachlichen und sprachlichen Anforderungsanalyse des zu behandelnden Unterrichtsgegenstands mit zu berücksichtigen. Fachlich bedeutet dies beispielsweise, das aufzubauende konzeptuelle Verständnis sowie die methodischen (Teil-)Kompetenzen zu definieren. Sprachlich muss z. B. analysiert werden, welchen Fachwortschatz und welche Redemittel die Schülerinnen und Schüler zur fachlichen Erarbeitung des Themas benötigen. Dieses Verfahren, bei dem die analysierten fachlichen und sprachlichen Ausgangsbedingungen auf Seiten der Lernenden und des Lerngegenstands bei der anschließenden Unterrichtsplanung gleichermaßen zu berücksichtigen und wechselseitig (iterativ und rekursiv) aufeinander zu beziehen sind, ist ähnlich dem der »Didaktischen Rekonstruktion« (Kattmann, 2007) der Naturwissenschaftsdidaktik.

Auf der Mikro-Ebene, bei der eigentlichen Unterrichtsdurchführung, sollten die analysierten fachlichen und sprachlichen Ausgangs- und Anforderungsbedingungen sowie die aufzubauenden fachlichen und sprachlichen Kompetenzen handlungsleitend sein. Entscheidend auf der unterrichtlichen Mikro-Ebene sind fachliche und sprachliche Scaffolds zur Qualitäts- und Effizienzsteigerung der tatsächlichen Unterrichtsinteraktionen, d. h. der Kommunikation zwischen der Lehrperson und den Lernenden, aber auch zwischen den Lernenden untereinander. Fachlich sind dazu Impulse zu setzen, die die vorhandenen Vorstellungen und Denkprozesse der Schülerinnen und Schüler hervorbringen, den Kindern Unzulänglichkeiten in ihrem bestehenden Verständnis aufzeigen, sie zum Weiterdenken anregen und damit bestenfalls den sukzessiven Aufbau neuer Konzepte ermöglichen (Möller, 2012). Positive Einflüsse auf sprachlicher Ebene entstehen beispielsweise durch die Verlangsamung der Lehrer-Schüler-Interaktion, einschließlich der Gewährung von mehr Planungs- bzw. Antwortzeit für die Schülerinnen und Schüler, durch die Variation der Interaktionsmuster, durch aktives Zuhören und Re-Kodierung sowie die Einbettung von Schüleräußerungen in größere konzeptuelle Zusammenhänge durch die Lehrperson (Kniffka, 2015). Zudem können die Lernenden durch eine frühe Einführung wichtiger Fachwörter und Operatoren z. B. mit (Wort-)Bild-Karten entlastet werden (Quehl & Trapp, 2013; Beese et al., 2014), um einer befürchteten Überforderung paralleler fachlicher und sprachlicher Förderung (Rank, Wildemann & Hartinger, 2016) vorzubeugen.

Einen möglichen Ansatz zur Planung eines sprachsensiblen Fachunterrichts im Sinne des Scaffoldings liefert der sogenannte »Planungsrahmen«, der von Tajmel (2009) für den deutschen Sprachraum und anschließend von Quehl und Trapp (2013, 2015) für den Sachunterricht adaptiert wurde. Um den Planungsrahmen sowohl zur verknüpften sprachlichen und fachlichen Bedarfsanalyse als auch als konkrete Planungshilfe und Leitfaden für die spätere Unterrichtsdurchführung einsetzbar zu machen, ist im Rahmen der Projektarbeit eine erweiterte, adaptierte Form des ursprünglichen Planungsrahmens entwickelt worden. In dieser Struktur vereint der Planungsrahmen fachliche und sprachliche Scaffoldingschritte auf der Makro- und Mikro-Ebene des Unterrichts mit übergeordneten weiteren Planungsmaßnahmen (z. B. zeitlicher Ablauf, Einsatz von Medien, Wahl der Sozialform), sodass er als Instrument und Leitfaden bei der konkreten Unterrichtsdurchführung von den Lehrenden genutzt werden kann. Einzusehen ist das adaptierte sowie mehrfach erprobte und weiterentwickelte Planungsinstrument in Blumberg und Niederhaus (2018, in Vorbereitung).

4 Lehrerinnen- und Lehrerausbildung im Bereich DaZ/Durchgängige Sprachbildung: Aktuelle Entwicklungen und empirische Befundlage

Seit den 1960er Jahren und der Einführung der allgemeinen Schulpflicht für Kinder aus Gastarbeiterfamilien kommt migrationsbedingter Mehrsprachigkeit in Deutschland verstärkt schulpolitische Bedeutung zu, sodass auch Aus- und Weiterbildungsangebote für (angehende) Lehrerinnen und Lehrer gemäß länderspezifischer verbindlicher Vorgaben bis heute weiterentwickelt wurden (Krüger-Potratz & Supik, 2014).

Um aktuell die Vermittlung von Grundkompetenzen im Bereich DaZ bei allen Lehramtsstudierenden sicherzustellen, sind die lehrerausbildenden Universitäten in Nordrhein-Westfalen seit 2009 dazu verpflichtet, das sogenannte Modul »Deutsch für Schülerinnen und Schüler mit Zuwanderungsgeschichte« (DSSZ-Modul) für Studierende sämtlicher Schulformen und Fächer anzubieten (Ministerium für Schule und Weiterbildung des Landes Nordrhein-Westfalen, 2016). Vorgegeben ist ein Mindestumfang von sechs Leistungspunkten (LP). Darüber hinaus können die Hochschulen die weitere Ausgestaltung, wie die Verortung des Moduls im Bachelor oder Master oder die Anbindung an verschiedene Fachdidaktiken, selbst gestalten (Gantefort & Michalak, 2017). Fraglich ist, inwieweit eine minimale, gesetzeskonforme Umsetzung des DSSZ-Moduls, das mit 2 % des gesamten Bachelor-Master-Studienumfangs den kleinsten Pflichtbereich in allen (Lehramts-)Studiengängen darstellt, tatsächlich eine zufriedenstellende und ausreichende oder lediglich eine rudimentäre Ausbildung im Bereich DaZ/Durchgängige Sprachbildung erreicht (Benholz & Mensel, 2015). Wichtige, von den Hochschulen festzulegende Faktoren sind dabei die Berührungspunkte mit den Fachdidaktiken zur Verknüpfung sprachlicher und fachlicher Inhalte sowie die Verortung des DSSZ-Moduls, bei der beispielsweise im Bachelor eine Verzahnung mit den Praxisphasen eher schwierig ist (Benholz & Mavruk, 2017).

4.1 Empirische Befunde

Studien zu DaZ und Durchgängiger Sprachbildung sind in aller Regel in der ersten und dritten Lehrerinnen- und Lehrerausbildungsphase angelegt und untersuchen zumeist die Einstellungen und Einschätzungen von aktuell praktizierenden Lehrkräften oder von Lehramtsstudierenden.

Über die letzten Jahre hinweg bestätigt sich bis heute für unterrichtende Lehrkräfte ein Bild, wonach sie der sprachlichen Förderung auch in nichtsprachlichen Fächern bzw. einer sprachsensiblen Gestaltung ihres Fachunterrichts eine sehr große Relevanz zumessen, der überwiegende Teil sich aber gleichzeitig durch die erfahrene Ausbildung unzureichend auf das Unterrichten sprachlich heterogener Klassen vorbereitet fühlt (Becker-Mrotzek, Hentschel, Hippmann & Linnemann, 2012; Frenzel, Niederhaus, Peschel & Rüther, 2016; Schwind, 2017). In der Studie von Riebling (2013) bestätigt sich als Konsequenz, dass Lehrkräfte nur selten integrative und systematische Sprachbildung in ihrem (Fach-)Unterricht praktizieren. Als sehr wichtig erachten Lehrkräfte es jedoch, ihre Qualifikationen diesbezüglich weiterzuentwickeln, wobei Erfahrungen mit Mehrsprachigkeit im Unterricht oder in der Ausbildung die Fortbildungsbereitschaft und die Einstellungen der Lehrkräfte gegenüber einem sprachsensiblen Fachunterricht positiv beeinflussen. Dabei stellt die Unterrichtserfahrung in mehrsprachigen Gruppen keinen Ersatz für eine entsprechende Ausbildung, sondern lediglich eine positiv wirkende Ergänzung dar. Für die qualitative Verbesserung der Ausbildungssituation wünschen sich Lehrkräfte insgesamt ein größeres Fortbildungsangebot, mehr Praxisbezug und die Integration von DaZ bzw. Durchgängiger Sprachbildung als verbindlichen und fest verankerten Bestandteil über die gesamte Lehrerinnen- und Lehrerausbildung (Schwind, 2017).

Aus der Sicht von Lehramtsstudierenden führen Praxiserfahrungen im Studium insbesondere durch die Konfrontation mit Herausforderungen in der sprachsensiblen Unterrichtsarbeit mit zugewanderten Kindern zu positiven Effekten auf ihre Überzeugungen zur Mehrsprachigkeit und zu höheren Kompetenzen im Bereich Durchgängiger Sprachbildung. Zudem ist eine Sensibilisierung, Professionalisierung und grundsätzlich positive Veränderung der Einstellungen auf Seiten der Studierenden erkennbar (Bentler, 2016; Fischer, Hammer & Koch-Priewe, 2016; Mundt & Weissflog, 2016). Erste Studien aus der Sachunterrichtsdidaktik zeigen signifikant positive Effekte auf selbstbezogene Kognitionen und das fachdidaktische Wissen von Grundschullehrkräften zur Gestaltung eines sprachsensiblen Sachunterrichts durch Professionalisierungsmaßnahmen (Archie, Franz & Noel, 2013). Des Weiteren zeigte sich in einer qualitativen Studie von Rank (2012), dass aus dem Besuch eines situierten Seminars sowohl ein Wissenszuwachs als auch positive Veränderungen der motivationalen Orientierungen und Haltungen von angehenden Grundschullehrkräften resultieren.

4.2 Vorliegende Befunde zur Ausbildung an der Universität Paderborn

Im Rahmen des DSSZ-Moduls wurde eine Pilotstudie mit Mixed-Methods-Ansatz durchgeführt. Mit qualitativ und quantitativ angelegten Verfahren wurden zusammenfassend diese Ergebnisse ermittelt: Nach Abschluss des DSSZ-Moduls zeigten die Lehramtsstudierenden für die weiterführenden Schulen ein leicht gestiegenes Interesse, während die Grundschullehramtsstudierenden ihr höheres Anfangsinteresse bestätigten. Des Weiteren wünschten sich die Studierenden insgesamt mehr »DaZ-Inhalte« in ihrem Studium, insbesondere eine stärkere Gewichtung des Praxisbezugs, eine stärkere Aufnahme der DaZ-Thematik in die jeweiligen Fachdidaktiken und mehr Eigentätigkeit (vgl. Döll, Hägi-Mead & Settinieri, 2017).

Bestätigt werden diese Befunde durch erste explorative Ergebnisse aus einer qualitativen Studie zur Evaluation eines im Wintersemester 2015/16 an der Universität Paderborn gestarteten Lehre-Tandems der Didaktik des naturwissenschaftlichen Sachunterrichts (Prof. Dr. Eva Blumberg) und der Mehrsprachigkeits-/DaZ-/DaF-Didaktik (Prof. Dr. Constanze Niederhaus), das Ausgangspunkt für das hier vorgestellte Forschungs- und Entwicklungsprojekt ist (▶ Abschnitt 5). Das Besondere an diesem kooperativen Lehr-Lernprojekt ist die unter Beteiligung beider Fachdidaktiken erarbeitete und durchgeführte Seminarkonzeption, nach der die Sachunterrichtsstudierenden im Anschluss an die Erarbeitung wesentlicher theoretischer Grundlagen zum naturwissenschaftlichen und sprachlichen Lernen exemplarisch zu einem Thema sprachbildenden naturwissenschaftlichen Sachunterricht planen und diesen eigenständig in einer Vorbereitungsklasse bzw. einer Sprachfördergruppe mit neu zugewanderten Kindern erproben. Dieses Wahlpflichtangebot mit speziellen weiterführenden Inhalten im Bereich »Diagnose & Förderung« richtet sich an Grundschullehramtsstudierende, die Sachunterricht als weiteres Fach (neben Deutsch und Mathematik) vertieft studieren, und ist im ersten Semester des Master-Studiums vor Beginn des Praxissemesters angelegt. Ausführlich sind die Anlage des interdisziplinären Lehr-Lernprojekts und die Seminarkonzeption bei Blumberg und Niederhaus (2017) dargestellt.

Zusammenfassend zeigen die Ergebnisse der qualitativ angelegten schriftlichen und mündlichen Befragungen bei allen Beteiligten, den Schülerinnen und Schülern, der Klassenleitung und den teilnehmenden Studierenden, eine hohe Zufriedenheit mit der Unterrichtserprobung. Trotz einzelner geäußerter Verständnisschwierigkeiten bei den Befragungen in ihrer Familiensprache[1] berichteten die Schülerinnen und Schüler nicht nur von fachlichen und sprachlichen Lernerfolgen, sondern auch von Spaß und Motivation. Die Klassenleitung bewertete den stattgefundenen sprachbildenden naturwissenschaftlichen Sachunterricht sowohl für die Schülerinnen und Schüler als auch für die Studierenden als äußerst positiv und insgesamt wegweisend, und zwar sowohl für die weitere Lehrerinnen- und Lehrerausbildung als auch für eine neue Ausrichtung in der Unterrichtung/Förderung neu zugewanderter Kinder. Die qualitativ-inhaltsanalytische Auswertung der offenen schriftlichen Studierendenbefragungen ergaben sehr positive Bewertungen und hohe Zustimmungen in den Kategorien Sinnhaftigkeit des fachdidaktischen Seminars, eigener Kompetenzzuwachs seitens der Studierenden und Zugewinn auf Seiten der Schülerinnen und Schüler, Selbsteinschätzung vor und nach der Unter-

---

1 Die leitfadengestützten Schülerinnen- und Schülerinterviews wurden in Kleingruppen sowohl auf Deutsch als auch in der jeweiligen Familiensprache der Kinder durchgeführt.

richtsdurchführung, Bezug zur zukünftigen Lehrertätigkeit, Verknüpfung von Theorie und Praxis (auch in der Bedeutung für die weitere Lehrerinnen- und Lehrerausbildung) und erfahrene Bedeutung der Praxiserfahrung zur Verknüpfung fachlichen und sprachlichen Lernens. Besonders hervorzuheben ist der mehrfach explizit geäußerte Wunsch der Teilnehmerinnen und Teilnehmer, ein solches Seminarangebot auf alle Fächer und für alle Studierende (nicht nur mit Vertiefung) auszuweiten. Einer dementsprechend ausgerichteten – fach- und sprachdidaktisch verknüpften – fundierten Lehrerinnen- und Lehrerausbildung messen sie einen enormen »Mehrwert« gerade mit Blick auf die aktuellen Zuwanderungsentwicklungen in Deutschland zu.

5 »Fachdidaktik und DaZ united«: Ein Forschungs- und Entwicklungsprojekt

Mit dem Projekt »Fachdidaktik und DaZ united« reagiert ein Zusammenschluss der Didaktik des naturwissenschaftlichen Sachunterrichts als Fachdidaktik der Primarstufe und der Didaktik DaZ/DaF und Mehrsprachigkeit auf die angeführten Forschungsbefunde und Desiderate zur Optimierung der Lehrerinnen- und Lehrerausbildung im Bereich der Durchgängigen Sprachbildung. Das Projekt »›Fachdidaktik und DaZ united‹ – Implementierung eines Lehrkonzepts zur Planung von sprachbildendem naturwissenschaftlichem Sachunterricht für neu zugewanderte Grundschulkinder in der ersten und zweiten Phase der Lehrerinnen- und Lehrerausbildung« ist ein Kooperationsprojekt, das, initiiert von Prof. Dr. Eva Blumberg (Didaktik des naturwissenschaftlichen Sachunterrichts) und Prof. Dr. Constanze Niederhaus (Institut für Germanistik und Vergleichende Literaturwissenschaft, Arbeitsbereich DaZ/DaF und Mehrsprachigkeit), zunächst für den Zeitraum von April 2017 bis April 2018 an der Universität Paderborn in Kooperation mit den Zentren für schulpraktische Lehrerinnen- und Lehrerausbildung Paderborn und Detmold durchgeführt wurde. Das Projekt wurde mit dem »Förderpreis für Innovation und Qualität in der Lehre der Universität Paderborn 2016« ausgezeichnet und gefördert.

5.1 Ziel, Anlage und Design des Projekts

Das Forschungs- und Entwicklungsprojekt verfolgt das übergeordnete Ziel, die erste und zweite Lehrerinnen- und Lehrerausbildungsphase der Paderborner Sachunterrichtsstudierenden zur Durchgängigen Sprachbildung im (naturwissenschaftlich-technischen) Sachunterricht mit einer nachhaltigen curricularen Implementation neu entwickelter Ausbildungsbausteine zu verbessern. Dazu entwickelt ein kooperatives Projektteam der Didaktik des naturwissenschaftlichen Sachunterrichts und der Didaktik der DaZ/DaF und Mehrsprachigkeit neue Ausbildungsbausteine, die theoretische Grundlagen beider Fachdidaktiken zur Planung und Durchführung eines sprachbildenden naturwissenschaftlich-technischen Sachunterrichts umfassen und zudem über Unterrichtsvideos die unterrichtspraktische Ebene miteinbeziehen.

Als Grundlage zur konzeptionellen Entwicklung und Ausgestaltung der Ausbildungsbausteine dient ein Lehr-Lernkonzept, das seit dem Wintersemester 2015/16 im Tandem (Prof. Dr. Eva Blumberg und Prof. Dr. Constanze Niederhaus) in einem Vertiefungsseminar für Masterstudierende im Sachunterricht an der Universität Paderborn erprobt wird (▶ Abschnitt 4.3; Blumberg & Niederhaus, 2017). Aus diesem Tandem-Seminar heraus werden Inhalte zur Konzeption von individuellen Ausbildungsbausteinen für verschieden angelegte Veranstaltungen ausgewählt. Optimiert werden sollen Pflicht-Seminare des regulären Sachunterrichts-Masterstudiums, die in Verzahnung mit dem Praxissemester (Vorbereitung und Begleitung) von der Hochschule und den Zentren für schulpraktische Lehrerinnen- und Lehrerausbildung (ZfsL) Paderborn und Detmold veranstaltet werden. Für und mit den Seminarleitungen im Sachunterricht der ZfsL werden darüber hinaus Ausbildungselemente zur Integration in das Curriculum der zweiten Ausbildungsphase der Lehramtsanwärterinnen und -anwärter mit dem Fach Sachunterricht entwickelt. Die Besonderheit bei der Entwicklung der Ausbildungsbausteine besteht in der Einbeziehung von Original-Unterrichtsvignetten, die aus den unterrichtspraktischen Erprobungen des Basis-Tandem-Seminars stammen. Bislang besteht nach Kenntnisstand der Autorinnen und dem Autor ein absolutes Defizit an solchen Unterrichtsfilmen, anhand derer in der Aus- und Fortbildung von Lehrerinnen und Lehrern der Einsatz von sprach- und fachdidaktisch wirksamen Scaffoldingmaßnahmen der Lehrperson analysiert und veranschaulicht werden können.

Zur evidenzbasierten Konzeption der Ausbildungsbausteine wird ihre Entwicklung evaluativ begleitet, indem die Sachunterrichtsstudierenden im Mixed-Methods-Ansatz mit einer Kombination von qualitativen und quantitativen Erhebungsverfahren regelmäßig zu ihren Einschätzungen der erfahrenen Ausbildung befragt werden. In der Langzeitbegleitung der Probandinnen und Probanden wird dabei über die erste und zweite Ausbildungsphase hinweg ein sowohl querschnittliches als auch längsschnittliches Design verfolgt. Wie nachfolgend deutlich wird, liegt der Fokus der Begleitforschung auf den studentischen Einstellungen und nicht auf ihren fach- und sprachdidaktischen Kompetenzen.

5.2 Erste Evaluationsstudie: Forschungsdesign und forschungsmethodische Operationalisierung

Mit der ersten quer- und längsschnittlichen Untersuchung sollen die Effekte der Teilnahme vs. Nicht-Teilnahme am oben beschriebenen Tandem-Vertiefungsseminar »Diagnose & Förderung« in Verbindung mit den im Praxissemester gemachten unterrichtlichen Erfahrungen im Umgang mit Kindern nichtdeutscher Erstsprache untersucht werden. Dabei geht es um die Auswirkungen auf die studentische Einschätzung ihrer Lehrerinnen-/Lehrerselbstwirksamkeit, einschließlich ihrer diesbezüglichen Begründungen im Hinblick auf die Planung und Durchführung sprachbildenden (naturwissenschaftlich-technischen) Sach-/Fachunterrichts.

Zur längsschnittlichen Untersuchung wurde eine Kohorte Paderborner Grund-schullehramtsstudierender mit dem Drittfach Sachunterricht zu zwei Erhebungs-zeitpunkten, jeweils ganz am Anfang (T1) ihres ersten und zum Ende (T2) ihres zweiten Mastersemesters, mit einem identischen schriftlichen Fragebogen befragt. Zu T1 war sichergestellt, dass alle Befragten das DSSZ-Modul abgeschlossen hatten. T2 war so gewählt, dass die Studierenden etwa einen Monat vor Beendi-gung ihres Praxissemesters über ausreichend unterrichtspraktische Erfahrungen verfügten. Zur querschnittlichen Untersuchung wurde zu T2 zusätzlich eine Ko-horte Grundschullehramtsstudierender mit anderen Drittfächern als Sachunter-richt mit demselben Fragebogen befragt.

5.2.1 Stichprobe

Zur Auswertung der längsschnittlich erhobenen Daten liegen 19 Datensätze mit gleichen Anteilen Sachunterrichtsstudierender *mit* ($n = 10$) und *ohne* Vertiefungs-seminarbesuch ($n = 9$) vor. Für die querschnittliche Analyse können weitere 59 Datensätze genutzt werden, wobei sich die Subgruppen der Grundschulleh-ramtsstudierenden entsprechend dem an der Universität Paderborn typischen Wahlverhalten der Drittfächer wie folgt verteilen:

- Sachunterricht: $n = 20$;
- Sachunterricht vertieft: $n = 10$;
- Englisch: $n = 15$;
- weitere Drittfächer (Sport, Kunst, Musik, Religion): $n = 14$.

Die teilnehmenden Studierenden im Alter zwischen 21 und 28 Jahren sind in etwa zu einem Drittel männlich und zu zwei Dritteln weiblich annähernd konform der üblichen Verteilung im Grundschullehramt. Alle befragten Studierenden sind aufgrund ihres Bachelor-Studiums an der Universität Paderborn einschließlich des Abschlusses des hiesigen DSSZ-Moduls im Hinblick auf ihren DaZ-theoretischen Hintergrund als vergleichbar einzuschätzen.

5.2.2 Testinstrument

Der zur Evaluation des Projekts entwickelte Fragebogen umfasst längs- und querschnittlich insgesamt 15 bzw. 20 geschlossene und offene Fragen, wovon für diese Evaluation diejenigen zur studentischen Einschätzung der Lehrerselbstwirk-samkeit im Hinblick auf die Planung und Durchführung eines sprachbildenden (naturwissenschaftlich-technischen) Sachunterrichts und ihrer diesbezüglichen Begründung berücksichtigt werden. Die geschlossenen Items zur Lehrerselbst-wirksamkeit (sechsstufige Likert-Skala) wurden in Anlehnung an Schwarzer und Schmitz (1999) entwickelt und entsprechend adaptiert.

Anhand einer faktorenanalytischen Prüfung wurden zwei Subskalen zur Be-wältigung von Herausforderungen eines sprachbildenden (naturwissenschaftlich-technischen) Sach-/Fachunterrichts identifiziert, und zwar zur Planung und Vorbereitung (U-Planung) mit sechs Items (Beispiel-Item: »Es fällt mir schwer, Lernumgebungen zu gestalten, die an die sprachlichen Voraussetzungen migrationsbedingt mehrsprachiger Kinder angepasst sind.«) und zur Unterrichtsdurchführung (U-Durchführung) mit sieben Items (Beispiel-Item: »Ich traue mir zu, in sprachlich sehr heterogenen Lerngruppen zu unterrichten«). Eine Testung der Reliabilität zeigt zufriedenstellende Cronbach's Alpha-Werte zwischen .63 und .87 für die verschiedenen Messzeitpunkte. Die Berechnungen sowie die nachfolgenden Auswertungen der geschlossenen Fragen erfolgten computergestützt mit dem Statistikprogramm SPSS. Der Fragebogen und weitere Auswertungen zu einem Teildatensatz der Erhebungen können bei Schnittker (2017) eingesehen werden.

5.3 Auswertung und erste Ergebnisse der längs- und querschnittlichen Evaluation

Die Auswertung der längsschnittlichen Erhebung zeigt für die Gruppe der Sachunterrichtsstudierenden *mit* und *ohne* Besuch des Vertiefungsseminars vergleichbare Einschätzungen ihrer Selbstwirksamkeit, sowohl zur »U-Planung« ($t(17) = 0.11$, $p = .758$, M (SD) zu T1: *mit* = 3.55 (0.63); *ohne* = 3.52 (0.57)) als auch zur »U-Durchführung« ($t(17) = -0.51$, $p = .152$, M (SD) zu T1: *mit* = 3.80 (0.58); *ohne* = 3.98 (0.96)). Anhand eines 2 (Zeit) x 2 (Seminarbesuch) Messwiederholungsdesigns zeigte sich für beide Subskalen ein signifikanter Zeiteffekt (»U-Planung«: $F(1, 17) = 11.74$, $p = .003$; $\eta^2 = .408$, »U-Durchführung«: $F(1, 17) = 12.52$, $p = .003$; $\eta^2 = .424$). Die Interaktion Zeit x Seminarbesuch ergab hingegen für beide Bereiche keinen signifikanten Effekt (»U-Planung«: $F(1, 17) < 1$, $p = .521$; $\eta^2 = .025$); »U-Durchführung«: $F(1, 17) < 1$, $p = .418$; $\eta^2 = .039$). Deskriptiv zeigte sich für die Gruppe der Sachunterrichtsstudierenden *mit* im Vergleich zu *ohne* Vertiefungsseminarteilnahme ein größerer Anstieg der Selbstwirksamkeitseinschätzungen, sowohl im Hinblick auf Herausforderungen bei der Unterrichtsplanung (M (SD) zu T2: *mit* = 4.15 (0.39); *ohne* = 3.93 (0.56)) als auch bei der Unterrichtsdurchführung (M (SD): *mit* = 4.41 (0.54); *ohne* = 4.37 (0.51)).

Die Auswertung der querschnittlich erhobenen Daten zeigte im Vergleich der Studierendengruppen mit unterschiedlichen Drittfächern im Anschluss an eine hochsignifikante einfaktorielle multivariate Varianzanalyse (Wilks' $\lambda = .605$; $F(6,108) = 5.15$, $p = .000$; $\eta^2 = .222$) ebenso hochsignifikante Effekte über den Faktor »Gruppe« in entsprechenden ANOVAs für beide Bereiche »Planung« ($F(3, 55) = 8.87$, $p = .000$; $\eta^2 = .326$) und »Durchführung« ($F(3, 55) = 6.75$, $p = .001$; $\eta^2 = .269$). Post-hoc-Analysen (Scheffé-Test) deckten signifikante Unterschiedseffekte zu allen anderen Subgruppen (Sachunterricht: $p = .002$; Sachunterricht vertieft: $p = .021$; Weitere: $p = .000$) ausschließlich für die Gruppe der Studierenden mit Englisch als Drittfach auf. Deskriptiv weist die Studierendengruppe mit Englisch als Drittfach (M (SD): »U-Planung« = 5.02 (0.57); »U-Durchführung« = 5.10 (0.46)), gefolgt von der Studierendengruppe *mit* vertieftem Sachunterrichtsstudium (M (SD): »U-Planung« = 4.20 (0.50); »U-Durchführung« = 4.73 (0.55)) und *ohne* vertieftem Sachunterrichtsstudium (M (SD): »U-Planung« = 4.12 (0.69);

»U-Durchführung« = 4.33 (0.62)) und der mit den weiteren Fächern als Drittfach (*M* (*SD*): »U-Planung« = 3.88 (0.74); »U-Durchführung« = 4.16 (0.79)) die höchsten Werte auf.

Die zur Begründung ihrer Selbstwirksamkeitseinschätzungen eingesetzten offenen Fragen ergaben mittels der qualitativen Inhaltsanalyse (Mayring, 2015) zusammenfassend die folgenden relevanten Ergebnissen: Ihre überlegen positiven Einschätzungen begründeten die Studierenden *mit* Seminarbesuch unter anderem über die praktische Auseinandersetzung der Verknüpfung von Mehrsprachigkeit und Durchgängiger Sprachbildung mit der Fachdidaktik des naturwissenschaftlichen Sachunterrichts innerhalb des Seminars, da Unterrichtsmaterialien sprachbildend aufbereitet und unterrichtspraktisch erprobt wurden. Das Konzipieren von sprachbildenden Lehr-Lernmaterialien und Aufgabenformaten erwies sich als besondere Schwierigkeit für alle Studierenden im Praxissemester, wobei sich vor allem der Differenzierungsaspekt als herausfordernd darstellte. Weiterhin äußerte die überwiegende Mehrheit der Paderborner Studierenden, dass sie sich durch das Absolvieren des DSSZ-Moduls noch nicht ausreichend vorbereitet fühlen, aber durchaus die Relevanz der Verknüpfung von DaZ und (naturwissenschaftlich-technischem) Sach-/Fachunterricht erkannt haben. Deutlich über drei Viertel aller Studierenden (84 % zu beiden Messzeitpunkten) sprachen sich diesbezüglich über den Besuch des DSSZ-Moduls hinaus für die Integration eines verpflichtenden Ausbildungsanteils zur Sprachbildung im Fach – d. h. verortet in der Fachdidaktik – aus. Die Studierenden wünschen sich zusätzliche Ausbildungsangebote, die sie auch verpflichtend studieren würden, um auf die sprachliche Heterogenität im (naturwissenschaftlich-technischen) Sach-/Fachunterricht besser vorbereitet zu sein. Dabei stimmen die von den Studierenden genannten Umsetzungsmöglichkeiten eines verpflichtenden Ausbildungsanteils mit der Konzeption des Vertiefungsseminars »Diagnose & Förderung« überein.

6　Zusammenfassung, Diskussion und Ausblick

Zusammenfassend zeigt die erste Evaluationsstudie bei allen Master-Sachunterrichtsstudierenden im Laufe ihres Praxissemesters einen Anstieg ihrer Selbstwirksamkeitseinschätzungen gegenüber den Herausforderungen, einen sprachbildenden (naturwissenschaftlich-technischen) Sachunterricht zu planen und durchzuführen. Auch wenn keine signifikante Interaktion nachgewiesen werden konnte, scheint sich das diesbezüglich konzipierte Tandem-Vertiefungsseminar verstärkend auszuwirken, denn die Teilnehmenden des Seminars zeigen im deskriptiven Vergleich die größten Anstiegswerte. Resümiert werden kann weiterhin, dass die alleinige Vorbereitung durch das DSSZ-Modul mit seinem Umfang von nur sechs Leistungspunkten aus Sicht der Paderborner Studierenden nicht ausreicht, um in mehrsprachigen Klassen erfolgreich zu unterrichten. Gestützt wird dieses Ergebnis durch die in der querschnittlichen Studie ermittelte signifikante Überlegenheit der Studierendengruppe mit Englisch als Drittfach, die sich in ihrem Studium – genuin ihrem Unterrichtsfach – intensiv theoretisch und praktisch mit entsprechend relevanten fremdsprachendidaktischen Inhalten auseinandersetzt.

Zweifelsohne erfordern die politischen und bildungspolitischen Entwicklungen zur Inklusion aller Kinder und Jugendlichen – auch mit Fluchterfahrung – eine Auseinandersetzung mit Durchgängiger Sprachbildung auf Lernenden- und Lehrendenseite (McElvany, Jungermann, Bos & Holtappels, 2017). Um Lehramtsstudierende auch im Sinne von Inklusion noch besser auszubilden, steht ein angemessener Umgang mit sprachlicher Heterogenität dabei im Vordergrund (Grosche & Fleischhauer, 2017). Hierzu sind über bestehende Module hinaus (vgl. für einen bundesweiten Überblick: Baumann & Becker-Mrotzek, 2014) weitere Angebote zu schaffen, an denen insbesondere auch die Fachdidaktiken beteiligt werden. Ein entsprechendes Beispiel für ein optionales Ausbildungsangebot, das über das Regelstudium hinausgeht, ist das Projekt »Vielfalt stärken«, in dem sich Lehramtsstudierende zu Förderlehrkräften ausbilden lassen können (Blumberg, Goschler, Heine & Schroeter-Brauss, 2017).

Sowohl zur Entwicklung von Konzepten für den Unterricht als auch für die Lehrerinnen- und Lehrerausbildung zur Durchgängigen Sprachbildung sollte gleichermaßen die Kombination fach- und sprachdidaktischer Expertise genutzt werden (Rank, Wildemann & Hartinger, 2016), auch wenn es darum geht, kumulative Ausbildungs- und Fortbildungsangebote in alle Phasen der Lehrerinnen- und Lehrerausbildung zu implementieren. Zwar liegen bereits einige Ansätze und Konzepte (Benholz & Siems, 2016; Leisen, 2017) vor, doch fehlt es an empirischen Evidenzen. Das in diesem Beitrag vorgestellte Projekt soll diesbezüglich aus der gemeinsamen fach- und sprachdidaktischen Entwicklungsarbeit heraus empirische Hinweise und Erfahrungswerte zur zukünftigen Gestaltung der Lehrerinnen- und Lehrerausbildung erbringen. Die hier vorgestellten Ergebnisse verdeutlichen aus der Perspektive der Grundschullehramtsstudierenden die Relevanz, die sie einer Durchgängigen Sprachbildung zumessen, und den ausgeprägten Wunsch nach einer verstärkten Behandlung der Thematik im Regelstudium. Darüber hinaus bewerten die Teilnehmenden des Vertiefungsseminars dessen Grundkonzeption und vor allem den unterrichtspraktischen Anteil sehr positiv. Im weiteren Verlauf des Projekts wird zu prüfen sein, inwieweit die neu konzipierten Ausbildungsbausteine mit entsprechendem Videomaterial vergleichbare Effekte erzielen.

Literatur

American Association for the Advancement of Science (2015). *Benchmarks for science literacy.* Verfügbar über: www.project2061.org (Datum des Zugriffs: 06.08.2017).

Archie, C., Franz, U. & Noel, P. (2013). *Sprachbildung aus den Naturwissenschaften – Fort- und Ausbildungsmodule zum Aufbau von naturwissenschaftlichen und sprachförderlichen Kompetenzen bei Grundschullehrkräften (BispraNawi).* Verfügbar über: https://¬

www.uni-bamberg.de/fileadmin/ba2gp97/Poster/Poster_DGFF_final.pdf (Datum des Zugriffs: 06.08.2017).

Avci, Ö., Holland, O. & Linden, D. (2013). Merkmal Mehrsprachigkeit. In M. von Saldern (Hrsg.), *Inklusion II. Umgang mit besonderen Menschen* (S. 217-234). Norderstedt: Books on Demand.

Baumann, B. & Becker-Mrotzek, M. (2014). *Sprachförderung und Deutsch als Zweitsprache an deutschen Schulen. Was leistet die Lehrerbildung?* Verfügbar über: http://www.¬mercator-institut-sprachfoerderung.de/fileadmin/user_upload/Mercator-Institut_Was_¬leistet_die_Lehrerbildung_03.pdf (Datum des Zugriffs: 11.08.2017).

Becker-Mrotzek, M., Hentschel, B., Hippmann, K. & Linnemann, M. (2012). *Sprachförderung in deutschen Schulen – die Sicht der Lehrerinnen und Lehrer. Ergebnisse einer Umfrage unter Lehrerinnen und Lehrern.* Verfügbar über: http://www.mercator-institut-¬sprachfoerderung.de/fileadmin/user_upload/Lehrerumfrage_Langfassung_final_30_05_¬03.pdf (Datum des Zugriffs: 10.08.2017).

Beese, M., Benholz, C., Chlosta, C., Gürsoy, E., Hinrichs, B., Niederhaus, C. & Oleschko, S. (2014). *Sprachbildung in allen Fächern.* München: Klett-Langenscheidt.

Benholz, C. & Mavruk, G. (2017). Deutsch als Zweitsprache, Sprachbildung und Mehrsprachigkeit als möglicher Schwerpunkt in allen Praxisphasen – ein innovatives Konzept an der Universität Duisburg-Essen. In M. Becker-Mrotzek, P. Rosenberg, C. W. Schroeder & A. Witte (Hrsg.), *Deutsch als Zweitsprache in der Lehrerbildung* (S. 107-118). Münster: Waxmann.

Benholz, C. & Mensel, U. (2015). Kooperation und Vernetzung – Grundvoraussetzung für die Lehrerbildung in der ersten, zweiten und dritten Phase. In C. Benholz, M. Frank & E. Gürsoy (Hrsg.), *Deutsch als Zweitsprache in allen Fächern. Konzepte für Lehrerbildung und Unterricht* (S. 343–365). Stuttgart: Klett.

Benholz, C. & Rau, S. (2011). *Möglichkeiten der Sprachförderung im Sachunterricht der Grundschule. Kompetenzzentrum ProDaZ der Universität Duisburg-Essen.* Verfügbar über: https://www.uni-due.de/imperia/md/content/prodaz/sprachfoerderung_sachunter¬richt_grundschule.pdf (Datum des Zugriffs: 09.08.2017).

Benholz, C. & Siems, M. (2016). Sprachbildender Unterricht in allen Fächern: Konzepte zur Professionalisierung von Lehrerinnen und Lehrern in den drei Phasen der Lehrerbildung. In B. Koch-Priewe & M. Krüger-Potratz (Hrsg.), *Qualifizierung für sprachliche Bildung. Programme und Projekte zur Professionalisierung von Lehrkräften und pädagogischen Fachkräften* (S. 35–51). Münster: Waxmann.

Bentler, K. (2016). Von ersten Schritten und zweiten Chancen. Erfahrungen als Praxissemesterstudierende in der Arbeit mit neu zugewanderten Schülerinnen und Schülern an der UNESCO-Schule – Über Verzahnung von universitärer Lehre und schulischer Praxis. In C. Benholz, F. Markus & C. Niederhaus (Hrsg.), *Neu zugewanderte Schülerinnen und Schüler – eine Gruppe mit besonderen Potentialen. Beiträge aus Forschung und Schulpraxis* (S. 51–64). Münster: Waxmann.

Blumberg, E., Goschler, J., Heine, L. & Schroeter-Brauss, S. (2017). Wie holt man die Sprache ins Fach – und das Fach in die Sprache? In Mercator-Institut für Sprachförderung und Deutsch als Zweitsprache (Hrsg.), *Blick zurück nach vorn. Perspektiven für sprachliche Bildung in Lehrerbildung und Forschung. Abschlusspublikation der geförderten Forschungs- und Entwicklungsprojekte des Mercator-Instituts* (S. 36–40). Verfügbar über: http://www.mercator-institut-sprachfoerderung.de/publikationen/ (Datum des Zugriffs: 11.08.2017).

Blumberg, E. & Niederhaus, C. (2017). Naturwissenschaftlicher Sachunterricht in der internationalen Vorbereitungsklasse: Sprachliches und fachliches Lernen geflüchteter Kinder fördern – Ein Lehr-Lernprojekt zur sprachsensiblen Entwicklung und Erprobung naturwissenschaftlich-technischer Sachunterrichts in der universitären Ausbildung zukünftiger Sachunterrichtslehrkräfte. In A. Eichstaedt, M. Jung, G. Kniffka & A. Middeke (Hrsg.), *Wie schaffen wir das? Beiträge zur sprachlichen Integration geflüchteter Menschen* (S. 51–71). Göttingen: Universitätsverlag.

Blumberg, E. & Niederhaus, C. (in Vorbereitung). *Durchgängige Sprachbildung im naturwissenschaftlich technischen Sachunterricht der Grundschule. Sprach- und fachdidakti-*

sche Grundlagen und Lehr-Lernmaterialien für einen sprachbildenden naturwissenschaftlich-technischen Sachunterricht. Braunschweig: Westermann.

Döll, M., Hägi-Mead, S. & Settinieri, J. (2017). »Ob ich mich auf eine sprachlich heterogene Klasse vorbereitet fühle? – Etwas!« Studentische Perspektiven auf DaZ und das DaZ-Modul (StuPaDaZ) an der Universität Paderborn. In M. Becker-Mrotzek, P. Rosenberg, C. W. Schroeder & A. Witte (Hrsg.), *Deutsch als Zweitsprache in der Lehrerbildung* (S. 203–215). Münster: Waxmann.

Fischer, N., Hammer, S. & Koch-Priewe, B. (2016). Überzeugungen von Lehramtsstudierenden zu Mehrsprachigkeit in der Schule. In B. Koch-Priewe & M. Krüger-Potratz (Hrsg.), *Qualifizierung für sprachliche Bildung. Programme und Projekte zur Professionalisierung von Lehrkräften und pädagogischen Fachkräften* (S. 147–171). Münster: Waxmann.

Frenzel, B., Niederhaus, C., Peschel, C. & Rüther, A.-K. (2016). »In unserer Schule sind alle im Grunde ins kalte Wasser gesprungen und alle sind nach 'ner Weile belohnt worden durch große Erfolge«. Interviews mit Lehrerinnen und Lehrern zu den Besonderheiten des Unterrichtens neu zugewanderter Schülerinnen und Schüler. In C. Benholz, F. Magnus & C. Niederhaus (Hrsg.), *Neu zugewanderte Schülerinnen und Schüler – eine Gruppe mit besonderen Potentialen. Beiträge aus Forschung und Schulpraxis* (S. 171–196). Münster: Waxmann.

Gantefort, C. & Michalak, M. (2017). Zwischen Sprache und Fach – Deutsch als Zweitsprache im Lehramtsstudium an der Universität zu Köln. In M. Becker-Mrotzek, P. Rosenberg, C. W. Schroeder & A. Witte (Hrsg.), *Deutsch als Zweitsprache in der Lehrerbildung* (S. 61–73). Münster: Waxmann.

Gesellschaft für Didaktik des Sachunterrichts (Hrsg.) (2013). *Perspektivrahmen Sachunterricht.* Bad Heilbrunn: Klinkhardt.

Gibbons, P. (2002). *Scaffolding language, scaffolding learning. Teaching second language learners in the mainstream classroom.* Portsmouth, NH: Heinemann.

Gibbons, P. (2006). *Bridging discourses in the ESL classroom: Students, teachers and researchers.* London: Continuum.

Grosche, M. & Fleischhauer, E. (2017). Implikationen der Theorien der schulischen Inklusion für das Konzept der Förderung von Deutsch als Zweitsprache. In M. Becker-Mrotzek, P. Rosenberg, C. W. Schroeder & A. Witte (Hrsg.), *Deutsch als Zweitsprache in der Lehrerbildung* (S. 155–169). Münster: Waxmann.

Handt, C. & Weis, I. (2015). Sprachförderung im Sachunterricht. In C. Benholz, M. Frank & E. Gürsoy (Hrsg.), *Deutsch als Zweitsprache in allen Fächern. Konzepte für Lehrerbildung und Unterricht* (S. 73–92) Stuttgart: Klett.

Hinz, A. (2015). Inklusion – Ansatz für einen veränderten Umgang mit Heterogenität. In C. Fischer, M. Veber, C. Fischer-Ontrup & R. Buschmann (Hrsg.), *Umgang mit Vielfalt. Aufgaben und Herausforderungen für die Lehrerinnen- und Lehrerbildung* (S. 101–118). Münster: Waxmann.

Kattmann, U. (2007). Didaktische Rekonstruktion – eine praktische Theorie. In D. Krüger & H. Vogt (Hrsg.), *Theorien in der biologiedidaktischen Forschung. Ein Handbuch für Lehramtsstudenten und Doktoranden* (S. 93–104). Berlin: Springer.

Kniffka, G. (2015). Scaffolding – Möglichkeiten, im Fachunterricht sprachliche Kompetenzen zu vermitteln. In M. Michalak & M. Kuchenreuther (Hrsg.), *Grundlagen der Sprachdidaktik Deutsch als Zweitsprache* (3., überarb. Aufl., S. 208–255). Baltmannsweiler: Schneider Hohengehren.

Köhnlein, W. (1984). Zur Konzipierung eines genetischen, naturwissenschaftlich bezogenen Sachunterrichts. In H. F. Bauer & W. Köhnlein (Hrsg.), *Problemfeld Natur und Technik* (S. 193–215). Bad Heilbrunn: Klinkhardt.

Krüger-Potratz, M. & Supik, L. (2014). Deutsch als Zweitsprache in der Lehrerbildung. In B. Ahrenholz & I. Oomen-Welke (Hrsg.), *Deutsch als Zweitsprache* (3. Aufl., S. 298–312). Baltmannsweiler: Schneider Hohengehren.

Leisen, J. (2017). *Handbuch Fortbildung Sprachförderung im Fach: Sprachsensibler Fachunterricht in der Praxis.* Stuttgart: Klett.

Mayring, P. (2015). *Qualitative Inhaltsanalyse. Grundlagen und Techniken* (12., vollst. überarb. und aktual. Aufl.). Weinheim: Beltz.

McElvany, N., Jungermann, A., Bos, W. & Holtappels, H. G. (Hrsg.) (2017). *Ankommen in der Schule: Chancen und Herausforderungen bei der Integration von Kindern und Jugendlichen mit Fluchterfahrung.* Münster: Waxmann.

Ministerium für Schule und Weiterbildung des Landes Nordrhein-Westfalen (2008). *Lehrplan Sachunterricht für die Grundschulen des Landes Nordrhein-Westfalen.* Verfügbar über: www.gew-nrw.de/binarydata/download/Fachgruppen/LP-Sachunterricht_28.1.08.pdf (Datum des Zugriffs: 09.08.17).

Ministerium für Schule und Weiterbildung des Landes Nordrhein-Westfalen (2016). *Gesetz über die Ausbildung für Lehrämter an öffentlichen Schulen (Lehrerausbildungsgesetz LABG, vom 12. Mai 2009, zuletzt geändert durch Gesetz vom 14. Juni 2016).* Verfügbar über: https://www.schulministerium.nrw.de/docs/Recht/LAusbildung/LABG/LABGNeu.¬ pdf (Datum des Zugriffs: 05.08.2017).

Möller, K. (2012). Konstruktion vs. Instruktion oder Konstruktion durch Instruktion? Konstruktionsfördernde Unterstützungsmaßnahmen im Sachunterricht. In H. Giest, E. Heran-Dörr & C. Archie (Hrsg.), *Lernen und Lehren im Sachunterricht. Zum Verhältnis von Konstruktion und Instruktion* (S. 37–50). Bad Heilbrunn: Klinkhardt.

Möller, K., Hardy, I. & Lange, K. (2012). Moving beyond standards: How can we improve elementary science learning? A German perspective. In S. Bernolt, K. Neumann & P. Pentwig (Hrsg.), *Making it tangible – Learning outcomes in science education* (S. 33–58). Münster: Waxmann.

Mundt, F. & Weissflog, J. (2016). Studentischer Erfahrungsbericht und kritische Reflexion aus der sprach- und kultursensiblen Arbeit mit neu zugewanderten Kindern und Jugendlichen. In V. Cornely Harboe, M. Mainzer-Murrenhoff & L. Heine (Hrsg.), *Unterricht mit neu zugewanderten Kindern und Jugendlichen. Interdisziplinäre Impulse für DaF/DaZ in der Schule* (S. 221–238). Münster: Waxmann.

Quehl, T. & Trapp, U. (2013). *Sprachbildung im Sachunterricht der Grundschule.* Münster: Waxmann.

Quehl, T. & Trapp, U. (2015). *Wege zur Bildungssprache im Sachunterricht. Sprachbildung in der Grundschule auf der Basis von Planungsrahmen.* Münster: Waxmann.

Rank, A. (2012). Wie sind Studentinnen des Grundschullehramts auf sprachliche und kulturelle Heterogenität vorbereitet? *Zeitschrift für Grundschulforschung, 5*(2), 79–93.

Rank, A., Wildemann, A. & Hartinger, A. (2016). *Sachunterricht – der geeignete Ort zur Förderung von Bildungssprache?* Verfügbar über: www.widerstreit-sachunterricht.de (Datum des Zugriffs: 06.08.2017).

Reiser, B. J. (2004). Scaffolding complex learning: The mechanisms of structuring and problematizing student work. *Journal of the Learning Sciences, 13*(3), 273–304.

Riebling, L. (2013). *Sprachbildung im naturwissenschaftlichen Unterricht. Eine Studie im Kontext migrationsbedingter sprachlicher Heterogenität.* Münster: Waxmann.

Riemer, C. (2017). Deutsch als Zweitsprache und Inklusion – Gemeinsamkeiten und Unterschiede. Ein fachpolitischer Positionierungsversuch aus der Perspektive des Fachs DaF/DaZ. In M. Becker-Mrotzek, P. Rosenberg, C. W. Schroeder & A. Witte (Hrsg.), *Deutsch als Zweitsprache in der Lehrerbildung* (S. 171–186). Münster: Waxmann.

Saldern, M. von (Hrsg.) (2013). *Inklusion II. Umgang mit besonderen Menschen.* Norderstedt: Books on Demand.

Schnittker, B. (2017). *Auswirkungen einer vertieften praxisorientierten Lehrerausbildung zum sprachsensiblen Sachunterricht – Eine empirische Untersuchung bei Sachunterrichtstudierenden im Praxissemester.* Paderborn: Universität Paderborn: unveröffentlichte Masterarbeit.

Schwarzer, R. & Schmitz, G. S. (1999). *Lehrerselbstwirksamkeits-Skalen – ein Messinstrument zur Lehrerselbstwirksamkeit.* Verfügbar über: http://userpage.fu-berlin.de/%7¬ Ehealth/lehrer_se.htm (Datum des Zugriffs: 07.08.2017).

Schwind, S. (2017). *DaZ in der Lehrerausbildung und in der Unterrichtserfahrung – Auswirkungen auf die Einstellungen von Lehrkräften gegenüber sprachsensiblem Fach-/ Sachunterricht.* Paderborn: Universität Paderborn: unveröffentlichte Masterarbeit.

Settinieri, J. (2017). Aus Deutsch für Ausländer wird Deutsch als Fremdsprache wird Deutsch als Zweitsprache wird Durchgängige Sprachbildung… wird Inklusion? In E. Burwitz-Melzer, F. Königs, C. Riemer & L. Schmelter (Hrsg.), *Inklusion, Diversität und das Lehren und Lernen fremder Sprachen. Arbeitspapiere der 37. Frühjahrskonferenz zur Erforschung des Fremdsprachenunterrichts* (S. 306–313). Tübingen: Narr.

Soostmeyer, M. (1988). *Zur Sache des Sachunterrichts. Begründung eines situations-, handlungs- und sachorientierten Unterrichts in der Grundschule.* Frankfurt am Main: Lang.

Spreckelsen, K. (2004). Phänomenkreise als Entwicklungskerne für das Verstehen-Lernen. In W. Köhnlein & R. Lauterbach (Hrsg.), *Verstehen und begründetes Handeln* (S. 133–144). Bad Heilbrunn: Klinkhardt.

Tajmel, T. (2009). Ein Beispiel: Physikunterricht. In S. Fürstenau & M. Gomolla (Hrsg.), *Migration und schulischer Wandel: Unterricht* (S. 139–155). Wiesbaden: VS.

Tajmel, T. (2011). *Sprachliche Lernziele des naturwissenschaftlichen Unterrichts.* Verfügbar über: https://www.uni-due.de/imperia/md/content/prodaz/sprachliche_lernziele_tajmel.¬pdf (Datum des Zugriffs: 10.08.2017).

Tajmel, T. & Hägi-Mead, S. (2017). *Sprachbewusste Unterrichtsplanung: Prinzipien, Methoden und Beispiele für die Umsetzung.* Münster: Waxmann.

United Nations (2006). *UN convention on the rights of persons with disabilities.* Verfügbar über: www.un.org (Datum des Zugriffs: 05.08.2017).

Vygotsky, L. S. (1978). Interaction between learning and development. In L. S. Vygotsky (Hrsg.), *Mind in society* (S. 79-91). Cambridge, MA: Harvard University Press.

Wendt, H., Schwippert, K. & Stubbe, T. C. (2016). Mathematische und naturwissenschaftliche Kompetenzen von Schülerinnen und Schülern mit Migrationshintergrund. In H. Wendt, W. Bos, C. Selter, O. Köller, K. Schwippert & D. Kasper (Hrsg.), *TIMSS 2015. Mathematische und naturwissenschaftliche Kompetenzen von Grundschulkindern in Deutschland im internationalen Vergleich* (S. 317–331). Münster: Waxmann.

Wildemann, A. & Fornol, S. (2016). *Sprachsensibel unterrichten in der Grundschule – Anregungen für den Deutsch-, Mathematik- und Sachunterricht.* Seelze: Klett/Kallmeyer.

Wood, D., Bruner, J. & Ross, G. (1976). The role of tutoring in problem solving. *Journal of Child Psychology and Psychiatry and Allied Disciplines, 17*(2), 89–100.

Kooperatives Lernen von Studentinnen und Studenten des Lehramts für Grund- und Förderschulen als Vorbereitung auf das ›Team-Teaching‹ im inklusiven Unterricht der Grundschule

Frank Hellmich & Fabian Hoya

Zusammenfassung

Im Zentrum des vorliegenden Beitrags stehen Möglichkeiten des kooperativen Lernens von Studentinnen und Studenten des Lehramts an Grund- und Förderschulen als Vorbereitung auf das ›Team-Teaching‹ im inklusiven Unterricht der Grundschule. Im ersten Teil des Beitrags werden Formen des kooperativen Arbeitens von Lehrerinnen und Lehrern im inklusiven Unterricht vorgestellt. In diesem Zusammenhang werden unter der Berücksichtigung von empirischen Ergebnissen Chancen, aber auch Hindernisse des kooperativen Arbeitens von Grund- und Förderschullehrkräften ausgelotet. Auf dieser Grundlage widmet sich der zweite Teil unseres Beitrags der Frage, wie und auf welche Weise Studentinnen und Studenten des Lehramts an Grund- und Förderschulen auf die Erfordernisse des ›Gemeinsamen Lernens‹ von Kindern, die über sehr unterschiedliche Lernvoraussetzungen und -bedingungen verfügen, vorbereitet und für das ›Team-Teaching‹ qualifiziert werden können. Veranschaulicht wird dies anhand des Forschungsprojekts »Kooperatives Lernen von Lehramtsstudierenden im Zusammenhang mit ihrer Qualifizierung für den inklusiven naturwissenschaftlichen Sachunterricht der Grundschule« (KLinG). Im Rahmen dieses Forschungsprojekts werden Möglichkeiten des kooperativen Arbeitens von Studentinnen und Studenten des Lehramts an Grund- und Förderschulen am Beispiel des Lernbereichs ›Naturwissenschaftlicher Sachunterricht‹ entwickelt, in die universitäre Ausbildungspraxis implementiert und empirisch evaluiert.[1] Der Beitrag schließt mit einer Zusammenfassung und Bilanzierung des gegenwärtigen Erkenntnisstands zum kooperativen Arbeiten von Grund- und Förderschullehrkräften sowie einem Ausblick auf Möglichkeiten der Unterstützung von (angehenden) Lehrkräften durch Aus-, Fort- und Weiterbildungsangebote.

---

1 Das Forschungsprojekt wird vom Bundesministerium für Bildung und Forschung (BMBF) im Rahmen der Bekanntmachung »Qualifizierung der pädagogischen Fachkräfte für inklusive Bildung« gefördert. Das Projekt wird gemeinschaftlich von Frank Hellmich (Universität Paderborn), Eva Blumberg (Universität Paderborn) und Susanne Schwab (Bergische Universität Wuppertal) von Anfang 2018 bis Ende 2020 durchgeführt.

1 Einleitung

Mit der Ratifizierung der »Konvention über die Rechte von Menschen mit Behinderungen der Vereinten Nationen« (UN-Behindertenrechtskonvention) durch die Bundesrepublik Deutschland im Jahr 2009 und dem damit einhergehenden Beschluss des Sekretariats der Ständigen Konferenz der Kultusminister der Länder in der Bundesrepublik Deutschland (2011) zur inklusiven Bildung von Kindern und Jugendlichen mit Behinderungen in Schulen stellen sich auf allen Ebenen des Bildungssystems Fragen nach einer geeigneten Gestaltung von inklusiven Bildungsprozessen in Schulen. Damit gehen auch und gerade Fragen nach den Möglichkeiten der Qualifizierung von (angehenden) Lehrerinnen und Lehrern für die inklusive Unterrichtspraxis in Grundschulen und den weiterführenden Schulen einher. Mit dem Blick auf die Gestaltung von Lernumgebungen für den Unterricht in der Grundschule gilt, dass Grund- und Förderschullehrkräfte zukünftig im Rahmen multiprofessionell zusammengesetzter Teams gemeinsam mit dem Ziel einer bestmöglichen Förderung aller Schülerinnen und Schüler unabhängig von ihren individuellen Lernvoraussetzungen unterrichten (vgl. Sekretariat der Ständigen Konferenz der Kultusminister der Länder in der Bundesrepublik Deutschland, 2011). Die Europäische Agentur für Entwicklungen in der sonderpädagogischen Förderung (2012) hebt in diesem Zusammenhang als eine wichtige Kompetenz von Lehrkräften im inklusiven Unterricht die kooperative »Zusammenarbeit mit anderen« (S. 8 f.) hervor:

> »Kooperation und Teamarbeit sind von zentraler Bedeutung für alle Lehrerinnen und Lehrer. Die Kompetenzbereiche innerhalb dieses Grundwerts beziehen sich auf: [die] Zusammenarbeit mit Eltern und Familien [sowie die] Zusammenarbeit mit anderen Fachkräften aus dem Bildungsbereich.« (S. 8 f.)

Weitgehend ungeklärt ist, wie (angehende) Lehrerinnen und Lehrer im Rahmen der Aus-, Fort- und Weiterbildung konkret auf diese Herausforderungen vorbereitet werden und mit dem Ziel der Zusammenarbeit in multiprofessionell zusammengesetzten Teams lernen können, in einer geeigneten und gewinnbringenden Art und Weise zu kooperieren. Sowohl unter entwicklungsorientiertem Gesichtspunkt liegen mittlerweile verschiedene Ideen und Konzeptionen für die Zusammenarbeit des pädagogischen Personals im inklusiven Unterricht vor (vgl. z. B. Albers, 2012; Fischer, Preiß & Quandt, 2017; Mays, 2016) als auch Forschungsarbeiten zu Gelingensbedingungen des kooperativen Arbeitens von Regel- und Förderschullehrkräften, die sich auf den deutschsprachigen Raum beziehen (vgl. im Überblick Lütje-Klose & Miller, 2017).

2 Kooperatives Arbeiten im inklusiven Unterricht der Grundschule

Als wichtige Voraussetzungen für die Gestaltung inklusiver Bildungsprozesse in Grundschulen wird die kooperative Zusammenarbeit von Grund- und Förderschullehrkräften, Schulsozialarbeiterinnen und -arbeitern, Schulpsychologinnen und -psychologen sowie weiterem pädagogischem Fachpersonal erachtet (Arndt, 2014; Arndt & Werning, 2013; Lütje-Klose & Urban, 2014). Gerade und insbesondere dem ›Team-Teaching‹ von Grund- und Förderschullehrkräften kommt eine wichtige Bedeutung in Hinblick auf die Gestaltung von Lernumgebungen für Schülerinnen und Schüler mit sehr unterschiedlichen Lernvoraussetzungen und Lernbedürfnissen zu (Shaffer & Thomas-Braun, 2015). Voneinander unterschieden werden mit dem Blick auf den inklusiven Unterricht in Grundschulen sowie den weiterführenden Schulen verschiedene Formen der Kooperation (Conderman, Bresnahan & Pedersen, 2009; Saloviita & Takala, 2010; Villa, Thousand & Nevin, 2008). Bei der ersten Form der Kooperation (›supportive teaching‹), die von Saloviita und Takala (2010) auf der Grundlage von Arbeiten von Conderman et al. (2009) sowie Villa et al. (2008) beschrieben wird, übernimmt eine der Lehrpersonen die Hauptrolle, während sich weitere Lehrpersonen im Klassenzimmer für die Unterstützung der Lernprozesse einzelner Kinder bereithalten. Bei der Form des ›station teaching‹ bzw. ›parallel teaching‹ unterrichten verschiedene Lehrpersonen einzelne Kindergruppen im Klassenzimmer. Dabei können die Aufgabenstellungen von Lerngruppe zu Lerngruppe variieren. Bei einer dritten Form des kooperativen Arbeitens (›complementary teaching‹) werden einzelne Lernphasen zunächst von der einen Lehrperson gestaltet, die darauf folgenden dann von einer anderen Lehrperson. Jede einzelne Lehrerin bzw. jeder einzelne Lehrer zeichnet sich dabei für ihre bzw. seine Lernphase verantwortlich. Bei der vierten Form (›team teaching‹), die von Saloviita und Takala (2010) unterschieden wird, unterrichten zwei oder mehr Lehrkräfte gemeinsam. Sie übernehmen die Verantwortung für den Unterricht im Team (Saloviita & Takala, 2010). Insbesondere die zuletzt genannte Form des kooperativen Arbeitens im inklusiven Klassenzimmer kann in Hinblick auf den Gemeinsamen Unterricht und das individualisierte Lernen von Kindern als eine besonders wünschenswerte Variante bezeichnet werden, auch wenn von einem zusätzlichen zeitlichen Mehraufwand für die einzelnen am Unterricht beteiligten Lehrkräfte ausgegangen werden kann.

Lernumgebungen, die von Lehrerinnen und Lehrern gemeinsam im Team gestaltet werden, haben – so konnte nachgewiesen werden – Effekte auf das Engagement und die Interaktionen von Schülerinnen und Schülern im Unterricht (Strogilos & Avramidis, 2016) ebenso wie auf ihre Schulleistungen (Tremblay, 2013). Ronfeldt, Farmer, McQueen und Grissom (2015) untersuchten beispielsweise den Zusammenhang zwischen der Kooperation von Lehrkräften im Unterricht und den Schulleistungen von Schülerinnen und Schülern in den Lernbereichen ›Lesen‹ und ›Mathematik‹. Die Befunde verdeutlichten einen signifikanten Zusammenhang zwischen dem von den Lehrerinnen und Lehrern bekundeten Kooperationsverhalten und den Leistungen der an der Studie beteiligten Schülerinnen und Schüler.

Allerdings gelten multiprofessionelle Kooperationen auch als besondere Herausforderungen. Sie sind durch verschiedene Schwierigkeiten wie unterschiedliche Vorstellungen in Bezug auf die Gestaltung von Lernprozessen einzelner Schülerinnen und Schüler, konkrete Absprachen, Verantwortlichkeiten und Zuständigkeiten im Klassenzimmer sowie Rollenklarheiten gekennzeichnet (Arndt, 2014; Nel, Engelbrecht, Nel & Tlale, 2014; Shaffer & Thomas-Braun, 2015). Erschwerend kommt dabei hinzu, dass Grund- und Förderschullehrkräfte unterschiedlich bezahlt werden bzw. besoldet sind, was sich möglicherweise ungünstig auf die Beziehungen der einzelnen Akteurinnen und Akteure sowie ihre kooperative Zusammenarbeit auswirken kann. Nach einer Studie von Pool Maag und Moser Opitz (2014, S. 133) benennen Förderlehrkräfte sowohl die Teamarbeit als auch »die Aufgabe, bei den Klassenlehrpersonen eine Haltungsänderung im Sinne einer positiven Einstellung zur Inklusion erreichen zu können« als wichtige Herausforderungen für eine gelingende Inklusion. Regel- und Förderschullehrkräfte unterscheiden sich dabei in ihren Einstellungen zum kooperativen Arbeiten im Unterricht und ihren Wahrnehmungen von Zuständigkeiten und Verantwortlichkeiten (Stefanidis & Strogilos, 2015). Die Notwendigkeit förder- bzw. sonderpädagogischer Expertise für die inklusive Unterrichtsentwicklung und eine bestmögliche Unterstützung aller Kinder wird auch im Rahmen qualitativ angelegter Studien von Grundschullehrkräften betont (An & Meany, 2015), allerdings wird ebenfalls deutlich, dass Kooperationen sowohl aus der Sicht von Grund- als auch von Förderschullehrkräften dann als wenig erfolgreich wahrgenommen werden, wenn notwendige Strukturen fehlen oder die Beziehungen im Team untereinander als schwierig empfunden werden (Arndt & Werning, 2013; Gurgur & Uzuner, 2011; Kritikos & Birnbaum, 2003). Als wichtige Gelingensbedingungen werden von Grund- und Förderschullehrkräften das Vorhandensein von Kooperationserfahrungen und gegenseitige positive Beziehungen genannt (Arndt & Werning, 2013). So heben Urban und Lütje-Klose (2014) hervor:

> »Die Intensität der Kooperationsbeziehung steht [...] in einem engen Zusammenhang mit dem vorhandenen Vertrauen und der gegenseitigen Wertschätzung sowie gemeinsam geteilten Werten und Normen und drückt sich aus in aufeinander bezogenem Handeln mit einem gemeinsamen Ziel.« (S. 284)

In einer Untersuchung von Frommherz und Halfhide (2003) zeigte sich allerdings, dass das Gelingen der Zusammenarbeit in erster Linie von der positiven Einstellung und der klaren Entscheidung beider Lehrpersonen zum ›Team-Teaching‹ und weniger von den Erfahrungen oder den Zusammensetzungen des Teams abhängt. Hellmich, Hoya, Görel und Schwab (2017) untersuchten in einer Studie, unter welchen Voraussetzungen Grundschullehrkräfte Bereitschaften zeigen, im inklusiven Unterricht zu kooperieren. Die Befunde aus dieser Untersuchung geben Hinweise darauf, dass die Kooperationsbereitschaft der befragten Grundschullehrerinnen und -lehrer einerseits durch ihre Einstellungen zur Teamarbeit und andererseits durch ihre Erfahrungen aus dem integrativen bzw. inklusiven Unterricht in der Grundschule erklärt werden können.

Damit liegen gegenwärtig bereits einige Hinweise zu Voraussetzungen und Gelingensbedingungen kooperativen Arbeitens von Grund- und Förderschullehrkräften vor, die in der Form einer Zusammenschau in Abbildung 1 dargestellt sind.

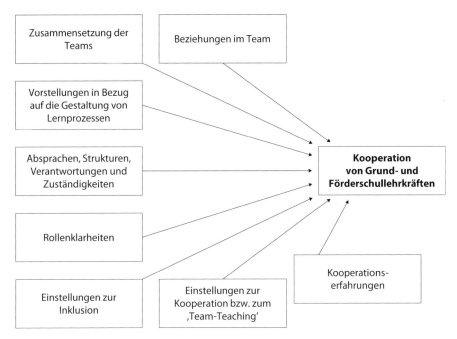

Abb. 1: Erklärungsfaktoren für die Zusammenarbeit von Grund- und Förderschullehrkräften im inklusiven Unterricht (vgl. Arndt, 2014; Arndt & Werning, 2013; Frommherz & Halfhide, 2003; Gurgur & Uzuner, 2011; Hellmich et al., 2017; Kritikos & Birnbaum, 2003; Nel et al., 2014; Pool Maag & Moser Opitz, 2014; Shaffer et al., 2015; Stefanidis & Strogilos, 2015)

Bei den einzelnen Bedingungsfaktoren für die kooperative Zusammenarbeit von Grund- und Förderschullehrkräften, wie sie in Abbildung 1 aufgeführt sind, muss beachtet werden, dass sie hinsichtlich ihrer Ausprägungen jeweils mit dem Blick auf die einzelnen Professionen (Grund- oder Förderschullehrkraft) variieren können. Darüber hinaus stehen noch Untersuchungen zu der Frage aus, wie und auf welche Weise sich die einzelnen Bedingungen auf die Kooperation (bzw. Kooperationsbereitschaft) bei Grund- und Förderschullehrkräften auswirken. Beispielsweise könnte der Einfluss der Kooperationserfahrungen von Grund- und Förderschullehrkräften auf ihre Kooperation (bzw. Kooperationsbereitschaft) durch ihre Einstellungen zur Kooperation bzw. zum ›Team-Teaching‹ mediiert werden. Schließlich ist zu berücksichtigen, dass möglicherweise noch andere Variablen – wie beispielsweise individuelle oder kollektive Selbstwirksamkeitsüberzeugungen – eine Bedeutung für die Kooperationsbereitschaft von Grund- und Förderschullehrkräften haben. Unter Selbstwirksamkeit wird dabei in diesem Zusammenhang

in Anlehnung an Bandura (1997) »die Überzeugung einer Person, das zum Erreichen eines Handlungsergebnisses erforderliche Verhalten erfolgreich ausführen zu
können« (Moschner & Dickhäuser, 2010, S. 760), verstanden.

3 Kooperatives Arbeiten im Studium als Vorbereitung auf das ›Team-Teaching‹ im inklusiven Unterricht der Grundschule

Über (konkrete) Möglichkeiten der Gestaltung inklusiver Lernprozesse ist bislang
noch wenig bekannt, auch wenn gerade in den vergangenen Jahren deutlich mehr
hierzu empirisch gearbeitet worden ist (Lindsay, 2007). Mit dem Blick auf inklusive
Bildungsprozesse in Schulen rücken in diesem Zusammenhang Fragen in den
Vordergrund des Interesses, die die Professionalisierung von (angehenden) Lehrerinnen und Lehrern im Rahmen der Aus-, Fort- und Weiterbildung betreffen. Insbesondere besteht gegenwärtig Forschungsbedarf dazu, wie sich die Lehrerinnen-
und Lehrerbildung in der ersten und zweiten Phase verändern muss, um auf die
Erfordernisse des inklusiven Unterrichts in einer geeigneten Weise vorbereiten zu
können. Beispielsweise wird in den ›Standards für die Lehrerbildung: Bildungswissenschaften‹ der Ständigen Konferenz der Kultusminister der Länder in der
Bundesrepublik Deutschland (2004/2014) deutlich hervorgehoben, dass den Absolventinnen und Absolventen der zweiten Ausbildungsphase, d. h. des Referen-
dariats, »Benachteiligungen, Beeinträchtigungen sowie Barrieren« (S. 9) von Kindern und Jugendlichen bekannt sind und sie diese identifizieren können. Die
Absolventinnen und Absolventen »realisieren pädagogische Unterstützung und
Präventionsmaßnahmen. Sie nutzen hierbei die Möglichkeiten der Kooperation mit
anderen Professionen und Einrichtungen« (S. 9).

Gegenwärtig ist konzeptionell noch wenig bearbeitet, wie und auf welche Weise
Lehramtsstudentinnen und -studenten sowie Referendarinnen und Referendare
zielführend und gewinnbringend auf kooperatives Arbeiten in multiprofessionell
zusammengesetzten Teams vorbereitet werden können. Hinweise darauf, dass
Einführungen in kooperatives Arbeiten bei Lehramtsstudentinnen und -studenten
in universitären Lehrveranstaltungen zu Erfolgen in Bezug auf das Wissen über
kooperative Strukturen im inklusiven Unterricht führen, konnten bereits im Rahmen quasi-experimenteller Studien erbracht werden (Frey & Kaff, 2014). Darüber
hinaus konnte gezeigt werden, dass kooperatives Arbeiten von Studentinnen und
Studenten auch Effekte auf ihre leistungsbezogene Persönlichkeitsentwicklung
haben kann. So wurde nachgewiesen, dass die wahrgenommene Kooperation bei
der Gestaltung von Lernumgebungen im Team bereits bei Lehramtsstudentinnen
und -studenten eine wichtige Determinante für ihre individuellen Selbstwirksamkeitsüberzeugungen in Hinblick auf das Unterrichten in inklusiven Settings ist
(Hamman, Lechtenberger, Griffin-Shirley & Zhou, 2013). Dass erfolgreiche Ko-

operationen auch zu einer Erhöhung der kollektiven Selbstwirksamkeitsüberzeugungen bei Lehramtsstudentinnen und -studenten beitragen können, kann an dieser Stelle vermutet werden (Alavi & McCormick, 2008).

Dem kooperativen Lernen wird auch bei der Gestaltung von Lernumgebungen in der Hochschule eine besondere Bedeutung mit dem Blick auf die Entwicklung sozialer Kompetenzen von Studentinnen und Studenten zugesprochen (Braun, Weiß & Seidel, 2014; Konrad & Traub, 2012). Kooperatives Lernen wird als eine pädagogisch-didaktische Maßnahme verstanden, bei der mindestens zwei oder mehrere Lernende gemeinsam arbeiten, um das persönliche und kollektive Lernen zu maximieren (Carpenter & McMillan, 2003; El-Deghaidy & Nouby, 2008; Johnson & Johnson, 1992; Martschinke & Kopp, 2014; Reinmann-Rothmeier & Mandl, 2002). Kooperatives Lernen ermöglicht »Diskussionen, Argumentationen, persönliche Stellungnahmen und Debatten« der Lernenden mit dem Ziel der Öffnung individueller Perspektiven (Tippelt & Kadera, 2014, S. 474). Studierende, die kooperativ lernen, können sich in Gruppendiskussionen von falschen Vorstellungen lösen und durch gemeinsame Erarbeitungen passende Konzepte entwerfen (Bodner, Metz & Tobin, 1997).

Die Effekte kooperativen Lernens auf die Lernleistung, auf die Lernmotivation und auf selbstbezogene Kognitionen wurden umfassend untersucht (Blasco-Arcas, Buil, Hernández-Ortega & Sese, 2013; Fushino, 2011; Gömleksiz, 2007; Jürgen-Lohmann, Borsch & Giesen, 2001; Krause, Stark & Mandl, 2004, 2009; Pan & Wu, 2013; Tran, 2014; Tran & Lewis, 2012; Yeh & Fu, 2014). Hattie (2009) konnte in seiner Synthese über Meta-Analysen eine hohe Effektstärke ($d = .59$) für das kooperative Lernen in Hinblick auf die Leistungen von Lernenden im Vergleich zum individuellen Lernen nachweisen. In einer Meta-Analyse von Springer, Stanne und Donovan (1999) zeigte sich auf der Grundlage von insgesamt 37 Studien mit Studentinnen und Studenten der Studienfächer Mathematik, Informatik, Naturwissenschaften und Technik, dass diejenigen Studierenden, die kooperativ in Lehrveranstaltungen gearbeitet hatten, bessere Leistungen erzielten, eine höhere Ausdauer beim Bearbeiten von Aufgaben aufwiesen sowie dem Lernen gegenüber positiver eingestellt waren als ihre Kommilitoninnen und Kommilitonen. Die Effektivität kooperativen Lernens ist – so konnte auch gezeigt werden – abhängig von dem Engagement und den Interaktionen der einzelnen Gruppenmitglieder (Blasco-Arcas et al., 2013). Die kooperative Erarbeitung von Aufgaben ermöglicht eine Erhöhung der Selbstwirksamkeitsüberzeugungen der einzelnen Teilnehmerinnen und Teilnehmer (Crone & Portillo, 2013; Townsend, Moore, Tuck & Wilton, 1998), führt zu positiven Einstellungen zum Lerngegenstand (Gömleksiz, 2007; Jürgen-Lohmann et al., 2001; Tran & Lewis, 2012), begünstigt die intrinsische Motivation (Ning & Hornby, 2014; Pan & Wu, 2013) – verstanden als »der Wunsch oder die Absicht«, »eine bestimmte Handlung durchzuführen, weil die Handlung selbst als interessant, spannend, herausfordernd usw. erscheint« (Schiefele & Köller, 2010, S. 336) – und beeinflusst die Zufriedenheit der einzelnen Gruppenmitglieder (Gatfield, 1999; Onrubia, Rochera & Engel, 2015). Fähigkeiten im kooperativen Lernen können durch Trainings erlernt werden. Einführungen in kooperatives Lernen haben einen positiven Einfluss auf Lernergebnisse und -strategien (Jurkowski & Hänze, 2015; Pifarré, Cobost & Argelagós, 2013; Prichard, Stratford & Bizo, 2006).

Allerdings wird auf der Grundlage verschiedener Untersuchungen auch deutlich, dass kooperatives Lernen nicht zwangsläufig unter jeder Bedingung zu Lernerfolgen und Engagement bei der Gruppenarbeit bei allen beteiligten Studierenden führt (im Überblick vgl. Renkl, 2008; Wecker & Fischer, 2014). Kooperatives Lernen ist erst dann erfolgreich, wenn Aufgaben- und Problemstellungen in Teamarbeit unter der Beteiligung aller Gruppenmitglieder bearbeitet werden (Herrmann, 2013; Nihalani, Wilson, Thomas & Robinson, 2010; Thanh, Gillies & Renshaw, 2008). Entsprechende Instruktionen, Unterstützungen sowie strukturierende Maßnahmen beim kooperativen Lernen sind dabei – so wird angenommen – von unerlässlicher Bedeutung, will man kooperatives Lernen erfolgreich gestalten (Martschinke & Kopp, 2014; Renkl, 2008). Mit dem Blick auf die Vorbereitung von Studentinnen und Studenten des Lehramts an Grund- und Förderschulen auf die Erfordernisse der Gestaltung des inklusiven Unterrichts ist zusammenfassend gegenwärtig noch ungeklärt, wie und unter welchen Voraussetzungen kooperatives Lernen besonders erfolgreich unterstützt werden kann.

4 Kooperatives Arbeiten von Studentinnen und Studenten des Lehramts für Grund- und Förderschulen im Lernbereich ›Naturwissenschaftlicher Sachunterricht‹

Im Rahmen des Forschungsprojekts »Kooperatives Lernen von Lehramtsstudierenden im Zusammenhang mit ihrer Qualifizierung für den inklusiven naturwissenschaftlichen Sachunterricht der Grundschule« (KLinG) werden Möglichkeiten des kooperativen Lernens von Studierenden des Lehramts an Grund- und Förderschulen mit dem Ziel ihrer fachlichen und fachdidaktischen Qualifizierung für den inklusiven naturwissenschaftlichen Sachunterricht der Grundschule entwickelt und empirisch evaluiert. Dabei werden Effekte des kooperativen Arbeitens von Studentinnen und Studenten des Lehramts an Grund- und Förderschulen auf ihre Einstellungen zur Inklusion und zum kooperativen Arbeiten (Gömleksiz, 2007; Pool Maag & Moser Opitz, 2014; Tran & Lewis, 2012), auf ihre individuellen und kollektiven Selbstwirksamkeitsüberzeugungen (Alavi & McCormick, 2008; Crone & Portillo, 2013; Hamman et al., 2013) sowie ihre Motivation in Hinblick auf die Planung und Gestaltung inklusiv ausgerichteten Unterrichts (Ning & Hornby, 2014; Pan & Wu, 2013) angenommen. Für die Überprüfung dieser Forschungshypothesen dient ein quasi-experimentelles Design. Studentinnen und Studenten des Lehramts an Grund- und Förderschulen werden im Rahmen des Forschungsprojekts verschiedene Module absolvieren. Die Studierenden der Experimentalgruppe werden dabei in Lerntandems arbeiten, die jeweils aus einem Studierenden des Lehramts an Grundschulen und einem des Lehramts für Förderschulen bestehen. Der Experimentalgruppe werden zwei Kontrollgruppen gegenübergestellt: Die eine Kontrollgruppe besteht aus Studierenden des Lehramts an Grundschulen, die andere aus Studierenden des Lehramts für Förderschulen.

Das Forschungsprojekt ist in die Vorbereitungsveranstaltungen des Praxissemesters (Masterstudiengänge ›Grundschule‹ und ›Inklusion und Sonderpädagogische Förderung‹) der Universität Paderborn integriert. Die Studierenden des Lehramts an Grund- und Sonderschulen werden konkret an den Vorbereitungsseminaren zum ›Lernen im naturwissenschaftlichen Sachunterricht‹ teilnehmen. Während für die beiden Kontrollgruppen jeweils zwei lehramtsspezifische Lehrveranstaltungen angeboten werden, wird für die Experimentalgruppe eine Lehrveranstaltung realisiert, an der Studierende des Lehramts für Grundschulen *und* Studierende des Lehramts für Förderschulen teilnehmen.

In Anlehnung an Fushino (2011) werden die einzelnen Studierendengruppen jeweils drei Module absolvieren. Im ersten Modul erfahren die Studierenden dabei eine Einführung in kooperatives Lernen. Im Rahmen eines zweiten Moduls werden die Studierenden in Formen der Diagnostik und Förderung von Kindern im naturwissenschaftlichen Sachunterricht eingeführt. Hierfür wurde beispielhaft das Thema ›Nutzung und Erzeugung erneuerbarer Energien‹ ausgewählt. Anhand von Videomaterialien lernen die an dem Forschungsprojekt beteiligten Studentinnen und Studenten Lernvoraussetzungen bei Kindern im Grundschulalter zu diagnostizieren und anhand der jeweiligen Lernausgangslagen der einzelnen Schülerinnen und Schüler Förderangebote abzuleiten. In einem dritten Modul werden die Studentinnen und Studenten dann jeweils zu zweit inklusiv zusammengesetzte Gruppen von fünf oder sechs Kindern im Sachunterricht zu dem Thema ›Nutzung und Erzeugung erneuerbarer Energien‹ im Umfang von drei Unterrichtsstunden unterrichten. Für die Gestaltung der Lernumgebungen werden den Studierenden Materialien sowie Lehr-Lernskripts zur Verfügung gestellt. Die Studierenden werden vorab gebeten, die Lernausgangslagen der Kinder gemäß einem aus dem zweiten Modul bereits angewendeten Kategorienraster zu diagnostizieren. Die von den Studierenden zu entwerfenden Lernumgebungen sind an dem Prinzip der ›Inklusionsdidaktischen Netze‹ (Kahlert & Heimlich, 2012) orientiert: Das Lernen erfolgt an einem gemeinsamen Lerngegenstand. Die Lernwege und Lernentwicklungen der Kinder werden im Rahmen der Unterrichtsreihe individuell bestimmt. Prä- und postexperimentell werden die Studentinnen und Studenten anhand eines Fragebogens zu ihren Einstellungen zur Inklusion und zum kooperativen Lernen, zu ihren individuellen und kollektiven Selbstwirksamkeitsüberzeugungen, zu ihrer Zufriedenheit beim kooperativen Lernen sowie zu ihrer Lernmotivation befragt. Nach ca. einem halben Jahr wird die Nachhaltigkeit der einzelnen Interventionen im Rahmen einer zweiten postexperimentellen Befragung in den Blick genommen. Während der Interventionen werden die Studierenden gebeten, in Logbüchern (vgl. hierzu Wang, Duh, Li, Lin & Tsai, 2014) Stellung zu der Aufgabenverteilung in den Lerntandems, zu ihrem wahrgenommenen Engagement, ihrer perzipierten Beteiligung beim kooperativen Lernen sowie zu ihren wahrgenommenen Interaktionen zu nehmen. Mit dem Einsatz der Logbücher wird das Ziel verfolgt, auf einer prozessbezogenen Ebene Informationen über die kooperative Zusammenarbeit der Studierenden während der einzelnen Treatments zu erhalten.

5   Zusammenfassung und Fazit

Im Rahmen des vorliegenden Beitrags wurde die kooperative Zusammenarbeit von Grund- und Förderschullehrkräften im inklusiven Unterricht der Grundschule in den Blick genommen. Es wurde danach gefragt, wie und auf welche Weise die kooperative Zusammenarbeit von (angehenden) Grund- und Förderschullehrkräften im Rahmen der Aus-, Fort- und Weiterbildung angebahnt und entwickelt werden können. Ein besonderes Augenmerk wurde dabei auf die Ausbildung von Studentinnen und Studenten des Lehramts an Grund- und Förderschulen in der ersten Phase der Lehrerinnen- und Lehrerbildung gelegt.

Die Intensität der Kooperationen von Grund- und Förderschullehrkräften kann – folgt man Saloviita und Takala (2010) – je nach konzeptioneller Ausrichtung in nicht unerheblicher Weise variieren. Bei der am stärksten ausgeprägten Form der Unterrichtskooperation, dem ›Team Teaching‹, unterrichten zwei (oder auch mehrere) Lehrerinnen und Lehrer gemeinsam. Betrachtet man die Belange, die der inklusive Unterricht in der Grundschule mit sich bringt (vgl. z. B. Hellmich & Blumberg, 2017), so kann das ›Team Teaching‹ im Sinne von Saloviita und Takala (2010) als die wünschenswerteste Variante kooperativen Arbeitens von Grund- und Förderschullehrkräften aufgefasst werden. Mit dieser Form der Kooperation geht ohne Zweifel ein zeitlicher Mehraufwand an gemeinsamer Unterrichtsplanung bei Grund- und Förderschullehrkräften einher. Erfolgreiche Kooperationen von Grund- und Förderschullehrkräften sind daneben, wie verschiedene Studien aufdecken, von weiteren individuellen Bedingungen wie Rollenklarheiten (Arndt, 2014; Nel et al., 2014; Shaffer & Thomas-Braun, 2015), Einstellungen und Haltungen gegenüber der Inklusion in Schule und Unterricht (Pool Maag & Moser Opitz, 2014), Einstellungen zum kooperativen Arbeiten im Unterricht, Wahrnehmungen von Zuständigkeiten und Verantwortlichkeiten (Frommherz & Halfhide, 2003; Stefanidis & Strogilos, 2015), Strukturen und Beziehungen im Team (Arndt & Werning, 2013; Gurgur & Uzuner, 2011; Kritikos & Birnbaum, 2003) sowie vorhandenen (Kooperations-)Erfahrungen aus dem integrativen bzw. inklusiven Unterricht (Arndt & Werning, 2013; Hellmich et al., 2017) abhängig. Die Bedeutung individueller oder kollektiver Selbstwirksamkeitsüberzeugungen – in Anlehnung an Bandura (1997) verstanden als die Überzeugung(en), den Erfordernissen des inklusiven Unterrichts selbstständig oder gemeinsam gerecht werden zu können – sind im Zusammenhang mit der Kooperation (bzw. Kooperationsbereitschaft) von Grund- und Förderschullehrkräften bislang nur wenig untersucht (vgl. Hellmich et al., 2017).

Fraglich ist, welche der hier genannten Bedingungsfaktoren im Rahmen der Aus-, Fort- und Weiterbildung von (angehenden) Grund- und Förderschullehrkräften vielversprechend angebahnt und entwickelt werden können. Während Rollenklarheiten oder strukturelle Rahmenbedingungen des gemeinsamen und gleichberechtigten Unterrichtens wie die Verteilung von Zuständigkeiten und Verantwortlichkeiten sicherlich planvoll vorbereitet werden können, sind insbesondere Beziehungen im Team vermutlich eher abhängig von den personellen Zusammensetzungen der einzelnen Akteurinnen und Akteure. Die Herausforderung für

Schulleiterinnen und -leiter wird es zukünftig sein – so kann jedenfalls angenommen werden –, Teams aus Grund- und Förderschullehrkräften für den inklusiven Unterricht in der Grundschule so zusammenzustellen, dass sie unter persönlichem Aspekt harmonieren, sich gegenseitig wertschätzen und vertrauen (vgl. Urban & Lütje-Klose, 2014). Ein gewisses Maß an Selbstbestimmung bei der Wahl von Kooperationspartnerinnen und -partnern müsste den Grundschul- und Förderschullehrkräften dabei zugestanden werden, sofern dies die personellen Ressourcen und Strukturen an den jeweiligen Grundschulen erlauben.

Als probates Mittel, um bereits Lehramtsstudentinnen und -studenten Wissen über kooperative Strukturen zu vermitteln, gelten nach Frey und Kaff (2014) Einführungen in kooperatives Arbeiten im Rahmen universitärer Lehrveranstaltungen. National und international betrachtet steht die Entwicklung von Lehr-Lernskripts für die Vermittlung von Wissen über kooperative Strukturen sowie grundlegender Fähigkeiten im Bereich des kooperativen Arbeitens mit dem Fokus auf ›Team-Teaching‹ im inklusiven Klassenzimmer, an dem Lehrkräfte verschiedener Professionen beteiligt sind, für die Aus-, Fort- und Weiterbildung von Lehrkräften noch aus und können damit als ein Desiderat bezeichnet werden. Im Rahmen des in diesem Beitrag vorgestellten Forschungsprojekts »Kooperatives Lernen von Lehramtsstudierenden im Zusammenhang mit ihrer Qualifizierung für den inklusiven naturwissenschaftlichen Sachunterricht der Grundschule« (KLinG) werden solche Lehr-Lernskripts erstellt und vor dem Hintergrund eines quasi-experimentellen Designs in Hinblick auf ihre Wirkungen untersucht. Übergeordnetes Ziel bei dem Forschungsprojekt KLinG ist es, auf der Grundlage einer Vermittlung von Wissen über kooperative Strukturen Effekte des kooperativen Arbeitens von Studentinnen und Studenten des Lehramts für Grund- und Förderschulen zu prüfen. Die Ergebnisse aus der sich noch in Planung befindenden Studie werden voraussichtlich Aufschluss über Möglichkeiten des kooperativen Lernens von Studierenden des Lehramts an Grund- und Förderschulen mit dem Ziel ihrer fachlichen und fachdidaktischen Qualifizierung für den inklusiven naturwissenschaftlichen Sachunterricht der Grundschule geben. Dabei sind auch Transfereffekte der Erträge des Forschungsprojekts auf die Fort- und Weiterbildung von bereits in der Unterrichtspraxis tätigen Grund- und Förderschullehrkräften zu erwarten.

Literatur

Alavi, S. B. & McCormick, J. (2008). The roles of perceived task interdependence and group members' interdependence in the development of collective efficacy in university student group contexts. *British Journal of Educational Psychology, 78*(3), 375–393.

Albers, T. (2012). Multiprofessionell unterrichten. Gemeinsames Unterrichten in inklusiven Lerngruppen. *Grundschule, 44*(3), 10–13.

An, J. & Meaney, K. S. (2015). Inclusion practices in elementary physical education: A social-cognitive perspective. *International Journal of Disability, Development and Education, 62* (2), 143–157.

Arndt, A.-K. (2014). Multiprofessionelle Teams bei der Umsetzung inklusiver Bildung. *Archiv für Wissenschaft und Praxis der sozialen Arbeit, 45*(1), 72–79.

Arndt, A.-K. & Werning, R. (2013). Unterrichtsbezogene Kooperation von Regelschullehrkräften und Lehrkräften für Sonderpädagogik. Ergebnisse eines qualitativen Forschungsprojektes. In R. Werning & A.-K. Arndt (Hrsg.), *Inklusion: Kooperation und Unterricht entwickeln* (S. 12–40). Bad Heilbrunn: Klinkhardt.

Bandura, A. (1997). *Self-efficacy: The exercise of control.* New York, NY: Freeman.

Blasco-Arcas, L., Buil, I., Hernández-Ortega, B. & Sese, F. J. (2013). Using clickers in class. The role of interactivity, active collaborative learning and engagement in learning performance. *Computers & Education, 62*, 102–110.

Bodner, G. M., Metz, P. A. & Tobin, K. (1997). Cooperative learning: An alternative to teaching at a medieval university. *Australian Science Teachers Journal, 43*(1), 23–28.

Braun, E., Weiß, T. & Seidel, T. (2014). Lernumwelten in der Hochschule. In T. Seidel & A. Krapp (Hrsg.), *Pädagogische Psychologie* (6., vollst. überarb. Aufl., S. 433–454). Weinheim: Beltz.

Carpenter, S. R. & McMillan, T. (2003). Incorporation of a cooperative learning technique in organic chemistry. *Journal of Chemical Education, 80*(3), 330–332.

Conderman, G. J., Bresnahan, M. V. & Pedersen, T. (2009). *Purposeful co-teaching: Real cases and effective strategies.* Thousand Oaks, CA: Corwin.

Crone, T. S. & Portillo, M. C. (2013). Jigsaw variations and attitudes about learning and the self in cognitive psychology. *Teaching of Psychology, 40*(3), 246–251.

El-Deghaidy, H. & Nouby, A. (2008). Effectiveness of a blended e-learning cooperative approach in an Egyptian teacher education programme. *Computers & Education, 51*(3), 988–1006.

Europäische Agentur für Entwicklungen in der sonderpädagogischen Förderung (2012). *Inklusionsorientierte Lehrerbildung. Ein Profil für inklusive Lehrerinnen und Lehrer.* Odense: Selbstverlag.

Fischer, E., Preiß, H. & Quandt, J. (2017). *Kooperation – der Schlüssel für Inklusion!? Studien zur Zusammenarbeit zwischen Lehrkräften allgemeiner Schulen und Lehrkräften für Sonderpädagogik.* Oberhausen: Athena.

Frey, L. M. & Kaff, M. S. (2014). Results of co-teaching instruction to special education teacher candidates in Tanzania. *Journal of the International Association of Special Education, 15*(1), 4–15.

Frommherz, B. & Halfhide, T. (2003). *Teamteaching an Unterstufenklassen der Stadt Zürich. Beobachtungen in sechs Klassen.* Zürich: Pädagogisches Institut der Universität Zürich.

Fushino, K. (2011). Students' reactions to a group project in a university English-as-a-foreign-language class for cultural understanding. *Intercultural Education, 22*(4), 301–316.

Gatfield, T. (1999). Examining student satisfaction with group projects and peer assessment. *Assessment & Evaluation in Higher Education, 24*(4), 365–377.

Gömleksiz, M. N. (2007). Effectiveness of cooperative learning (jigsaw II) method in teaching English as a foreign language to engineering students (Case of Firat University, Turkey). *European Journal of Engineering Education, 32*(5), 613–625.

Gurgur, H. & Uzuner, Y. (2011). Examining the implementation of two co-teaching models: Team teaching and station teaching. *International Journal of Inclusive Education, 15*(6), 589–610.

Hamman, D., Lechtenberger, D., Griffin-Shirley, N. & Zhou, L. (2013). Beyond exposure to collaboration: Preparing general-education teacher candidates for inclusive practice. *The Teacher Educator, 48*(4), 244–256.

Hattie, J. A. C. (2009). *Visible Learning. A synthesis of over 800 meta-analyses relating to achievement.* London & New York: Routledge.

Hellmich, F. & Blumberg, E. (Hrsg.) (2017). *Inklusiver Unterricht in der Grundschule.* Stuttgart: Kohlhammer.

Hellmich, F., Hoya, F., Görel, G. & Schwab, S. (2017). Unter welchen Voraussetzungen kooperieren Grundschullehrkräfte im inklusiven Unterricht? – Eine Studie zu den Bedingungen der Kooperationsbereitschaft von Grundschullehrerinnen und -lehrern im inklusiven Unterricht. *Empirische Sonderpädagogik, 8*(1), 36–51.

Herrmann, K. J. (2013). The impact of cooperative learning on student engagement: Results from an intervention. *Active Learning in Higher Education, 14*(3), 175–187.

Johnson, D. & Johnson, R. (1992). Positive interdependency: Key to effective cooperation. In R. Hertz-Lazarowitz & N. Miller (Hrsg.), *Interaction in cooperative groups: The theoretical anatomy of group learning* (S. 174–199). Cambridge: Cambridge University Press.

Jürgen-Lohmann, J., Borsch, F. & Giesen, H. (2001). Kooperatives Lernen an der Hochschule: Evaluation des Gruppenpuzzles in Seminaren der Pädagogischen Psychologie. *Zeitschrift für Pädagogische Psychologie, 15*(2), 74–84.

Jurkowski, S. & Hänze, M. (2015). How to increase the benefits of cooperation: Effects of training in transactive communication on cooperative learning. *British Journal of Educational Psychology, 85*(3), 357–371.

Kahlert, J. & Heimlich, U. (2012). Inklusionsdidaktische Netze – Konturen eines Unterrichts für alle (dargestellt am Beispiel des Sachunterrichts). In U. Heimlich & J. Kahlert (Hrsg.), *Inklusion in Schule und Unterricht. Wege zur Bildung für alle* (S. 153–190). Stuttgart: Kohlhammer.

Konrad, K. & Traub, S. (2012). *Kooperatives Lernen. Theorie und Praxis in Schule, Hochschule und Erwachsenenbildung*. Baltmannsweiler: Schneider Hohengehren.

Krause, U.-M., Stark, R. & Mandl, H. (2004). Förderung des computerbasierten Wissenserwerbs durch kooperatives Lernen und eine Feedbackmaßnahme. *Zeitschrift für Pädagogische Psychologie, 18*(2), 125–136.

Krause, U.-M., Stark, R. & Mandl, H. (2009). The effects of cooperative learning and feedback on e-learning in statistics. *Learning and Instruction, 19*(2), 158–170.

Kritikos, E. P. & Birnbaum, B. (2003). General education and special education teachers' beliefs regarding collaboration. *Learning Disabilities: A Multidisciplinary Journal, 12*(3), 93–100.

Lindsay, G. (2007). Educational psychology and the effectiveness of inclusive education/ mainstreaming. *British Journal of Educational Psychology, 77*(1), 1–24.

Lütje-Klose, B. & Miller, S. (2017). Kooperation von Lehrkräften mit allgemeinem und sonderpädagogischem Lehramt in inklusiven Settings. Forschungsergebnisse aus Deutschland, Österreich und der Schweiz. In B. Lütje-Klose, S. Miller, S. Schwab & B. Streese (Hrsg.), *Inklusion: Profile für die Schul- und Unterrichtsentwicklung in Deutschland, Österreich und der Schweiz* (S. 203–214). Münster: Waxmann.

Lütje-Klose, B. & Urban, M. (2014). Professionelle Kooperation als wesentliche Bedingung inklusiver Schul- und Unterrichtsentwicklung. Teil 1: Grundlagen und Modelle inklusiver Kooperation. *Vierteljahresschrift für Heilpädagogik und ihre Nachbargebiete, 83*(2), 112–123.

Martschinke, S. & Kopp, B. (2014). Kooperatives Lernen. In W. Einsiedler, M. Götz, A. Hartinger, F. Heinzel, J. Kahlert & U. Sandfuchs (Hrsg.), *Handbuch Grundschulpädagogik und Grundschuldidaktik* (4., erg. und aktual. Aufl., S. 397–401). Stuttgart: Klinkhardt.

Mays, D. (2016). *Wir sind ein Team! Multiprofessionelle Kooperation in der inklusiven Schule*. München: Reinhardt.

Moschner, B. & Dickhäuser, O. (2010). Selbstkonzept. In D. H. Rost (Hrsg.), *Handwörterbuch Pädagogische Psychologie* (4., überarb. u. erw. Aufl., S. 760–767). Weinheim: Beltz/ PVU.

Nel, M., Engelbrecht, P., Nel, N. & Tlale, D. (2014). South African teachers' views of collaboration within an inclusive education system. *International Journal of Inclusive Education, 18*(9), 903–917.

Nihalani, P. K., Wilson, H. E., Thomas, G. & Robinson, D. H. (2010). What determines high- and low-performing groups? The superstar effect. *Journal of Advanced Academics, 21*(3), 500–529.

Ning, H. & Hornby, G. (2014). The impact of cooperative learning on tertiary EFL learners' motivation. *Educational Review, 66*(1), 108–124.

Onrubia, J., Rochera, M. J. & Engel, A. (2015). Promoting individual and group regulated learning in collaborative settings: An experience in higher education. *Electronic Journal of Research in Educational Psychology, 13*(1), 189–210.

Pan, C. Y. & Wu, H. Y. (2013). The cooperative learning effects on English reading comprehension and learning motivation of EFL freshmen. *English Language Teaching*, 6(5), 13–27.

Pifarré, M., Cobost, R. & Argelagós, E. (2013). Incidence of group awareness information on students' collaborative learning processes. *Journal of Computer Assisted Learning*, 30(4), 300–317.

Pool Maag, S. & Moser Opitz, E. (2014). Inklusiver Unterricht – grundsätzliche Fragen und Ergebnisse einer explorativen Studie. *Empirische Sonderpädagogik*, 6(2), 133–149.

Prichard, J. S., Stratford, R. J. & Bizo, L. A. (2006). Team-skills training enhances collaborative learning. *Learning and Instruction*, 16(3), 256–265.

Reinmann-Rothmeier, G. & Mandl, H. (2002). Analyse und Förderung kooperativen Lernens in netzbasierten Umgebungen. *Zeitschrift für Entwicklungspsychologie und Pädagogische Psychologie*, 34(1), 44–57.

Renkl, A. (2008). Kooperatives Lernen. In W. Schneider & M. Hasselhorn (Hrsg.), *Handbuch der Pädagogischen Psychologie* (S. 84–94). Göttingen: Hogrefe.

Ronfeldt, M., Farmer, S. O., McQueen, K. & Grissom, J. A. (2015). Teacher collaboration in instructional teams and student achievement. *American Educational Research Journal*, 52 (3), 475–514.

Saloviita, T. & Takala, M. (2010). Frequency of co-teaching in different teacher categories. *European Journal of Special Needs Education*, 25(4), 389–396.

Schiefele, U. & Köller, O. (2010). Intrinsische und extrinsische Motivation. In D. H. Rost (Hrsg.), *Handwörterbuch Pädagogische Psychologie* (4., überarb. u. erw. Aufl., S. 336–344). Weinheim: Beltz/PVU.

Sekretariat der Ständigen Konferenz der Kultusminister der Länder in der Bundesrepublik Deutschland (2004/2014). *Standards für die Lehrerbildung: Bildungswissenschaften*. Verfügbar über: www.kmk.org (Datum des Zugriffs: 23.10.2017).

Sekretariat der Ständigen Konferenz der Kultusminister der Länder in der Bundesrepublik Deutschland (2011). *Inklusive Bildung von Kindern und Jugendlichen mit Behinderungen in Schulen (Beschluss der Kultusministerkonferenz vom 20.10.2011)*. Verfügbar über: https://www.kmk.org/fileadmin/Dateien/veroeffentlichungen_beschluesse/2011/2011_¬10_20-Inklusive-Bildung.pdf (Datum des Zugriffs: 23.10.2017).

Shaffer, L. & Thomas-Brown, K. (2015). Enhancing teacher competency through co-teaching and embedded professional development. *Journal of Education and Training Studies*, 3(3), 117–125.

Springer, L., Stanne M. E. & Donovan, S. S. (1999). Effects of small-group learning on undergraduates in science, mathematics, engineering, and technology: A meta-analysis. *Review of Educational Research*, 69(1), 21–51.

Stefanidis, A. & Strogilos, V. (2015). Union gives strength: Mainstream and special education teachers' responsibilities in inclusive co-taught classrooms. *Educational Studies*, 41(4), 393–413.

Strogilos, V. & Avramidis, E. (2016). Teaching experiences of students with special educational needs in co-taught and non-co-taught classes. *Journal of Research in Special Educational Needs*, 16(1), 24–33.

Thanh, P. T. H., Gillies, R. & Renshaw, P. (2008). Cooperative learning (CL) and academic achievement of Asian students: A true story. *International Education Studies*, 1(3), 82–88.

Tippelt, R. & Kadera, S. (2014). Lernumwelten in der Erwachsenen- und Weiterbildung. In T. Seidel & A. Krapp (Hrsg.), *Pädagogische Psychologie* (6., vollst. überarb. Aufl., S. 455–482). Weinheim: Beltz.

Townsend, M. A. R., Moore, D. W., Tuck, B. F. & Wilton, K. M. (1998). Self-concept and anxiety in university students studying social science statistics within a co-operative learning structure. *Educational Psychology*, 18(1), 41–54.

Tran, V. D. (2014). The effects of cooperative learning on the academic achievement and knowledge retention. *International Journal of Higher Education*, 3(2), 131–140.

Tran, V. D. & Lewis, R. (2012). Effects of cooperative learning on students at An Giang University in Vietnam. *International Education Studies*, 5(1), 86–99.

Tremblay, P. (2013). Comparative outcomes of two instructional models for students with learning disabilities: Inclusion with co-teaching and solo-taught special education. *Journal of Research in Special Educational Needs, 13*(4), 251–258.

Urban, M. & Lütje-Klose, B. (2014). Professionelle Kooperation als wesentliche Bedingung inklusiver Schul- und Unterrichtsentwicklung. Teil 2: Forschungsergebnisse zu intra- und interprofessioneller Kooperation. *Vierteljahresschrift für Heilpädagogik und ihre Nachbargebiete, 83*(4), 283–294.

Villa, R. A., Thousand, J. S. & Nevin, A. I. (2008). *A guide to co-teaching. Practical tips for facilitating student learning* (2. Aufl.). Thousand Oaks, CA: Corwin.

Wang, H.-Y., Duh, H. B., Li, N., Lin, T.-J. & Tsai, C.-C. (2014). An investigation of university students' collaborative inquiry learning behaviors in an augmented reality simulation and a traditional simulation. *Journal of Science Education and Technology, 23*(5), 682–691.

Wecker, C. & Fischer, F. (2014). Lernen in Gruppen. In T. Seidel & A. Krapp (Hrsg.), *Pädagogische Psychologie* (6., vollst. überarb. Aufl., S. 277–296). Weinheim & Basel: Beltz.

Yeh, S.-P. & Fu, H.-W. (2014). Effects of cooperative e-learning on learning outcomes. *Eurasia Journal of Mathematics, Science & Technology Education, 10*(6), 531–536.

Verzeichnis der Autorinnen und Autoren

Prof. Dr. Eva Blumberg, Universität Paderborn, Fakultät für Naturwissenschaften, Department Physik, Arbeitsgruppe ›Didaktik des naturwissenschaftlichen Sachunterrichts‹, E-Mail: eva.blumberg@uni-paderborn.de

Moritz Börnert-Ringleb, Universität Potsdam, Humanwissenschaftliche Fakultät, Strukturbereich ›Bildungswissenschaften‹, Arbeitsgruppe ›Inklusionspädagogik/ Forschungsmethoden und Diagnostik‹, E-Mail: boernert@uni-potsdam.de

Dr. Stefanie Bosse, Universität Potsdam, Humanwissenschaftliche Fakultät, Strukturbereich ›Bildungswissenschaften‹, Arbeitsgruppe ›Psychologische Grundschulpädagogik‹, E-Mail: stefanie.bosse@uni-potsdam.de

Prof. Dr. Markus Gebhardt, Technische Universität Dortmund, Fakultät für Rehabilitationswissenschaften, Fachgebiet ›Erforschung und Entwicklung inklusiver Bildungsprozesse‹, E-Mail: markus.gebhardt@tu-dortmund.de

Gamze Görel, Universität Paderborn, Fakultät für Kulturwissenschaften, Institut für Erziehungswissenschaft, Arbeitsgruppe ›Grundschulpädagogik‹, E-Mail: gamze.goerel@uni-paderborn.de

Amra Havkic, M. A., Universität Paderborn, Fakultät für Kulturwissenschaften, Institut für Germanistik und Vergleichende Literaturwissenschaft, Arbeitsbereich ›Deutsch als Zweitsprache/Deutsch als Fremdsprache‹, E-Mail: amra.havkic@upb. de

Dr. Petra Hecht, Pädagogische Hochschule Vorarlberg, Abteilung Forschung, E-Mail: petra.hecht@ph-vorarlberg.ac.at

Prof. Dr. Ulrich Heimlich, Ludwig-Maximilians-Universität München, Fakultät für Psychologie und Pädagogik, Department ›Pädagogik und Rehabilitation‹, Lehrstuhl für Lernbehindertenpädagogik, E-Mail: ulrich.heimlich@edu.lmu.de

Prof. Dr. Frank Hellmich, Universität Paderborn, Fakultät für Kulturwissenschaften, Institut für Erziehungswissenschaft, Arbeitsgruppe ›Grundschulpädagogik‹, E-Mail: frank.hellmich@uni-paderborn.de

Thorsten Henke, Universität Potsdam, Humanwissenschaftliche Fakultät, Strukturbereich ›Bildungswissenschaften‹, Arbeitsgruppe ›Psychologische Grundschulpädagogik‹, E-Mail: thorsten.henke@uni-potsdam.de

Prof. Dr. Thomas Hennemann, Universität zu Köln, Humanwissenschaftliche Fakultät, Department ›Heilpädagogik und Rehabilitation‹, Arbeitsbereich ›Erziehungshilfe und sozial-emotionale Entwicklungsförderung‹, E-Mail: thomas.hennemann@uni-koeln.de

Fabian Hoya, Universität Paderborn, Fakultät für Kulturwissenschaften, Institut für Erziehungswissenschaft, Arbeitsgruppe ›Grundschulpädagogik‹, E-Mail: fabian.hoya@campus.uni-paderborn.de

Jana Jungjohann, M. Ed., Technische Universität Dortmund, Fakultät für Rehabilitationswissenschaften, Fachgebiet ›Erforschung und Entwicklung inklusiver Bildungsprozesse‹, E-Mail: jana.jungjohann@tu-dortmund.de

Margarita Knickenberg, Universität Paderborn, Fakultät für Kulturwissenschaften, Institut für Erziehungswissenschaft, Arbeitsgruppe ›Grundschulpädagogik‹, E-Mail: margarita.ort@uni-paderborn.de

Prof. Dr. Désirée Laubenstein, Universität Paderborn, Fakultät für Kulturwissenschaften, Institut für Erziehungswissenschaft, Arbeitsgruppe ›Sonderpädagogische Förderung/Inklusion mit dem Förderschwerpunkt Emotionale und Soziale Entwicklung‹, E-Mail: desiree.laubenstein@upb.de

Tatjana Leidig, Sonderschullehrerin im Hochschuldienst, Universität zu Köln, Humanwissenschaftliche Fakultät, Department ›Heilpädagogik und Rehabilitation‹, Arbeitsbereich ›Erziehungshilfe und sozial-emotionale Entwicklungsförderung‹, E-Mail: tleidig@uni-koeln.de

Prof. Dr. Christian Lindmeier, Universität Koblenz-Landau, Campus Landau, Fachbereich 5: Erziehungswissenschaft, Institut für Sonderpädagogik, Arbeitseinheit ›Grundlagen sonderpädagogischer Förderung‹, E-Mail: lindmeier@uni-landau.de

Marwin Felix Löper, Universität Paderborn, Fakultät für Kulturwissenschaften, Institut für Erziehungswissenschaft, Arbeitsgruppe ›Grundschulpädagogik‹, E-Mail: mloeper@mail.upb.de

PD Dr. Annette Lohbeck, Leuphana Universität Lüneburg, Arbeitsbereich ›Pädagogische Psychologie und Allgemeine Psychologie II‹, E-Mail: annette.lohbeck@leuphana.de

Prof. Dr. Constanze Niederhaus, Fakultät für Kulturwissenschaften, Institut für Germanistik und Vergleichende Literaturwissenschaft, Arbeitsbereich ›Deutsch als Zweitsprache/Deutsch als Fremdsprache‹, E-Mail: constanze.niederhaus@upb.de

Bernd Schnittker, Universität Paderborn, Fakultät für Naturwissenschaften, Department Physik, Arbeitsgruppe ›Didaktik des naturwissenschaftlichen Sachunterrichts‹, E-Mail: bernd.schnittker88@web.de

Prof. Dr. Susanne Schwab, Bergische Universität Wuppertal, Institut für Bildungsforschung in der ›School of Education‹, Arbeitsbereich ›Methodik und Didaktik in den Förderschwerpunkten Lernen sowie emotionale und soziale Entwicklung‹, Extraordinary Professor in the Research Focus Area Optentia North-West University (Südafrika), E-Mail: schwab@uni-wuppertal.de

Sophia Schwind, Universität Paderborn, Fakultät für Naturwissenschaften, Department Physik, Arbeitsgruppe ›Didaktik des naturwissenschaftlichen Sachunterrichts‹, E-Mail: sophia-schwind@gmx.de

Prof. Dr. Julia Settinieri, Fakultät für Kulturwissenschaften, Institut für Germanistik und Vergleichende Literaturwissenschaft, Arbeitsbereich ›Deutsch als Zweitsprache/Deutsch als Fremdsprache‹, E-Mail: jsetti@mail.upb.de

Prof. Dr. Nadine Spörer, Universität Potsdam, Humanwissenschaftliche Fakultät, Strukturbereich ›Bildungswissenschaften‹, Arbeitsgruppe ›Psychologische Grundschulpädagogik‹, E-Mail: nadine.spoerer@uni-potsdam.de

Karolina Urton, Dipl.-Psych., Universität zu Köln, Humanwissenschaftliche Fakultät, Department ›Heilpädagogik und Rehabilitation‹, Arbeitsbereich ›Erziehungshilfe und sozial-emotionale Entwicklungsförderung‹, E-Mail: karolina.urton@uni-koeln.de

Prof. Dr. Jürgen Wilbert, Universität Potsdam, Humanwissenschaftliche Fakultät, Strukturbereich ›Bildungswissenschaften‹, Arbeitsgruppe ›Inklusionspädagogik/Forschungsmethoden und Diagnostik‹, E-Mail: juergen.wilbert@uni-potsdam.de